D1929749

Dr. Egmont Foth
E-Business
Geschäftsgrundlagen
in einer vernetzten Welt

Dr. Egmont Foth

E-Business
Geschäftsgrundlagen in einer vernetzten Welt

Die Deutsche Bibliothek

Dr. Egmont Foth
Handbuch E-Business; Geschäftsgrundlagen in einer vernetzten Welt
1. Aufl.; Köln: FOSSIL-Verlag 2001
ISBN 3-931959-35-X
Euro 46,00 / DM 89,97

Siebachstraße 51
D-50733 Köln
http://www.fossilverlag.de
info@fossilverlag.de

Vorwort

Die Informations- und Kommunikationstechnologie ändert unsere Gesellschaft. Sie macht den Informationszugriff durch jedermann an jedem Ort und zu jeder Zeit möglich.

Eine besondere Bedeutung kommt dabei dem weltweiten Internet zu. Es bietet eine globale Kommunikationsinfrastruktur ohne Grenzen und ohne Ladenschlussgesetz. Informationen werden im Internet in nie dagewesener Geschwindigkeit ein allgemein zugängliches Massengut. E-Commerce-Lösungen dienen dem elektronischen Handel und schaffen die Voraussetzungen, damit auch kleine Unternehmen weltweit erfolgreich mit Marktführern konkurrieren können. Darüber hinaus ändert das Internet auch klassische Marktmodelle. Im Netz ist nicht das Produkt besonders wertvoll, das es kaum gibt, sondern das, das alle haben. Je verbreiteter ein System ist, umso mehr Potential bietet es für Ergänzungsprodukte. Deshalb wurde das Verschenken von Softwareprodukten und Dienstleistungen im Internet zu einem wichtigen Erfolgsfaktor. Die kostenlose Abgabe sorgt für eine schnelle Marktdurchdringung.

Im Zusammenhang mit der geschäftlichen Nutzung der Internet Technologie spricht man vom „Electronic Business“ beziehungsweise „E-Business.“

E-Business gibt es überall

Das E-Business erfordert eine Restrukturierung alter Geschäftsmodelle. Die Geschäftsprozesse sind konsequent auf das Internet auszurichten, um Produktivitätsgewinne zu erzielen. Der durchgehende Einsatz der Internet-Technologie ermöglicht schlanke, hocheffiziente Prozesse.

In der sogenannten „New Economy“ spielen immaterielle Vermögenswerte eine besondere Rolle. Dazu gehören Ideen, Wissen, Innovationen und Arbeitsweisen. Das entsprechende Know-How fließt direkt in die elektronischen Abläufe mit ein.

Mitarbeiterzahlen, Gebäude und Grundstücke müssen nicht mehr proportional zum Geschäftsvolumen wachsen, da sich wesentliche Teile der Geschäftsprozessketten elektronisch abbilden lassen. Daraus resultiert eine hervorragende Skalierbarkeit und Flexibilität.

Es ist heute unbestritten, dass den vernetzten, flexiblen Unternehmen die Zukunft gehört. Deshalb führt kein Weg am E-Business vorbei. In diesem Buch wird ein Überblick über das Thema gegeben.

Dr. Egmont Foth
Stuttgart, im März 2001

Inhaltsverzeichnis

Anhang

1 Definition

Unternehmen betreiben ein Electronic Business (E-Business), wenn ihre Kernprozesse über Computernetze abgewickelt werden. Dies erfolgt heute in der Regel unter Verwendung der Internet-Technologie.

Die nachfolgende Tabelle zeigt anhand von Beispielen, welche Funktionsbereiche in Unternehmen von welchen E-Business-Komponenten profitieren können:

Funktionsbereich	Komponente	Bemerkung
Marketing	Web	Informationsbereitstellung für Kunden, Partner und Mitarbeiter sowie Annahme von Anfragen und Durchführung von Umfragen
	E-CRM	Webbasierte Kundendatenbank für Marktanalysen und Kampagnenmanagement
Vertrieb	E-Commerce	Elektronischer Handel über das Web
	E-CRM	Webbasierte Kundendatenbank als Basis einer zielgerichteten Kundenbetreuung durch Vertrieb, Marketing und Service
Einkauf & Logistik	E-SCM, E-Procurement	Internet-basierte Prozessoptimierung vom Lieferanten bis zum Kunden; die Prozesse der Beschaffung, des Forecasting, der Lagerverwaltung, der Lieferung und der Installation lassen sich über elektronische Transaktionen zwischen Geschäftspartnern (B2B) sowie zum Kunden (B2C) hin optimieren
Service	E-CRM, Tele-Web	Intelligentes Service-Call-Management, das u.a. die mobile Einsatzsteuerung der Servicetechniker und die Bereitstellung aller relevanten Informationen umfasst (Adresse, Servicevertragsumfang, etc.)
	Knowledge Management	Webbasierte Wissensdatenbank
Produktion	E-SCM, virtuelle Organisation	Just-in-Time-Fertigung auf Basis durchgehend abgestimmter Prozessabläufe
Controlling	Knowledge Management, Data Warehouse	Webbasierter, ortsunabhängiger Zugriff auf gesammelte Informationen aus allen Funktionsbereichen und EDV-Systemen

(Fortsetzung nächste Seite)

Funktionsbereich	Komponente	Bemerkung
Entwicklung	E-Collaboration, virtuelle Organisation	Webbasierte Konferenzen mit Sprache, Daten und Bildern, z.B. zur gemeinsamen Überarbeitung einer Spezifikation
Human Resources	Web	Stellenbörse
Trainingscenter	E-Learning	Webbasierte, orts- und ggf. auch zeitunabhängige Trainingskurse

Ein Buchhändler kann ein E-Business beispielsweise in folgender Form betreiben:

1. Der Buchhändler beschafft sich Bücher mit E-Procurement und E-Payment von Verlagen oder anderen Händlern.
2. Mittels E-Marketing werden Interessenten über die aktuellen Angebote informiert.
3. Über E-Commerce-Funktionen der Website des Buchhändlers verkauft er seine Bücher.
4. E-Payment dient zur Bezahlung. Dabei erfolgt eine elektronische Überprüfung der Kreditkarte der Kunden sowie eine elektronische Zahlungsanweisung an die Bank, um den vom Kunden zu bezahlenden Geldbetrag zu erhalten.
5. Im Rahmen eines E-Fulfillments wird die Auslieferung gekaufter Bücher arrangiert.
6. Nach Erteilung eines Auftrags erhalten Kunden vom E-Customer-Support eine E-Mail als Auftragsbestätigung. Sie enthält die Auftragsnummer und den zu erwartenden Liefertermin.

2 Chancen und Risiken

Die elektronische Kommunikation mit Geschäftspartnern und Kunden ist heute keine bloße Frage von Wettbewerbsvorteilen mehr. Für viele Unternehmen geht es dabei bereits um das nackte Überleben.

Für traditionelle Unternehmen gilt generell, dass sich mit dem Einsatz der Internet-Technologie in den Kernprozessen Kostenreduzierungen und Produktivitätssteigerungen erreichen lassen. Die elektronische Kommunikation beseitigt Medienbrüche. Dadurch werden Fehler vermieden, Aufwände reduziert und Abläufe beschleunigt[1]. Großunternehmen sind schon seit einiger Zeit elektronisch miteinander verbunden. Häufig basiert dies noch auf dem EDI-Verfahren. Versicherungsunternehmen, Finanzinstitute, Autohändler und Großhändler könnten ohne Vernetzung heute gar nicht mehr effizient arbeiten.

Im Internet lassen sich riesige Mengen an Informationen direkt, schnell und zu extrem niedrigen Kosten austauschen. Sowohl die Zugriffsgeschwindigkeit als auch die Reichweite und Verfügbarkeit von Informationen steigen, während sich die Kosten für die Verteilung und den Zugriff reduzieren. Daraus ergeben sich neue kommerzielle Möglichkeiten. Eine besteht darin, das Internet als eine kostengünstige, riesige Werbefläche zu nutzen. Eine weitere ist der unter dem Begriff „E-Commerce" bekannt gewordene Verkauf von Produkten und Dienstleistungen über das Internet, der weder durch Ladenschlussgesetze noch durch physikalische Entfernungen behindert wird. Umfassende technische Hilfsmaßnahmen unterstützen den Kunden beim Kauf. Konfiguratoren ermöglichen die Erstellung fehlerfreier, zugeschnittener Angebote. Web-Call-Center erlauben telefonische Rückfragen. Geschäftspartner sind so in die E-Commerce-Abläufe einbindbar, dass beispielsweise deren Lagermanagement automatisiert abläuft. Unternehmen arbeiten zunehmend häufiger zusammen, um den Kunden ein One-Stop-Shopping zu ermöglichen. Die Nachfrage treibt just-in-time die Produktion über erweiterte Wertschöpfungsketten. Preise werden dynamisch an Markterfordernisse angepasst (z.B. in Auktionen oder bei Last-Minute-Angeboten) und unterscheiden sich für verschiedene Kundengruppen. Mit den beim E-Commerce gesammelten Informationen können Unternehmen ermitteln, wer ihre wertvollsten Kunden sind und ihnen bessere Preise oder besondere Services anbieten, um die Loyalität der Kunden zu erhalten. Eine breite Kundenbasis kann beim E-Commerce auf viele detailliert beschreibbare Produkte zugreifen.

1) elektronisch ablaufende Geschäftsprozesse beschleunigen die Time-to-Market

Gleichzeitig ermöglicht die Internet-Technologie aber auch vollkommen neue Geschäftsmodelle, wie beispielsweise elektronische Marktplätze. Sie bringen eine Vielzahl von Anbietern und Kunden zusammen, um auf elektronischem Wege miteinander zu handeln. Da die verschiedenen Angebote sehr einfach vergleichbar sind, verschiebt sich das Kräfteverhältnis zugunsten der Käufer. Elektronische Marktplätze basieren darauf, dass die Navigation zum Auffinden von Angeboten als separates Geschäft betreibbar ist. Das Fulfillment mit Lagerhaltung und Versand können Geschäftspartner abdecken. Dies war auch die Grundlage dafür, dass Amazon.com zum größten Buchhändler der Welt wurde.

Serviceanbietern stehen darüber hinaus auch neue Preismodelle zur Verfügung. Beim Value Pricing erfolgt eine Aufteilung von Gewinn und Risiko zwischen Kunden und Servicepartner. Der Preis einer Leistung hängt in diesem Fall von der Anzahl der Transaktionen, dem Gewinn oder dem Umsatz ab.

Als eine wesentliche Chance des E-Business sind die erleichterten Kooperationsmöglichkeiten mit Geschäftspartnern anzusehen. Applikationen der Logistik, der Fertigung, des Controlling, der Beschaffung und der Personalwirtschaft können relativ einfach miteinander verbunden werden, um auf elektronischem Wege automatisch Informationen auszutauschen. Große Firmen werden zu E-Business-Naben und kleinere zu virtuellen Speichen. Beim Verkauf eines Flugtickets sind beispielsweise gleich Hotelbuchungen, Mietwagenreservierungen und der Abschluss von Reiseversicherungen mit anbietbar, ohne dass Fluggesellschaften diese Zusatzleistungen selbst erbringen müssen. Mittels Internet-Technologie lassen sich viele zusätzliche, auf den Kunden zugeschnittene Services ohne große Zusatzkosten anbieten. Dies gestattet sowohl Industrie- als auch Dienstleistungsunternehmen eine Verbreiterung ihrer Angebotspalette.

Ausgehend von der erforderlichen Vernetzung ermöglicht das E-Business auch ein Outsourcing von Informationssystemen. Dies bildet die Geschäftsgrundlage für Application Service Provider (ASPs). Darüber hinaus lassen sich sogar ganze Geschäftsprozesse, wie die der Logistik oder des Einkaufs, auslagern. Letzteres ist wiederum die Geschäftsgrundlage für Broker, die sich auf Einkaufs-Communities spezialisieren.

Sowohl für Unternehmen als auch für die privaten Nutzer ist das Internet sehr attraktiv und kostengünstig. Private Nutzer nennen dafür natürlich etwas andere Gründe als Unternehmen:

Privatnutzer	Unternehmen
• ständige Verfügbarkeit • weltweiter Zugriff • Echtzeitkommunikation • Multimedia-Unterstützung • einfache Nutzung (insb. die Navigation) • riesiger Informationsvorrat • geringe Kosten • schnelle Weiterentwicklung	• geringe Betriebskosten • Verfügbarkeit rund um die Uhr • ermöglicht die Erweiterung und Beschleunigung von Geschäftsprozessen • erfordert keine besondere Schulung der Mitarbeiter • unterstützt die weltweite Vermarktung von Produkten und Dienstleistungen • ist die Grundlage neuer Geschäftsmodelle

Neben dem öffentlichen Internet gibt es auch private Kommunikationsnetze, die auf Basis der Internet-Technologie arbeiten. Sie werden als Intranets und Extranets bezeichnet. Während letztere nur virtuell existieren (Virtual Private Networks), da sie mit Verschlüsselung und Tunneling in öffentlichen Netzen aufgebaut werden, sind Intranets physikalisch vom Internet getrennte Netze. Der Datenaustausch zwischen Intranets und dem Internet erfolgt in der Regel über Firewalls. Dies ermöglicht es, die Vorzüge der Technologie des Internet zu nutzen, ohne sich gleichzeitig auch mit den gegenwärtigen Internet-Problemen in punkto Sicherheit, Bandbreite und Reaktionszeit zu belasten.

Spezielle Vorteile einiger E-Business-Komponenten sind der nachfolgenden Tabelle zu entnehmen:

Komponente	Vorteile
E-Commerce	– ständige weltweite Erreichbarkeit (24 h x 7 Tage) – neue Verkaufs- und Werbetechniken sind imagefördernd und bieten neue Chancen – Automatisierung der Abwicklung – Bereitstellbarkeit tagesaktueller Informationen über Produkte und Dienstleistungen – Kostenreduzierungen in Marketing, Vertrieb, Service und Support – Fehlerreduzierungen bei Bestellungen aufgrund von elektronischen Schnittstellen, technischen und kommerziellen Prüfungen mit Konfiguratoren und der hohen Datenaktualität – einfache Preisvergleichsmöglichkeit für die Kunden – Erreichbarkeit neuer Märkte mit geringem Aufwand – E-Retailer können sich einen Produktmix zusammenstellen, der nicht durch physikalische Zwänge eingeengt wird – eine Personalisierung erhöht Kundenfreundlichkeit und Verkaufschancen
E-Market	– direkte Kostenvergleiche sind problemlos möglich – komplette elektronische Bestellprozesse führen zu Transaktionskostenreduzierungen – eine Vielzahl von Anbietern und Nachfragern können auf komfortablem Wege zusammengebracht werden – Nachfragebündelungen (z.B. Power Shopping) und Online-Ausschreibungen ermöglichen Preisreduzierungen
E-SCM	– elektronische Abläufe ermöglichen schlanke, schnelle Prozesse – es lassen sich interne und externe Abläufe so optimieren, dass sich die Time-to-Market, die Fehlerraten und die Kosten reduzieren – eine hohe Flexibilität ist erreichbar – eine weitgehende Ortsunabhängigkeit wird unterstützt
E-CRM	– ermöglicht die Erschließung aller Kundenpotentiale, da jeder Mitarbeiter eines Unternehmens schnell und einfach Zugriff auf komplette, aktuelle Kundendaten erhalten kann – unterstützt vor allem den Vertrieb, das Marketing sowie den Service und bietet diesen Bereichen Möglichkeiten zur Kostenreduktion – eröffnet neue Differenzierungschancen – führt über eine gesteigerte Kundenfreundlichkeit zu einer erhöhten Kundenloyalität

Neben den vielen Chancen, die sich aus dem E-Business ergeben, gibt es auch einige Risiken:

- Wenn Prozesse und Organisationsstrukturen nicht konsequent angepasst werden, bleibt häufig der erwartete Nutzen aus.
- Erforderliche Umstrukturierungen führen zu Widerständen.
- Tiefgreifende Veränderungen im Unternehmen können nur in der obersten Führungsebene entschieden und von dort aus umgesetzt werden. Steht lediglich die zweite Führungsebene dahinter, ist die Umstellung zum Scheitern verurteilt.
- Zu knappe Ressourcen beim IT-Fachpersonal und fehlendes Know-How wirken stark hemmend.
- Erhält der Aufbau und das Management von Kooperationen nicht den notwendigen Stellenwert, dann lassen sich keine durchgehend elektronisch ablaufende Prozesse realisieren.
- Probleme in der IT-Infrastruktur werden unmittelbar zu geschäftskritischen Ereignissen.

Letztendlich darf man auch nicht vergessen, dass das E-Business zu instabilen Geschäftsgrenzen führt, da sich Geschäftsmodelländerungen sehr einfach vornehmen lassen. Dies ist vorteilhaft für Unternehmen, die ihre Prozesse ständig an die Veränderungen des Marktes anpassen wollen, stellt jedoch ein großes Problem für diejenigen dar, die die Möglichkeiten des E-Business noch nicht ausreichend nutzen.

3 Entwicklungsstufen

Auslöser für das mit dem E-Business einhergehende Öffnen von Unternehmen für Kunden, Lieferanten und Geschäftspartner sind der zunehmende Wettbewerb, die sinkenden Margen, eine nachlassende Kundenloyalität und die abnehmende Produktorientierung. Dies erfordert verstärkte Kooperationen und Serviceorientierung.

Unternehmen durchlaufen beim Übergang zum E-Business in der Regel drei Entwicklungsstufen:

- Die erste Stufe ist hauptsächlich[1] marketingorientiert. Es wird eine eigene Website eingerichtet und die Erreichbarkeit per E-Mail gewährleistet.
- In der zweiten Stufe geht es um die Realisierung von Online-Verkaufsmöglichkeiten, die als Ergänzung zu den traditionellen Vertriebskanälen vorgesehen werden.
- Erst in der dritten Stufe erfolgt eine Anpassung der Kerngeschäftsprozesse und damit der wirklich konsequente Übergang zum E-Business. Interne und externe Abläufe bauen in dieser Stufe auf einem Datenaustausch über Intranets, Extranets und das Internet auf. Vertrieb, Kundendienst und Verkaufsförderung werden in die automatisierten Abläufe ebenso mit einbezogen wie Kunden, Zulieferer und Geschäftspartner.

Start-Up-Unternehmen haben es etwas einfacher, da der Umstrukturierungsaufwand entfällt. Sie agieren oft von Anfang an bereits auf Stufe 3.

1) eine Reihe von Großunternehmen haben den ersten Schritt zum e-Business bereits mit der Einführung von EDI im Bestellwesen vollzogen

4 Geschäftsmodelle

Das Internet ist die Grundlage für neue Geschäftsmodelle. Zu den Unternehmen, die ihr Geschäft darauf aufgebaut haben, gehören beispielsweise die Firmen Amazon.com, E*Trade, Dell und Cisco.

Allgemein wird unter einem Geschäftsmodell die Methode verstanden, mit der eine Firma Geschäfte macht. Dabei sind Einkünfte in einer Höhe zu erzielen, die den Fortbestand der Firma gewährleisten.

Eine formale Definition des Begriffs „Geschäftsmodell“ wurde von Paul Timmers, Leiter des Directorat-General III der Europäischen Kommission, in [TIM 99] veröffentlicht. Danach umfasst das Geschäftsmodell folgende Komponenten:

- eine Architektur für Produkt-, Service- und Informationsflüsse, einschließlich einer Beschreibung der verschiedenen Geschäftsakteure mit ihrer Rollen,
- eine Beschreibung des potentiellen Nutzens für die verschiedenen Geschäftsakteure sowie
- eine Beschreibung der Einkunftsquellen.

Zur Identifikation der Architektur sind die realisierten bzw. geplanten Wertschöpfungsketten-Elemente und die daraus resultierenden Wechselwirkungen zwischen den Akteuren zu betrachten.

Nach [POR 85] bestehen Wertschöpfungsketten aus neun Elementen:

Kategorie	Aktivität	Erläuterung
Primäre Aktivitäten	Inbound Logistik	Wareneingang, Bestandsmanagement etc.
	Operations	Umwandlung von Komponenten zu fertigen Produkten (z.B. maschinelles Bearbeiten, Testen, Verpacken)
	Outbound Logistik	Auftragsbearbeitung, Lieferung etc.
	Marketing & Vertrieb	Werbung, Verkauf, Auswahl und Management von Vertriebskanälen etc.
	Service	Verbesserung oder Erhaltung des Wertes verkaufter Produkte (z.B. Installation, Reparatur, Ersatzteillieferung)
Support-aktivitäten	Einkauf & Beschaffung	Beschaffung von Material, Buchungen von Hotels und Reisen, Beauftragung von Dienstleistungen etc.
	Technologieentwicklung	Produktbezogene Forschung & Entwicklung sowie Technik- und Prozessentwicklung
	Human Resource Management	Anwerbung, Einstellung, Training, Entwicklung und Vergütung des Personals
	Unternehmens-infrastruktur	Allgemeine Managementaktivitäten, wie Finanzwesen, Rechtswesen und Qualitätsmanagement

Relevante Wechselwirkungsmuster zwischen den Akteuren lassen sich folgendermaßen unterteilen [TIM 99]:

- 1:1,
- 1:many,
- many:1,
- many:many.

Die Architektur des Geschäftsmodells für einen E-Commerce-Shop ist dementsprechend als 1:1 Marketing & Vertrieb (d.h. ein Käufer und ein Verkäufer) einzustufen. Eine elektronische Auktion, in der mehrere potentielle Käufer sich um ein Angebot bemühen, gilt als m:1 Marketing & Vertrieb.

Folgende E-Business-Geschäftsmodelle sind u.a. bekannt [TIM 99]:

Modellname	**E-Shop** – Verkaufen über das Internet
Architektur	1:1 Marketing & Vertrieb
Providernutzen	Nachfragesteigerung, kostengünstige globale Präsenz, Kostenreduzierungen bei Werbung und Verkauf
Kunden- oder Partnernutzen	Niedrigere Preise, breitere Auswahl und bessere Informationen möglich; hoher Komfort bei Auswahl, Kauf und Lieferung
Einkünfte	Reduzierte Kosten, erhöhtes Verkaufsvolumen
Beispiele	http://www.fleurop.com/, http://www.amazon.de/

Modellname	**E-Procurement** – Elektronisches Einkaufen und Bestellen
Architektur	1:1 Einkauf & Beschaffung
Providernutzen	Kostenreduzierung, Zeiteinsparung, Fehlerreduzierung
Kunden- oder Partnernutzen	Kostenreduzierung, Zeiteinsparung, Fehlerreduzierung
Einkünfte	Reduzierte Kosten
Beispiele	http://www.audi.de/, http://www.alcatel.de/

Modellname	**E-Auction** – Versteigerungen im Internet
Architektur	m:1 Marketing & Vertrieb
Providernutzen	Einkünfte
Kunden- oder Partnernutzen	Effizienzsteigerung, Zeiteinsparung
Einkünfte	Transaktionsgebühren, Werbung
Beispiele	http://www.ebay.de/

Modellname	**E-Mall** – Verkaufen über das Internet über eine Website mit mehreren E-Shops
Architektur	1:m Marketing & Vertrieb
Providernutzen	Einkünfte
Kunden- oder Partnernutzen	Vergrößertes Verkehrsvolumen, ergänzende Services, Kostenreduzierung
Einkünfte	Werbung, Mitgliedsgebühren, Transaktionsgebühren
Beispiele	http://www.emb.ch/

Modellname	**3rd party Marketplace** – E-Marktplatz mit Angeboten mehrerer Lieferanten
Architektur	1:m Marketing & Vertrieb sowie 1:m Einkauf & Beschaffung
Providernutzen	Einkünfte
Kunden- oder Partnernutzen	Outsourcing, vergrößertes Verkehrsvolumen, ergänzende Services, Navigationserleichterung, Preisvergleiche
Einkünfte	Werbung, Mitgliedsgebühren, Servicegebühren, Transaktionsgebühren
Beispiele	http://www.t-mart.com/

Modellname	**Virtual Communities** – Virtuelle Interessensgemeinschaft
Architektur	m:m Infrastruktur
Providernutzen	Einkünfte, größere Attraktivität von Websites
Kunden- oder Partnernutzen	Informationsaustausch
Einkünfte	Werbung, Mitgliedsgebühren
Beispiele	http://www.palm.com/community/, http://www.excite.de/chat_and_community/, http://www.meinberlin.de/, http://www.diraba.de/, http://www.sap.com/community/

Modellname	**Value Chain Service Provider** – Dienstleister, der Teile der Wertschöpfungskette übernimmt
Architektur	m:m Logistik, m:m Einkauf & Beschaffung etc.
Providernutzen	Einkünfte
Kunden- oder Partnernutzen	Prozessauslagerung
Einkünfte	Servicegebühr
Beispiele	http://www.ups.com/

Modellname	**Value Chain Integrator** – Dienstleister, der Wertschöpfungsketten zwischen Unternehmen verknüpft
Architektur	1:m Logistik, 1:m Marketing & Vertrieb, 1:m Einkauf & Beschaffung
Providernutzen	Einkünfte oder Kostenreduzierungen
Kunden- oder Partnernutzen	Effektives virtuelles Unternehmen
Einkünfte	Beratungsgebühren, Transaktionsgebühren oder reduzierte Kosten
Beispiele	http://www.emergeinteractive.com/, http://www.cisco.com/

Modellname	**Collaboration Platform** – Plattform zur Unterstützung der Zusammenarbeit virtueller Teams
Architektur	1:m Technologieentwicklung
Providernutzen	Einkünfte oder Kostenreduzierungen
Kunden- oder Partnernutzen	Kooperationserleichterung
Einkünfte	Mitgliedsgebühren, Nutzungsgebühren oder reduzierte Kosten
Beispiele	http://www.gen.net/

Modellname	**Information Broker** – Informationsdienstleister
Architektur	1:m Infrastruktur
Providernutzen	Einkünfte
Kunden- oder Partnernutzen	Informationen, Zeit- und Kosteneinsparungen
Einkünfte	Werbung, Nutzungsgebühren
Beispiele	http://www.yahoo.com/, http://www.dpma.de/, http://www.verisign.com/, http://www.telesec.de/

Eine Beschreibung weiterer E-Business-Geschäftsmodelle ist unter http://ecommerce.ncsu.edu/topics/models/models.html zu finden.

5 Technologische Grundlagen

5.1 Internet

Das Internet ist ein weltweites, dezentrales, öffentliches Computernetz, das auf dem Internet Protocol (IP) basiert.

Sein Vorläufer war das ARPANET (Netz der Advanced Research Projects Agency) des U.S. Department of Defense. Es wurde 1969 als ein Computernetz geschaffen, das auch bei Katastrophen nicht ausfällt. Dieses Netz musste so robust sein, dass eine teilweise Zerstörung die Funktion des restlichen Netzes nicht beeinträchtigte. Mit der Integration der dafür entwickelten TCP/IP-Software in das Betriebssystem BSD-UNIX und dessen Verteilung an Universitäten und Forschungseinrichtungen verbreitete sich die Technologie rasch.

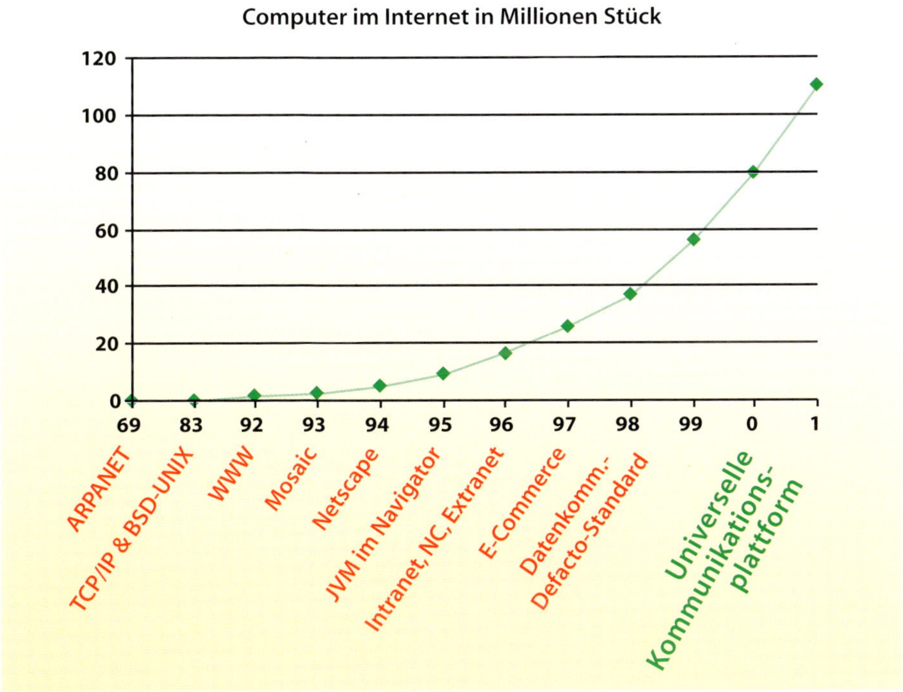

Internet-Entwicklung

Als Geburtstag des Internet wird, wegen der verbindlichen Einführung von TCP/IP, allgemein der 1. Januar 1983 angesehen. Für weltweite Verbindungen sorgte ein Backbone, das maßgeblich von der National Science Foundation aufgebaut wurde. 1995 übernahmen kommerzielle Network Provider den Betrieb. Internet Service Provider und nationale Organisationen stellten Zugänge zu dem Backbone bereit. Viele im Internet verfügbare Services sind kostenlos (z.B. News, E-Mail sowie Webseiten mit Telefon- und Fahrplanauskunft, Stadtplänen, Wettervorhersagen, Börsenkursen, Freeware). Nur für den lokalen Zugang müssen Gebühren an Internet Service Provider gezahlt werden.

Für den Anwender erscheint das Internet wie ein einziges, homogenes Netz. Tatsächlich besteht es aber aus vielen Teilnetzen, die über Router miteinander verbunden sind und vielen verschiedenen Organisationen und Unternehmen gehören.

Folgende Dienste stehen im Internet unter anderem zur Verfügung:

Dienst	Erläuterung
E-Mail	Electronic Mail: elektronischer Austausch von Nachrichten
FTP	File Transfer Protocol: Kopieren von Dateien zwischen zwei Computern, nachdem man sich auf dem entfernten System eingeloggt hat
IRC	Internet Relay Chat: schriftliche Echtzeitkommunikation in Rubriken, die bestimmten Themen zugeordnet sind (siehe http://www.top.de/, http://www.webchat.de/)
News	Weltweite Verteilung von Diskussionsforen, die Newsgroups genannt werden (siehe auch „Usenet“)
Telnet	Anmeldung auf fremden Systemen (remote login), um darauf zu arbeiten
UUCP	Unix to Unix Copy: eingeschränktes Kopieren von Dateien zwischen zwei Computern, ohne beim entfernten System bekannt sein zu müssen
WWW	World Wide Web: Hypertextsuche

E-Mail und WWW sind die populärsten Dienste. Die Einführung des WWW führte 1992 zu einem explosionsartigen Wachstum des Internet. Bis 1997 verdoppelte sich jährlich die Anzahl der Internet-User. Seitdem ging das jährliche Wachstum zwar etwas zurück, aber mit 50% ist es immer noch überdurchschnittlich. Während das Telefon erst nach 74 Jahren, das Radio nach 38 Jahren, der PC nach 16 Jahren und das Fernsehen nach dreizehn Jahren 50 Millionen User erreichte, überschritt das WWW diese Grenze bereits nach vier Jahren. Mit einfachen, offenen Protokollen, der Unabhängigkeit vom Transportmedium und den ständig zunehmenden Fähigkeiten, die allen Usern unmittelbar zur Verfügung stehen, wurde das Internet zum am schnellsten wachsenden elektronischen Kommunikationsmedium der 90er Jahre.

Anfang 2000 schatzte man die aktuelle Größe des Internet auf 200 Millionen User, 80 Millionen Computer mit direktem Internet-Zugang und 205 an das Internet angeschlossene Länder. Für das Jahr 2001 prognostizierte das IDC 340 Millionen Internet-User [GEN 99]. Die ITU erwartete 300 Millionen User und 110 Millionen Computer mit Internet-Zugang ([ITU 97], [ITU 99]).

Das starke Wachstum des Internet zeigt auch eine kontinuierliche Internet-Domain-Analyse des Internet Software Consortiums, deren Ergebnisse unter http://www.isc.org/ds/ veröffentlicht werden. Die Ergebnisse basieren auf der Durchsuchung des Domain Name Systems und sind eine gute Schätzung für die minimale Internet-Größe. Eine exakte Ermittlung der Größe des weltweiten Internet ist nicht möglich. Für Europa und Deutschland veröffentlicht das deutsche Network-Information-Center entsprechende Statistiken unter der WWW-Adresse http://www.nic.de/.

Mehrere Vereinigungen befassen sich mit der Internet-Standardisierung. Zu den bedeutendsten gehören die IETF (Internet Engineering Task Force) und das W3C (World Wide Web Consortium).

5.2 Intranet

Ein Intranet ist ein privates IP-Netz, auf das nur autorisierte Personen zugreifen können. Typischerweise sind Intranets über Firewalls mit dem Internet verbunden.

Intranets ermöglichen eine einfache Informationsverteilung und unterstützen den Zugriff auf Computerressourcen. Dienste (z.B. Web, E-Mail, FTP, Telnet, News) werden auf Basis system- und plattformunabhängiger Standards des Internet zur Verfügung gestellt. Daraus resultiert eine umfassende Kompatibilität.

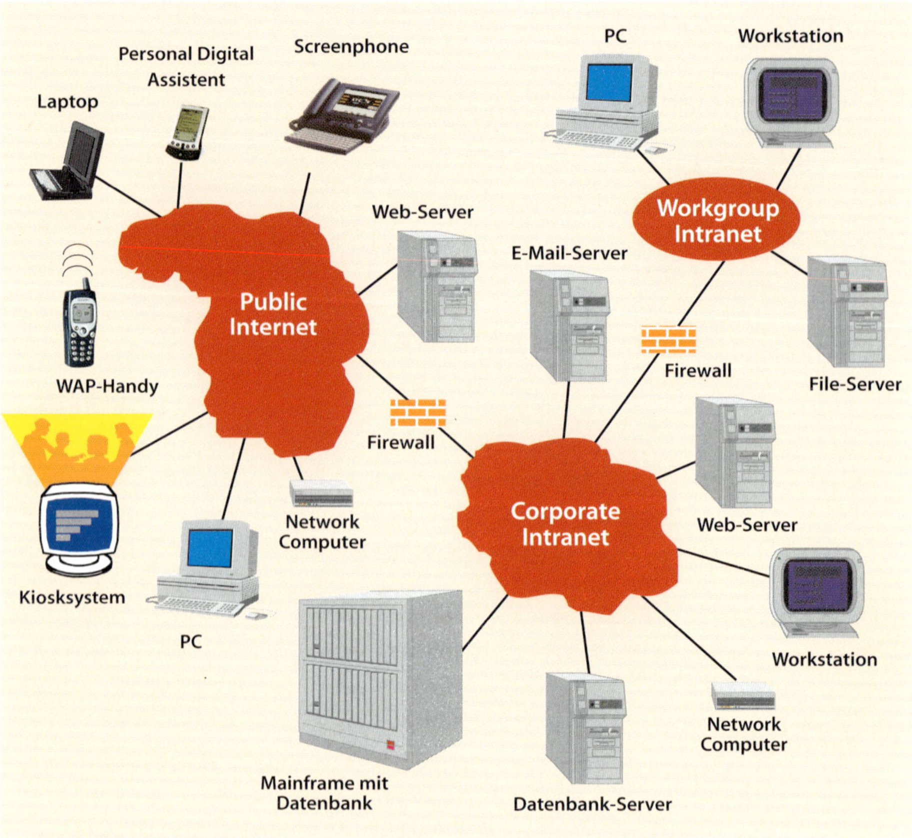

Internet & Intranet

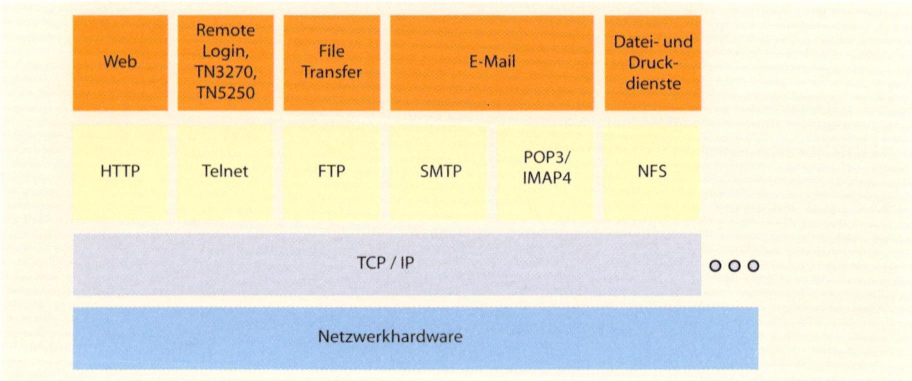

Connectivity-Standards

Im Einzelnen bieten Intranets vor allem folgende Vorteile:

- universelle Kommunikationsplattform und einfach nutzbarer Informationspool,
- allgegenwärtiger, anwenderfreundlicher Zugang per Web-Browser,
- einmalige Kompatibilität und Plattformunabhängigkeit,
- einfache Skalierbarkeit,
- schnelle Einführbarkeit,
- umfassendes, stark wachsendes Angebot an Anwendungen,
- kostengünstig in Anschaffung und Wartung.

Dies hat dazu geführt, dass inzwischen beinahe jedes größere Unternehmen ein Intranet besitzt.

Intranets erschließen Unternehmen und anderen Organisationen die Vorzüge der Technologie des Internet, ohne sie zwangsläufig auch mit den gegenwärtigen Internet-Problemen hinsichtlich Sicherheit, Bandbreite und Reaktionszeit zu belasten.

Die Kombination von Internet und Intranet gibt Anwendern die Freiheit, von jedem Ort aus auf Informationen, Daten, Bilder, Sounds und Videos zuzugreifen.

5.3 Extranet

Ein Extranet ist ein privates IP-Netz, das den gesicherten Austausch von Informationen mit Geschäftspartnern über das Internet erlaubt. Extranets können als Teil eines Intranets angesehen werden, der für geschlossene, externe Benutzergruppen freigegeben wurde. Die dazu erforderliche Sicherheit wird mit Benutzerauthentisierung, Autorisierung und Verschlüsselung gewährleistet. Dabei kommen Firewalls, digitale Zertifikate und Virtual Private Networks (VPNs) zum Einsatz.

Unternehmen verwenden Extranets für folgende Zwecke:

- Austausch von Daten (z.B. Bestellungen, Liefertermine, Kataloge),
- Informationszugriff (z.B. Produktbeschreibungen, Servicemitteilungen, News, Trainingspläne, Projektpläne),
- Applikationszugriff (z.B. Datenbanken, SAP-R/3).

Extranets ermöglichen insbesondere in der Logistik eine Optimierung und Beschleunigung von Geschäftsprozessen.

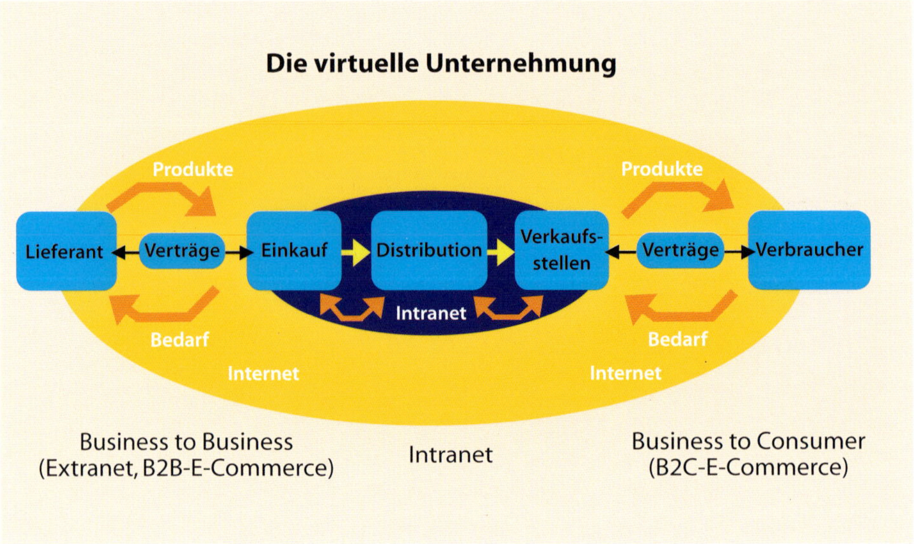

Erweiterte Wertschöpfungskette über das Internet

Heute werden anstelle des 1996 geprägten Begriffs „Extranet" häufig anwendungsbezogene Begriffe, wie B2B-E-Commerce, E-Procurement, E-SCM und E-Collaboration verwendet.

Nach Forrester Research setzen zwei Drittel der größten Unternehmen der Welt Extranets ein.

5.4 Internet Protocol

Das Internet Protocol (IP) ist Bestandteil der TCP/IP-Suite, die vom U.S. Department of Defense (DoD) entwickelt wurde und in der heutigen Form etwa seit 1978 existiert. Mit der Integration in das Betriebssystem BSD-Unix und dessen Verteilung an Universitäten und Forschungseinrichtungen wurde TCP/IP zum De-facto-Standard für den Datentransport in Computernetzen.

In den mehr als 20 Jahren seiner Existenz hat das Internet Protocol als Basistechnologie des Internet seine hervorragende Eignung für große Datenkommunikationsnetze bewiesen. Es ist einfach sowie plattform- und herstellerunabhängig.

Alle Protokolle der TCP/IP-Suite sind in im Internet verfügbaren Dokumenten, den RFCs (Requests for Comments) der IETF (Internet Engineering Task Force; http://www.ietf.org/), definiert.

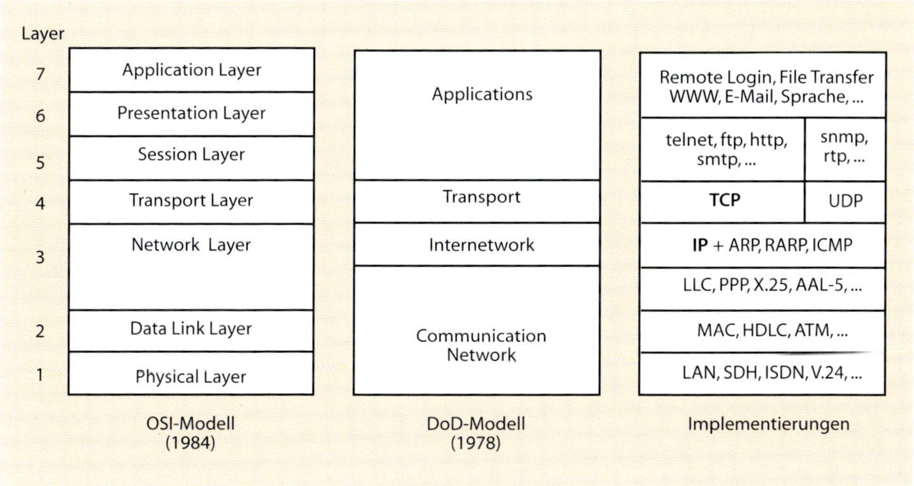

Einordnung der TCP/IP-Suite in das OSI-Modell der ISO

IP stellt die grundlegenden Mechanismen bereit, um Datenpakete zwischen Systemen im weltweiten Internet sowie in nichtöffentlichen Intranets auszutauschen. Es ist ein sehr einfaches, verbindungsloses Protokoll. Jedes Datenpaket erhält vollständige Adressinformationen, um es zum Zielsystem zu transportieren. Dabei wird vom Internet Protocol keinerlei Garantie für die fehlerfreie Auslieferung der Datenpakete in einer bestimmten Reihenfolge übernommen. Vom Kommunikationsnetz verlangt das Protokoll so wenig Funktionalität, dass man es mit einer Vielzahl von Vernetzungstechnologien nutzen kann. Hauptaufgaben des Internet Protocol sind:

- Adressierung und
- Fragmentierung.

Fragmentierung wird benötigt, wenn ein IP-Paket bzw. Datagram aus einem lokalen Netz kommt, das eine große Paketlänge erlaubt und zur Zielerreichung ein lokales Netz durchqueren muss, das die Paketlänge auf einen kleineren Wert begrenzt. Die Fragmentierung und das erneute Zusammenfügen der Pakete erfolgen transparent.

Die IP-Adresse ist ein numerischer Code (z.B. 207.46.130.149), der eindeutig einen bestimmten Computer im Internet kennzeichnet. Sie definiert zum einen das Netzwerk-Interface des Computers und zum anderen, in welchem Netzwerk es sich befindet. Die IP-Adresse besteht also aus der Netzadresse (netid) und der Host- bzw.

Interface-Adresse (hostid). Im RFC 796 beschreibt die IETF die möglichen Adress-Mappings. Der Domain Name Service (DNS) erlaubt die Verwendung von Namen (z.B. microsoft.com) anstelle numerischer IP-Adressen.

Zwei Rechner können über IP nur dann direkt miteinander kommunizieren, wenn sie sich im selben Netz befinden. Alle Datenpakete, die eine Zieladresse außerhalb des eigenen Netzes haben, gehen über Router, die die Verbindung zu anderen Netzen herstellen. Diese Router verfügen über Tabellen, die zwischen ihnen automatisch abgeglichen werden und dazu dienen, festzustellen, an wen ein Datenpaket weiterzuleiten ist. Dies kann wiederum ein Router oder direkt der Ziel-Host sein.

In der IP-Version 4 (RFC 791) beträgt die Adresslänge 32 Bit. Als man 1992 erkannte, dass IP-Adressen zum Engpass im schnell wachsenden Internet werden könnten, wurde die Version 6 (RFC 2460) spezifiziert. Sie besitzt eine Adresslänge von 128 Bit. Bis heute fand die IP-Version 6 allerdings keine nennenswerte Verbreitung.

Zum Internet Protokoll gehören drei ergänzende Protokolle:

- ARP – das Address Resolution Protocol (RFC 826) dient der Abfrage von Link-Layer-Adressen (MAC-Adressen), die zu einer IP-Adresse gehören;
- RARP – das Reverse Address Resolution Protocol (RFC 903) ermöglicht die Abfrage der IP-Adresse eines Computers, wenn die Link-Layer-Adresse bekannt ist; RARP wurde allerdings erst von BOOTP (Bootstrap Protocol, RFC 1542) und später von DHCP (Dynamic Host Configuration Protocol, RFC 2131) verdrängt;
- ICMP – das Internet Control Message Protocol (RFC 792) definiert Nachrichten für Diagnose und Managementzwecke.

Das auf IP aufbauenden Protokoll TCP (Transmission Control Protocol, RFC 793) sorgt für Integrität, richtige Reihenfolge und Vollständigkeit der übertragenen Daten. TCP übernimmt als zuverlässiges, verbindungsorientiertes Transportprotokoll folgende Funktionen:

- Auf- und Abbau von Ende-zu-Ende-Verbindungen,
- Ende-zu-Ende-Flusskontrolle mit Übertragungsratenanpassung,
- Reihenfolgesicherung,
- Zeitüberwachung für Empfangsbestätigungen zur Sendungswiederholung und
- Prüfsummenbildung.

UDP (User Datagram Protocol, RFC 768) ist eine Alternative zu TCP und arbeitet verbindungslos. Das heißt, dass von UDP keine Ende-zu-Ende-Verbindungen auf- und abgebaut werden. Jedes Paket sucht sich seinen eigenen Weg durch das Netz. Mittels Prüfsumme wird die Integrität der Datenpakete gewährleistet. Reihenfolge und Vollständigkeit zusammengehöriger Daten, die in mehreren Paketen übertragen werden, sind nicht garantierbar. Applikationen, die beim Austausch kleiner Datenmengen Zeit sparen wollen sowie Applikationen, die Echtzeitanforderungen[1)] stellen, verwenden UDP.

5.5 Web

Web-Browser haben die Welt im Sturm erobert. Sie bieten einen einfachen Zugang zu jeder Art von Informationen – überall auf der Welt. 28,1 Millionen Internet-Websites (im Februar 2001; siehe http://www.netcraft.com/Survey/) bilden einen riesigen Informationspool. Hinzu kommt eine unbekannte Anzahl von Websites in Intranets.

Mit der Einführung des World Wide Web (WWW, Web), einer weltweiten Sammlung von Textdateien, Multimediadateien und Networkservices, die über ein System von Hypertextdokumenten miteinander verbunden sind, wurde das Wachstum des Internet enorm beschleunigt. Dies ist vor allem darauf zurückzuführen, dass mit anwenderfreundlichen Web-Browsern, die eine grafische Benutzeroberfläche besitzen und für jeden Computer verfügbar sind, Informationen per Mausklick selbst von Laien problemlos gefunden und abgerufen werden können. Die Bereitstellung der Informationen erfolgt in Form von WWW-Seiten (Webpages), die Texte, Bilder, Sounds, Videos und Verweise auf andere WWW-Seiten enthalten können. Interaktive Webpages entstehen mit Hilfe einfacher Scripts (mit JavaScript, VBScript) sowie durch die Integration von lokal (mit Java, ActiveX) bzw. auf Servern ausführbaren Programmen (mit CGI, ASP, JSP, Servlets, ISAPI, NSAPI). Aber nur die lokal ausführbaren Programme bieten einen vergleichbaren Bedienkomfort wie traditionelle Client-Programme. Java vereinfacht die Softwareverteilung stark. Java-Programme lassen sich in Form von Applets in Webpages integrieren und können über das Internet von jedem beliebigen Server auf der Welt per Web-Browser geladen und abgearbeitet werden. ActiveX bietet ähnliche Möglichkeiten bei Beschränkung auf den Microsoft Internet Explorer.

1) Echtzeitanforderungen sind mit TCP, aufgrund der Übertragungsratenanpassung an die Netzlast und wiederholter Paketaussendungen, nicht erfüllbar

Als wichtigste Grundelemente des WWW gelten:

- HTTP (Hypertext Transfer Protocol) – Protokoll, das von Computern verwendet wird, um miteinander zu kommunizieren und Dateien gemeinsam zu nutzen,
- URLs (Uniform Resource Locator) – Adresse einer Ressource (Datei oder Directory) im Web (z.B. http://www.microsoft.com/),
- HTML (Hypertext Markup Language) – Satz von Kommandos, die zu einem Textdokument hinzugefügt werden, um es zu strukturieren und zu einem Hypertextdokument zu machen.

Neu hinzu kam 1998 die universelle Datenbeschreibungssprache XML (Extensible Markup Language). XML (siehe Abschnitt 5.10) eröffnet allen Nutzern die Möglichkeit, eigene Sprachen zu definieren. Das Channel Definition Format (CDF), das der MS-Internet-Explorer zur Verwaltung seiner Channels (d.h. abonnierbarer Broadcasting-Dienste im WWW) verwendet, basiert beispielsweise auf XML. Mit der Einführung von XHTML (siehe http://www.w3.org/MarkUp/) im Jahr 2000 verschmolzen HTML und XML miteinander.

HTTP (Hypertext Transfer Protocol) wurde 1990 im Europäischen Zentrum für Hochenergiephysik (CERN) in Genf als Mittel für die internationale, unmittelbare und billige Verteilung von wissenschaftlichen Daten entwickelt. Mittels Hypertext kann ein Wort, eine Phrase oder ein Bild innerhalb eines Textes eine Verbindung zu einem anderen Text oder einem Programm erhalten. Solche Verbindungen heißen Hyperlinks. Sie sind daran erkennbar, dass betroffene Wörter im Text farblich hervorgehoben und unterstrichen werden. Außerdem ändert sich die Form des Mauszeigers, wenn er sich über einem Hyperlink befindet. Die Adresse des Textes oder des Network-Dienstes, auf den verwiesen wird, spezifiziert ein für Web-Browser-User unsichtbares HTML- (Hypertext Markup Language) -Kommando. Mit einem Mausklick auf Hyperlinks kann man die spezifizierten Webpages oder andere Ressourcen aufrufen. Diese nichtlineare, nichthierarchische Methode des Informationszugriffs war ein Durchbruch in der Informationsverteilung und wurde schnell die Hauptquelle des Verkehrs im Internet.

```
<html>
<head>
<title>Dynamische Webseite</title>
</head>
<body bgcolor="#FFFFFF">
<p>Statische Webseiten lassen sich mit <a
href="http://webopedia.internet.com/TERM/J/JavaScript.html">JavaScript</a>
zu dynamischen Webseiten umgestalten. Der nachfolgende Kalkulator
ist ein einfaches Beispiel.</p>
<p><script language="JavaScript"><!--
function Berechne(form)
{
if (confirm("Sind Sie sicher?"))
form.result.value = eval(form.expr.value)
else
alert("Sie haben die Berechnung abgebrochen!")
}
// --></script></p>
<h2>JavaScript-Kalkulator</h2>
<p><br>
Bitte geben Sie nur Zahlen sowie +, -, *, /, (, ) ein. </p>
<form>
    <p>Eingabe: <input type="text" size="15" name="expr"> <input
    type="button" value="Berechnung"
    onclick="Berechne(this.form)"> <br>
    Ergebnis: <input type="text" size="15" name="result"> <br>
    </p>
</form>
<p> </p>
</body>
```

HTML-Sourcecode-Beispiel

Webseite zum Sourcecode-Beispiel

Bei der Informationsuche im WWW ist man allerdings nicht nur auf Hyperlinks und Adressverzeichnisse angewiesen. Mit Hilfe von Search Engines (z.B. http://www.yahoo.de/, http://www.lycos.com/, http://www.altavista.com/, http://www.digiway.com/digisearch/, http://www.google.com/) kann nach beliebigen Worten gesucht werden.

User brauchen für den Zugriff auf das WWW einen, gegebenenfalls über einen Firewall, an das Internet angeschlossenen Computer, auf dem IP-Stack und Web-Browser installiert sind.

Web-Browser können HTML-Dokumente lesen und Java-Applets und/oder ActiveX-Controls ausführen. Neben dem Web-Standard HTTP „verstehen" Browser auch File-Transfer-, Gopher-, Mail- und News-Protokolle, so dass sie auch als Client dieser Anwendungen einsetzbar sind. Die bekanntesten Browser heißen:

- Netscape Navigator (http://www.netscape.com/computing/download/),
- Internet Explorer (http://www.microsoft.com/downloads/),
- Opera (http://www.operasoft.com/download/),
- HotJava (http://java.sun.com/products/hotjava/).

Web-Server sind das Gegenstück zum Web-Browser. Sie speichern die vom Browser per HTTP aufrufbaren HTML-Seiten.

Besonders bekannte statische Web-Server sind:

- Apache Web Server 1.3 für Unix & Windows NT/2000 (http://www.apache.org/),
- iPlanet Web Server, Enterprise Edition 4.1, für Unix & Windows NT (http://www.iplanet.com/),
- Microsoft Internet Information Service 5.0 in Windows 2000 (http://www.microsoft.com/).

Die Firma Netcraft ermittelt im Internet regelmäßig die Marktanteile der Web-Server-Anbieter. Das Ergebnis vom Februar 2001 zeigt, dass der kostenlose Apache-Web-Server nach wie vor der am häufigsten eingesetzte Web-Server ist.

Dynamische Web-Server reduzieren den Pflegeaufwand der Webpages erheblich. Sie basieren auf Datenbanken mit Webschnittstelle. Hierfür können beispielsweise Oracle- und Informix-Datenbanken oder der Lotus-Domino-Server eingesetzt werden.

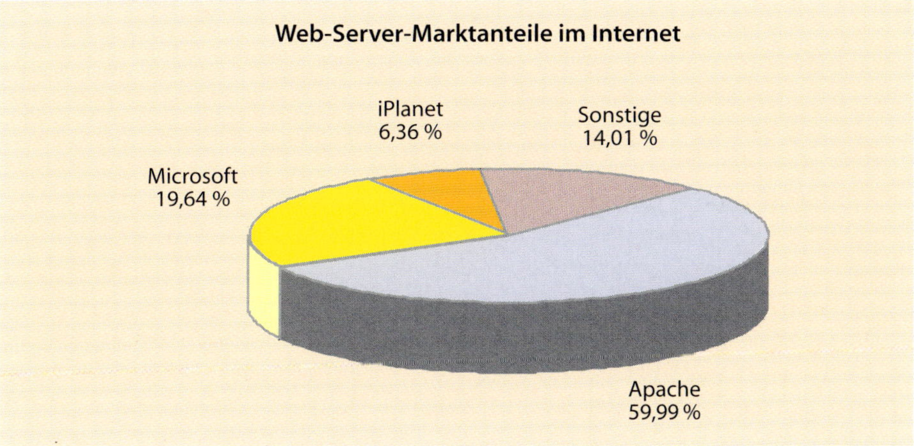

Web-Server-Marktanteile nach Anbietern
(http://www.netcraft.com/survey/, Februar 2001)

Die Dimensionierung der Web-Server-Hardware sollte in Abhängigkeit von der maximalen Anzahl paralleler TCP/IP-Sessions sowie den Zugriffen und HTTP-Operationen pro Sekunde erfolgen. Dabei ist besonders zu berücksichtigen, dass häufig die Netzanbindung ein Nadelöhr darstellt. Anbieter, wie Sun Microsystems, Hewlett Packard und Compaq, verfügen über spezielle „Sizing Guides" für Web-Server.

Reicht ein Web-Server nicht mehr aus, um die auftretende Last zu bewältigen, gibt es drei Lösungsmöglichkeiten:

- Einsatz einer leistungsfähigeren Server-Hardware,
- Verteilung des Web-Server-Inhalts auf mehrere Websites mit jeweils eigener Webadresse,
- Verteilung der Last auf mehrere gespiegelte Server unter Beibehaltung einer virtuellen Webadresse.

Letzteres lässt sich mit einem Load Balancer realisieren. Er ermöglicht es, die Performance und Verfügbarkeit webbasierter Applikationen zu erhöhen, ohne dass komplexe Server-Cluster (z.B. TrueCluster-Server von Compaq) eingesetzt werden müssen. Load Balancer übernehmen für die angeschlossenen Web-Server das Traffic-Management. Sie arbeiten als Front-End-Maschine und intelligenter Client, der den Status und die Leistungsfähigkeit von Servern bei der Lastverteilung berücksichtigt.

Ein besonders wichtiges Leistungsmerkmal, das nicht alle Load Balancer bieten, ist die Unterstützung von „Sticky Connections“. Webbasierte Applikationen, dynamische Webinhalte und SSL-Verbindungen erfordern, dass während einer Session bzw. Transaktion alle Anfragen an denselben Web-Server gesendet werden.

Cryptography-Coprocessor-Karten bzw. SSL-Hardwarebeschleuniger entlasten die Prozessoren von Web-Servern, indem sie im Falle gesicherter Transaktionen die Verschlüsselung übernehmen. Ein Anbieter entsprechender Karten ist die Firma Rainbow Technologies (http://www.rainbow.com/). Weitere Anbieter sind unter http://www.kegel.com/ssl/hw.html zu finden.

Spezielle Web-Server-Benchmarks, wie Webstone 2.5 (http://www.mindcraft.com/webstone/) und SPECweb 99 (http://www.spec.org/), ermöglichen einen Leistungsvergleich konkreter Web-Server-Installationen.

Die Leistungsfähigkeit und Zuverlässigkeit einer Website hat heute häufig direkten Einfluss auf den Geschäftserfolg eines E-Business-Unternehmens.

Insgesamt gibt es im Internet bereits über 28 Millionen Websites.

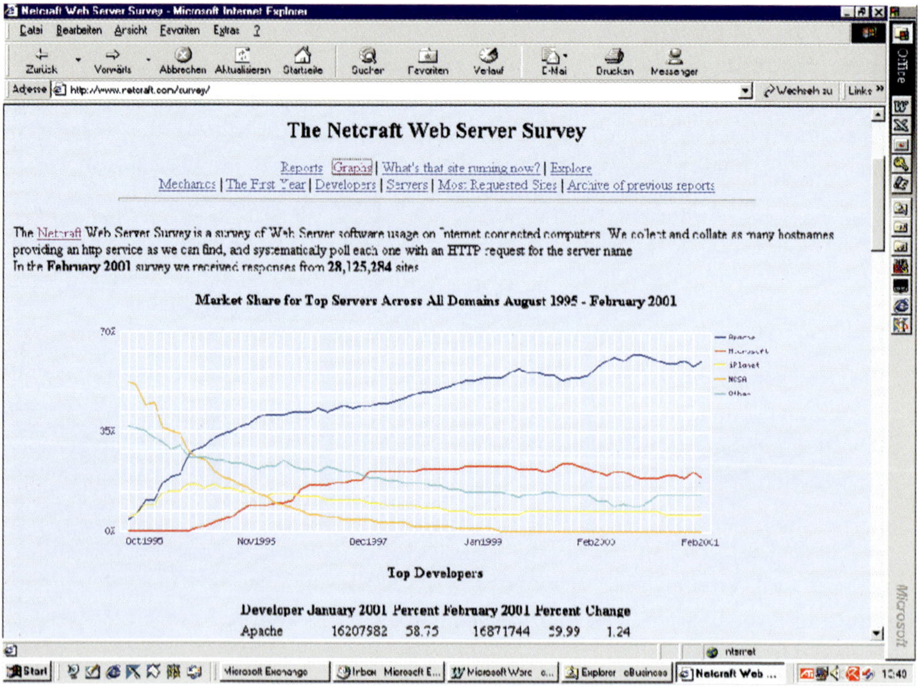

Netcraft-Website

Zu den am häufigsten besuchten Websites[1] gehörten im März 2001:

- http://www.microsoft.com/ – Microsoft Corporation;
- http://www.netcraft.com/ – Web Server Survey;
- http://www.yahoo.com/ – Web-Portal und Search Engine von Yahoo! Inc.;
- http://www.hotmail.com/ – kostenloser, webbasierter E-Mail-Service;
- http://www.apple.com/ – Apple Computer, Inc.;
- http://www.amazon.com/ – weltgrößter Buchhändler Amazon.com, Inc.;
- http://www.google.com/ – intelligente Search Engine.

Viele Firmen präsentieren sich im WWW (z.B. http://www.alcatel.com/, http://www.siemens.com/, http://www.motorola.com/, http://www.baynetworks.com/, http://www.acer.de/, http://www.cisco.com/, http://www.gah-communications.de/). Laut KPMG hatten 1996 bereits 70% aller Großunternehmen eine eigene Website. Heute ist davon auszugehen, dass es 100% sind.

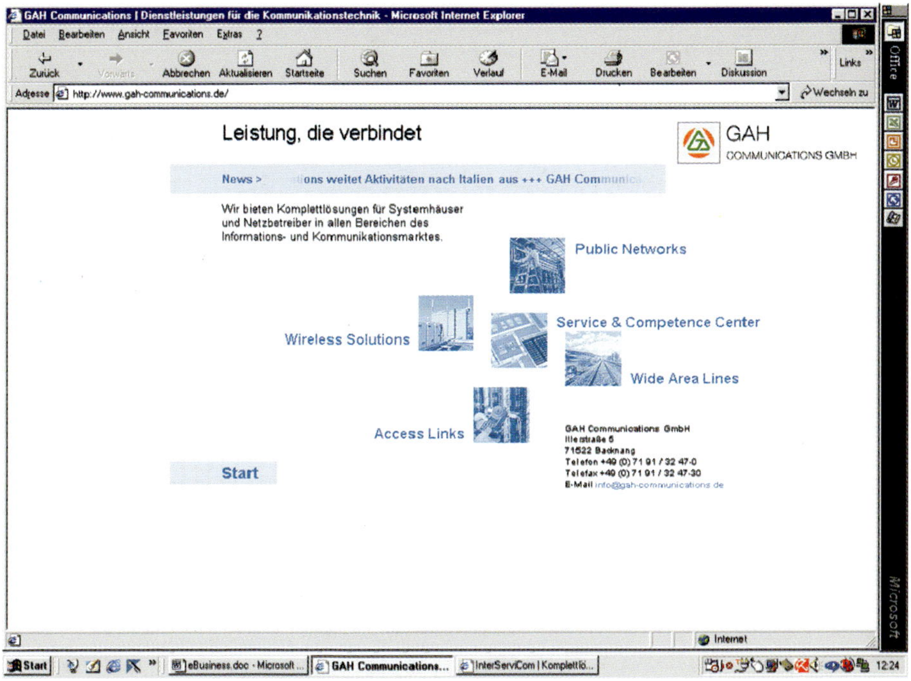

Website der GAH Communications GmbH

1) siehe http://www.netcraft.com/Survey/

Diese Websites dienten anfänglich vorrangig Marketingzwecken. Aber auch die kommerzielle Nutzung nimmt ständig zu. Die Computerfirma Dell (http://www.dell.com/) erzielt mit ihrer E-Commerce-Website einen Tagesumsatz von $40 Millionen. Dies entspricht 50% vom Gesamtumsatz. Cisco Systems (http://www.cisco.com/) liegt mit der Firmen-Website bei einem Tagesumsatz von $60 Millionen und erhält 90% aller Aufträge über das Internet. Aufgrund der kommerziellen Nutzung führt das WWW zu einer weiteren Globalisierung der Märkte. Im Internet gibt es keine Landesgrenzen. Softwarehäuser, Buchverlage etc. können ihre Produkte mit Hilfe des Internet mit geringem Aufwand weltweit vertreiben. Das Web verwandelt immer mehr Produkte zu Gebrauchsartikeln und zwingt die Reseller zur Hinzufügung von Mehrwert in Form von Lösungen und Services. Es versetzt kleine Firmen in die Lage, Firmen jeder Größenordnung Konkurrenz zu machen.

Multimediale Online-Führungen (Webrides) können die Attraktivität von Websites erhöhen. Ein namhafter Anbieter ist die Firma Dantango (http://www.dantango.de/).

Führende Quelle für Informationen über das Web ist das World Wide Web Consortium (http://www.w3.org/).

5.6 Portale

Das World Wide Web wächst mit so großer Geschwindigkeit, dass selbst Suchmaschinen die Informationsmenge nicht mehr bewältigen können. Täglich kommen hunderttausende von Webseiten hinzu. Ungeübte Surfer durchforsten oft stundenlang eine Internet-Seite nach der anderen bis sie bestimmte Informationen gefunden haben. Deshalb hatten einige Internet-Firmen die Idee, auf ihren Web-Servern eine möglichst breit gestreute Übersicht über die wichtigsten Informationen und Services aus allen Bereichen anzubieten. Das Prinzip hat sich durchgesetzt. Immer mehr Internet-Hits konzentrieren sich auf immer weniger Websites und erhöhen deren Werbeeinnahmen. Millionen Internet-Surfer starten täglich ihren Gang ins Internet über die Portal-Websites von Yahoo (http://www.yahoo.com/), Dino-Online (http:// www.dino-online.de/), Lycos (http://www.lycos.de/), Netscape (http://www.netscape.com/), Infoseek (http://www.infoseek.de/), AOL (http://www.aol.com/), T-Online (http://www.t-online.de/) und Altavista (www.altavista.com).

Der Begriff „Portal“ wurde im Web 1999 eingeführt. Als Portale gelten seitdem Web-Server, die einen umfassenden Überblick und Zugang zu vielen Services (z.B. E-Mail, Telefonverzeichnis, Nachrichten, Aktienkurse, Grußkarten, Chat, Shops, Webseitensuche, Homepages) bieten. In der Regel erlauben Portale benutzerspezifische Anpassungen, so dass sich jeder Benutzer im World Wide Web, ähnlich wie auf einem Arbeitsplatzcomputer, seine individuelle Arbeitsumgebung einrichten kann.

Neben den Universalportalen (z.B. http://www.yahoo.com/), die häufig als Browser-Startseite eingesetzt werden, gibt es im Internet unter anderem auch Handels- (z.B. http://www.vivendo.de/, http://www.webtradecenter.de/), Finanz- (z.B. http://www.boerse.de/, http://www.diraba.de/, http://www.finanztreff.de/), Gesundheits- (z.B. http://www.fit-for-travel.de/, http://www.lifeline.de/, http://www.almeda.de/) und Wireless-Portale (http://www.daland.com/, http://www.handy.de/, http://www.jamba.de/).

Handelsportale bzw. elektronische Marktplätze fassen ein umfangreiches Warensortiment unter einer Webadresse zusammen und sind als Äquivalent zu traditionellen Kaufhäusern anzusehen. Die unter der Adresse http://www.webtradecenter.de/ auffindbare Handelsdatenbank der DCI AG umfasst beispielsweise 360.000 Produkte der IT- und TK-Branche. Der darüber vermittelte monatliche Umsatz liegt bei über 70 Millionen DM.

Aber auch im Intranet spielen Portale eine wichtige Rolle. Mit ihnen lässt sich unternehmensweit ein „Single Point of Information and Applications" realisieren. Sie ermöglichen zentrale Zugänge zu allen Informationsressourcen, einschließlich der eigenen Files und allen wichtigen Anwendungen (z.B. Kalender, E-Mail, Textverarbeitung, Tabellenkalkulation, SAP-R/3). Jeder Mitarbeiter erhält dabei die Möglichkeit, sich seine individuelle Umgebung einzurichten. Der Zugang zum Intranet-Portal erfolgt wie bei Internet-Portalen mittels Web-Browser. Dies gewährleistet Betriebssystem- und Ortsunabhängigkeit.

Die Sun-Netscape-Allianz (http://www.iplanet.com/) bietet geeignete Softwarelösungen für die Realisierung von Intranet-Portalen. Microsoft-Applikationen lassen sich mit der Applikations-Portal-Software „NFuse" der Firma Citrix (http://www.citrix.com/) in Portale einbinden.

5.7 Java

1990 wurde bei Sun Microsystems mit der Entwicklung einer plattformunabhängigen, robusten und sicheren Programmiersprache, des späteren Java, begonnen. Sie endete vorläufig im Herbst 1992 mit dem Abschluss des Projektes „Star Seven", das eine tragbare Fernsteuerung zum Ziel hatte. Erst Mitte 1994 kam die Technologie wieder zum Einsatz. Sun-Mitarbeiter entwickelten auf der Basis von Java einen Web-Browser, der am 23.05.1995 unter dem Namen „HotJava" auf der Konferenz „SunWorld" in San Francisco der Öffentlichkeit vorgestellt wurde. Die Firma

Netscape entschloss sich daraufhin, die Java-Technologie in ihren hauseigenen Web-Browser zu integrieren. Dies geschah erstmalig Ende 1995 in der Netscape Navigator Version 2.0.

Die objektorientierte Programmiersprache Java ähnelt C++. Sie weist aber folgende Besonderheiten auf:

- Java bietet neue Möglichkeiten der Softwareverteilung, da sich Java-Programme in Form von Applets mittels Web-Browser von jedem beliebigen Server im Internet/Intranet herunterladen und lokal abarbeiten lassen;
- Java-Quellcode wird zu einem Bytecode kompiliert, den der Interpreter der Java Virtual Machine vor seiner Ausführung auf Manipulationen prüft und nur bei festgestellter Integrität ausführt; gemeinsam mit dem Sandbox-Prinzip (d.h. dem eingeschränkten Ressourcenzugriff) stellt dies einen sehr effektiven Virenschutz dar;
- Java-Programme können auf allen Plattformen laufen, die eine Java Virtual Machine (JVM) zur Interpretation des Bytecode besitzen; diese sind beispielsweise Web-Browser, wie Netscape Navigator und MS Internet Explorer, und Betriebssysteme wie Sun Solaris;
- sowohl der Interpreter als auch die Struktur der Programmiersprache stellen sicher, dass Programmierfehler nicht zum Programmabsturz führen.

Mit der Java-Technologie wurden erstmalig komfortable, plattformunabhängige, interaktive Funktionen im World Wide Web ermöglicht. Ein offener Standard und die konsequente Umsetzung des Leitsatzes „Write Once, Run Anywhere“ waren entscheidende Grundlagen für den Siegeszug von Java.

Früher wurden interaktive Webseiten stets mit CGI- (Common-Gateway-Interface) -Programmaufrufen des Web-Servers realisiert. CGI und HTML bieten aber aufgrund der Full-Screen-Arbeitsweise nur eingeschränkte grafische Möglichkeiten. Java-Applets erlauben als GUI (Graphical User Interface) einen wesentlich größeren Komfort und unterstützen eine feldweise Eingabeverarbeitung. Java-Applets werden im Web-Browser per Mausklick auf einen Hyperlink online gestartet. Dies ermöglichte Network-Computer, die ohne eigene Festplatte auskommen und ihre Software aus dem Internet beziehungsweise Intranet holen.

Ende 1996 gab es bereits 200 Java-Applets und 45 Java-Geschäftsanwendungen. Im Jahr 1999 waren es ca. 2400 bzw. 950.

Die Java-Technologie kann in jedes mikroprozessorbasierte Gerät integriert werden. Seit 1997 gibt es unter der Bezeichnung „JavaCard“ Smartcards mit Java Virtual Machine (z.B. von den Firmen Schlumberger und Gemplus). Für eine Java Virtual Machine werden nicht mehr als 200 Kbyte benötigt. Prozessorhersteller entwickeln picoJava-Prozessoren, die den Java-Bytecode direkt abarbeiten können. Zu ihnen gehören die Firmen Fujitsu, IBM, LG Semicon und NEC.

Geschwindigkeitsverbesserungen in der Softwareabarbeitung, bis hin zu Zeiten, die vorher nur mit „native“ Code erreichbar waren, sollte die Hotspot-Technologie in JVMs bringen. Sie wurde im April 1999 für serverbasierte und im Mai 2000 für clientbasierte Java Virtual Machines freigegeben. Die daraus resultierende Geschwindigkeitssteigerung lag bei 30%. JIT-Compiler (Just in Time Compiler) beschleunigen die Programmabarbeitung ebenfalls, indem sie den Bytecode während der Laufzeit in schnellen Maschinencode übersetzen.

Das Java Development Kit (JDK) der Sun-Tochter JavaSoft gilt als Referenz-Implementierung von Java und ist kostenlos erhältlich. Jedes Development Kit enthält Java Compiler, Java Virtual Machine, Java Class Libraries, Java AppletViewer, Java Debugger und Dokumentation. Die aktuelle Version heißt „Java 2 Software Development Kit, Version 1.3“ (Java 2 SDK, v1.3)[1]. Die JVM des Netscape Navigator 4.0 ist teilweise kompatibel zu JDK 1.1, während die JVM des MS Internet Explorer 4.0 lediglich kompatibel zu JDK 1.0.2 ist. Um trotzdem die Arbeit mit der aktuellen Java-Version zu ermöglichen, bietet Sun unter http://java.sun.com/products/plugin/ kostenlos eine Erweiterung (d.h. ein Plug-In) für MS Internet Explorer und Netscape Navigator an.

Der Zugriff aus Java-Programmen auf Datenbanken erfolgt mittels Java Database Connectivity (JDBC). Diese Schnittstelle gehört, ebenso wie das Komponentenmodell JavaBeans, zum Lieferumfang des JDK 1.1. JavaBeans sind wiederverwendbare Softwaremodule mit Standard-Interface-Struktur. Sie vereinfachen die Anwendungsentwicklung stark. JavaBeans lassen sich per Drag und Drop zu kompletten Java-Programmen zusammensetzen. Java Foundation Classes, auch als „Swing“ bezeichnet, dienen der Erstellung von grafischen Benutzerschnittstellen. Sie vereinen das Abstract Windows Toolkit (AWT), die Netscape Internet Foundation Classes (IFC) und den Infobus von Lotus. Servlets bieten einen Mechanismus, um Web-Server-Erweiterungen zu schreiben. Java Server Pages (JSP) erlauben Webpage-Designern serverseitig Scripts in Java einzusetzen. Das Java Naming and Directory Interface (JNDI) ermöglicht den Zugriff auf Verzeichnisdienste. Die Java Intelligent Network Infrastructure (JINI) ist eine Java-Klassenbibliothek, mit der sich Ressourcen im

1) anstelle der Bezeichnung „JDK 1.2“ wurde von Sun 1998 die Bezeichnung „Java 2 SDK, v1.2“ eingeführt

Netz (z.B. Drucker, Harddisk, Videokamera, PDA) allgemein zugänglich und leicht nutzbar machen lassen. Ohne Treiberinstallation und Betriebssystemabhängigkeiten werden von JINI-fähigen Geräten beim Netzanschluss automatisch Verbindungen hergestellt.

Mit dem Zertifizierungsprogramm „100% pure Java“ (http://java.sun.com/100percent/) wird die Java-Kompatibilität gewährleistet. Das Gütesiegel erhalten nur Java-Anwendungen, die auf allen Plattformen ablaufen, für die eine Java Virtual Machine existiert. Dazu sind 8.400 Tests zu durchlaufen. Die Firma Exodus Performance Labs in Utah (http://www.keylabs.com/) führt im Auftrag von Sun Microsystems die Zertifizierung durch. In Europa arbeitet Exodus Performance Labs mit der Firma KTL Arnhem (http://www.ktl-software.com/) zusammen.

Im November 1997 erhielt Sun Microsystems von der ISO den Status eines „Publicly Available Specification Submitter“. Das heißt, dass Sun der ISO die Spezifikation für den Java-Standard (d.h. der Programmiersprache, der JVM und der Klassenbibliotheken beziehungsweise APIs) vorlegen und allein Vorschläge für dessen zukünftige Weiterentwicklung unterbreiten kann.

Eine zunehmende Zahl an Entwicklungswerkzeugen erleichtert mit Projektverwaltung, Source Code Editor, GUI Builder, Class Browser, grafischen Debugger und Compiler die Programmierung in Java. Populäre Vertreter sind der JBuilder von Borland, Visual Cafe von Webgain, VisualAge for Java von IBM, JDeveloper von Oracle, CodeWarrior for Java von Metroworks sowie PowerJ von Sybase.

Zum Erlernen von Java gibt es viele Tutorials (d.h. Übungen mit Anleitung) im Internet und in Büchern (z.B. [CAM 98]).

```
import java.applet.Applet;
import java.awt.Graphics;

public class HelloWorld extends Applet {
    public void paint(Graphics g) {
        g.drawString("Hello world!", 50, 25);
    }
}
```

```
<HTML>
<HEAD>
<TITLE>A Simple Program</TITLE>
</HEAD>
<BODY>
Here is the output of the program:
<APPLET CODE="HelloWorld.class" WIDTH=150 HEIGHT=25>
</APPLET>
</BODY>
</HTML>
```

Sourcecode-Beispiel eines Java-Applets und HTML-Seite zum Aufruf des Applets

Das von Microsoft als Alternative zu Java vermarktete ActiveX wird wegen vorhandener Sicherheitsprobleme und der Plattformbeschränkung kritisiert. Da ActiveX ausschließlich vertrauensbasiert arbeitet und ActiveX-Programme uneingeschränkten Zugriff auf alle Systemressourcen haben, empfiehlt das Bundesamt für Sicherheit in der Informationstechnik (http://www.bsi.de/) ActiveX-Controls nur zuzulassen, wenn für sie ein BSI-Zertifikat vorliegt oder sie von Servern stammen, deren Betreiber vertrauenswürdig sind. Java bietet mit dem Sandbox-Prinzip, das den Ressourcenzugriff limitiert, eine größere Sicherheit. Bis heute sind lediglich zwei Java-Viren bekannt geworden. Der 1998 entdeckte Java-Virus „Strange Brew" konnte sich nur auf PCs verbreiten, bei denen über niedrige Browser-Sicherheitseinstellungen der Zugriff auf die Festplatte erlaubt wurde. Anfang 1999 folgte ein Java-Virus „BeanHive" der nur dann auf PCs zugreifen konnte, wenn vom Benutzer ein Zertifikat „Landing Camel" akzeptiert wurde und ein dazugehöriger Java Class File (d.h. ein Trojanisches Pferd) vorher auf anderem Wege eingeschleust wurde.

1999 programmierten bereits zwei Millionen Entwickler weltweit mit Java und mehr als 200 Firmen besaßen eine Java-Lizenz von Sun Microsystems.

5.8 WAP

Das Wireless Application Protocol (WAP) wurde 1998 vom WAP-Forum (http://www.wapforum.org/) entwickelt, um den Nutzern von mobilen Endgeräten (z.B. Mobiltelefone, PDAs) mit kleinem Bildschirm, einfacher Tastatur, wenig Speicher und geringer Übertragungsrate einen mobilen Internet-Zugang zu ermöglichen. Es unterstützt die meisten Mobilfunknetze (z.B. CDMA, DECT, GSM).

WAP-Anwendungen basieren auf der Wireless Markup Language (WML). Sie ist ein für mobile Endgeräte optimiertes, auf XML basierendes Äquivalent zur Seitenbeschreibungssprache HTML. Im Gegensatz zu HTML arbeitet WML allerdings nicht seitenorientiert. Die Navigation findet bei WML mit Hilfe von Vor- und Zurück-Kommandos über einzelne Cards aus einem oder mehreren WML-Dokumenten statt.

Um zu vermeiden, dass Webseiten zukünftig immer in WML und in HTML erstellt werden müssen, hat das WWW-Consortium die XSL Transformation Language (XSLT; http://www.w3.org/TR/xslt) entwickelt, die eine automatische Übersetzung von in XML vorliegenden Daten in HTML und WML ermöglicht. Aber auch die Bildformate weichen voneinander ab. Während im Internet bisher in der Regel GIF und JPEG verwendet werden, benötigen nach WAP-Standard arbeitende Geräte WAP-Bitmaps (WBMP). Zur Konvertierung gibt es im Internet beispielsweise unter http://www.teraflops.com/wbmp/ einen kostenlosen Service.

```
<wml>
<card id="card1" title="Ihre Flugdetails">
<onevent type="onenterforward">
<refresh>
<setvar name="day" value="Freitag"/>
<setvar name="date" value="8"/>
<setvar name="month" value="August"/>
<setvar name="year" value="2000"/>
</refresh>
</onevent>
<p>
Ihr Flug ist geplant für $(day), den $(date). $(month) $(year).
</p>
<p>
Bitte beachten Sie, dass Sie wenigstens eine Stunde vor dem Abflug einchecken müssen.
</p>
<p>
Falls Sie Ihre Flugdetails ändern möchten, benutzen Sie die <B>Ändere·Details</B> Taste.
</p>
<do type="accept" label="Ändere Details">
<go href="#card2"/>
</do>
</card>
<card id="card2" title="Änderung der Flugdetails">
<p>Dies ist die zweite Card.</p>
<p>Bitte ändern Sie Ihre Flugdetails hier.</p>
</card>
</wml>
```

WML-Sourcecode-Beispiel [1]

WML-Seiten können auf jedem Web-Server bereitgestellt werden, der den entsprechenden MIME-Typ und HTTP 1.1 unterstützt. WAP-Endgeräte greifen auf Web-Server über einen WAP-Gateway zu. Dieser Gateway zwischen Mobilfunknetz und Internet übersetzt WTP- in HTTP-Anfragen und überträgt empfangene WML-Seiten komprimiert und kodiert an die mobilen Endgeräte.

WAP-fähige Endgeräte besitzen einen Microbrowser, der WML-Seiten darstellen und WMLScripts abarbeiten kann. Solche Browser sind in allen aktuellen WAP-Mobiltelefonen enthalten und für sämtliche PDA-Betriebssysteme (z.B. PalmOS, EPOC, Windows CE, FlexOS, OS-9, JavaOS.) erhältlich.

Das Wireless Application Protocol basiert auf dem OSI-Schichtenmodell (siehe Abbildung). Dadurch ist es in Bezug auf die Einführung neuer und die Modifizierung vorhandener Dienste sehr flexibel.

Im Falle IP-basierter Transportdienste (z.B. GPRS) kommt anstelle von WDP UDP zum Einsatz.

1) siehe auch http://www.wap.net/developer/wmllrm/

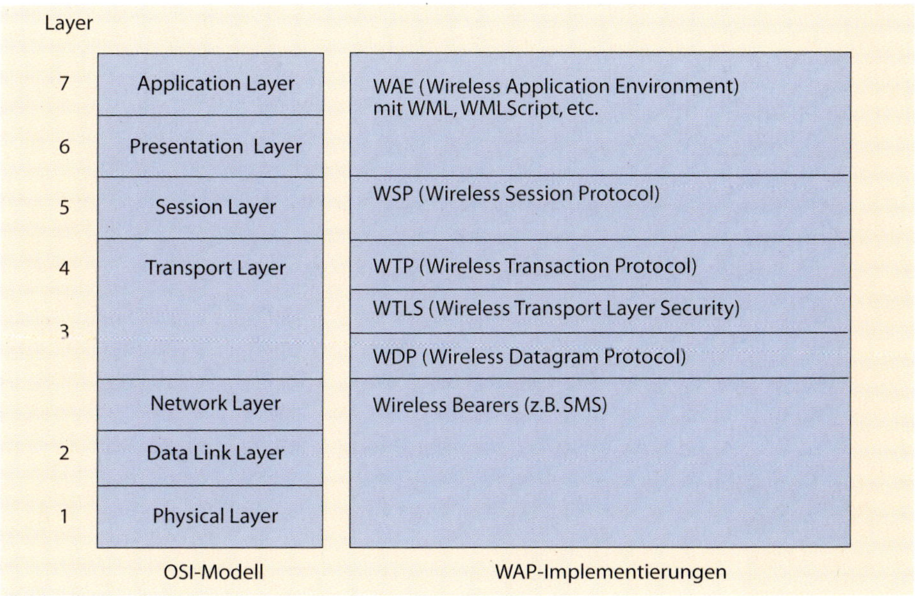

WAP-Protokollstack

Mit WAP sollen mobilen Anwendern alle Arten von Informations- und Kommunikationsdiensten zugänglich gemacht werden. Mögliche WAP-Anwendungen sind u.a.:

- Kommunikation: E-Mail und Online-Chat an jedem beliebigen Ort nutzen;
- Brokerage: Börsenkurse abfragen, Aktien kaufen und verkaufen;
- Mobile Banking: Kontostand überprüfen und Überweisungen vornehmen;
- Allgemeine Informationen: Anzeigen, Wettervorhersagen, Staumeldungen, Kinospielpläne, Veranstaltungstermine und Fahrpläne lesen;
- Mobile Commerce: Kauf von Tickets etc.;
- Mobile Organizer: Zugriff auf Kalender, Adressverzeichnisse, Projektdaten, Lagerbestandsdaten, Bestellstati etc.;
- Navigation: Nutzung von Routenplanern, Stadtplänen und Reiseführern;
- Automatisierung: Fernsteuerung von Geräten.

Eine Zusammenstellung verfügbarer WAP-Websites ist unter http://www.wapsites.de/ zu finden. Inzwischen gibt es auch Angebote zur kostenlosen Einrichtung privater WAP-Homepages (z.B. http://mobilejag.com/).

Mehrere Analysten sind allerdings der Meinung, dass sich WAP erst durchsetzen kann, wenn Daten ab Anfang 2001 mit GPRS (General Packet Radio Service) mit bis zu 115 Kbit/s oder ab 2002 mit UMTS (Universal Mobile Telecommunications Systems) mit 144 Kbit/s (bei 120 ... 500 km/h) bis 2 Mbit/s (bei ≤ 10 km/h) übertragbar sind. HSCSD (High Speed Circuit Switched Data) mit bis zu 57,6 Kbit/s und EDGE (Enhanced Data for GSM Evolution) mit bis zu 384 Kbit/s versprechen ebenfalls Verbesserungen. GSM bietet nur 9,6 Kbit/s. Diese geringe Übertragungsrate wird als Hauptgrund für den ausbleibenden Erfolg von WAP angesehen.

Mindestens ebenso wichtig wie eine höhere Übertragungsrate ist allerdings die bei UMTS und GPRS vorgesehene Umstellung der Gebührenberechnung von der Verbindungsdauer auf das Übertragungsvolumen. Erst dadurch wird WAP kostengünstig nutzbar sein.

Ende 2000 gab es laut WAP-Forum acht Millionen WAP-Nutzer weltweit. In wenigen Jahren sollen es mehrere hundert Millionen sein.

5.9 EDI

EDI (Electronic Data Interchange) ermöglicht den direkten elektronischen Austausch von Geschäftsdokumenten, wie Bestellungen, Rechnungen, Gutschriften, Lieferscheinen und Bestätigungen, zwischen den Computern von Geschäftspartnern. Dadurch lassen sich aufwendige, fehlerträchtige Mehrfacherfassungen von Daten vermeiden.

Eine Organisation, die SITPRO (Simplification of Trade Procedures Board) hieß, begann 1971 in Großbritannien mit der Ausarbeitung eines EDI-Standards. 1974 wurde das Ergebnis als Trade Data Interchange (TDI) veröffentlicht und bei der britischen Zollbehörde implementiert. Parallel dazu gab es vergleichbare Standardisierungsbemühungen in den USA. 1975 publizierte dort das 1968 gegründete amerikanische TDCC (Transportation Data Coordinating Committee) einen Standard zur elektronischen Kommunikation mit Transportunternehmen. 1978 ging aus dem inzwischen in EDIA (Electronic Data Interchange Association) umbenannten TDCC nach einem Zusammenschluss mit der Credit Research Foundation das ANSI-(American National Standards Institute; http://www.ansi.org/) -X12-Komitee hervor. 1983 verabschiedete es seine erste Version eines EDI-Standards, der generische Formate für den elektronischen Datenaustausch im Handel festgelegte.

Die internationale Standardisierung begann 1985 mit der Entwicklung von UN/EDIFACT (United Nations/Electronic Data Interchange for Administration, Commerce and Transport) durch die UN/ECE-Trade (United Nations/Economic

Commission for Europe – Trade; http://www.unece.org/etrades/). Das Ergebnis übernahm die ISO (International Organization for Standardization; http://www.iso.ch/) und veröffentlichte es 1987 in Standardform.

UN/EDIFACT umfasst Syntaxregeln (ISO 9735), die eine Strukturierung von Nachrichten in Segmente mit Datenelementen vorsehen, und ein Datenelemente-Verzeichnis UNTDED (United Nations Trade Data Elements Directory, ISO 7372). Ergänzend gibt es Zusammenstellungen von Standardnachrichten UNSM (United Nations Standard Messages), die in UN/EDIFACT-Directory-Sets auf der Website der UN/ECE-Trade veröffentlicht werden.

Obwohl es eine Reihe weiterer EDI-Standards gibt (siehe http://www.diffuse.org/edi.html), ist UN/EDIFACT nach wie vor der primäre Standard für den internationalen Handel per EDI. Aufgrund seiner Komplexität gibt es branchenspezifische Subsets, wie z.B.:

- ODETTE (Organization for Data Exchange through Teletransmission in Europe; http://www.odette.org/) für die Kraftfahrzeugindustrie,
- CEFIC (Conseil Européen des Fédérations de l'Industrie Chimique; http://www.cefic.org/) für die chemische Industrie,
- EDIFICE (EDI Forum for Companies with Interests in Computing, Electronics and Telecommunication; http://www.edifice.org/) für die Elektronikindustrie,
- IATA Cargo EDI (International Air Transport Association Cargo EDI; http://www.iata.org/cargo/edi.htm) für die Luftfahrt,
- RINET (Reinsurance and Insurance Network; http://www.rinet.org/) für die Versicherungswirtschaft.

Vor der Einführung von EDI ist zwischen den Handelpartnern eine Vereinbarung bezüglich des zu verwendenden EDI-Standard-Subsets und der auszutauschenden Informationen erforderlich.

Weiterhin werden folgende Komponenten benötigt:

- EDI Translation Software:
  übersetzt proprietäre Formate in das EDI-Standardformat,
- EDI Mapping Software:
  verknüpft EDI-Transaktionen mit Inhouse-Applikationen,
- Modem oder Router:
  Interface zum Netz,

- VAN (Value-added Network):
  Netz zur Datenübertragung (z.B. General Electric Information Services GEIS).

Heute gilt EDI allerdings bereits wieder als veraltet. Das Internet und XML bietet für den Austausch von Geschäftsdaten eine wesentlich größere Flexibilität bei geringeren Kosten.

Im Einzelnen wird am EDI folgendes bemängelt:

- lange Standardisierungszyklen verhindern eine schnelle Anpassung an sich ändernde Marktbedingungen;
- die Implementierung ist relativ teuer, so dass sie sich nur große Firmen leisten können;
- proprietäre Anpassungen für jeden einzelnen Handelspartner führen zu einer starken Abhängigkeit voneinander;
- das Handeln auf elektronischen Marktplätzen wird nicht unterstützt;
- EDI schließt den Endkunden aus der Automatisierung des Handelprozesses aus;
- EDI-Nachrichten sind im Bedarfsfall nicht einfach manuell bearbeitbar (z.B. per Browser).

Forrester Research prognostiziert deshalb, dass das Volumen der Transaktionen über EDI 2002 mit $1,3 Billionen seinen Höhepunkt erreichen wird und drei Jahre später auf $350 Milliarden absinkt.

5.10 XML

XML (eXtensible Markup Language; http://www.w3.org/XML/) ist eine universelle Datenbeschreibungssprache, die ein Subset der Standard Generalized Markup Language (SGML, ISO 8879) darstellt und 1998 vom World Wide Web Consortium standardisiert wurde.

Mit XML sind inhaltliche Strukturmerkmale von Dokumenten (d.h. Vokabularien für eigene Sprachen) definierbar. Diese Definitionen erfolgen formal in Schemas bzw. Document Type Definitions (DTDs) oder formlos durch die Existenz und Anordnung von Strukturelementen in XML-Dokumenten. Formale Definitionen bieten den Vorteil, dass die Dokumenteninhalte automatisch auf Korrektheit geprüft werden können. DTDs lassen sich mit XML-Dokumenten versenden oder auf allgemein zugänglichen Web-Servern ablegen und im Dokument referenzieren.

XML vereint wesentliche Vorzüge von EDI und HTML in sich, da mit XML sowohl eine automatische Datenverarbeitung als auch eine einfach lesbare Darstellung von Daten möglich ist. Weitere Merkmale, die XML für E-Business-Lösungen prädestinieren, sind:

- Web-Unterstützung:
  XML-Dokumente lassen sich per HTTP austauschen und mit Web-Browsern lesen; letzteres kann sowohl durch eine Umwandlung in HTML als auch direkt mittels XML-Parser[1] erfolgen.
- Flexibilität:
  Vokabularien sind durch Lösungsanbieter bzw. Nutzer definierbar und Dokumente lassen sich automatisch in andere Formate umwandeln.
- Verbreitung:
  viele Organisationen und Hersteller definieren XML-basierte Vokabularien, um mittels XML Geschäfte elektronisch abzuwickeln; einige dieser Initiativen sind:

  BizTalk (http://www.biztalk.org/),
  Commerce XML (http://www.cxml.org/),
  ebXML (http://www.ebxml.org/),
  OAGIS (http://www.openapplications.org/),
  RosettaNet (http://www.rosettanet.org/),
  Voice XML (http://www.voicexml.org/),
  XML Common Business Library (http://www.xcbl.org/),
  XML/EDI (http://www.xmledi-group.org/).

Im Gegensatz zu HTML trennt XML die Inhaltserstellung von der Layoutdefinition für Dokumente. Inhalte von XML-Dokumenten lassen sich mit einem festzulegenden Vokabular strukturieren, ohne dass sich die Autoren dabei um die Darstellung kümmern müssen. Die Festlegung eines Druck- oder Anzeigelayouts erfolgt separat mit XSL (XML Stylesheet Language). Wird XML lediglich zum elektronischen Austausch oder zur strukturierten Ablage von Daten genutzt, kann sogar darauf verzichten werden.

1) z.B. mit MSXML (http://msdn.microsoft.com/xml/general/msxmlprev.asp) im Internet Explorer oder mit expat (http://www.jclark.com/xml/expat.html) im Netscape Navigator

XSL besteht aus zwei Teilen:

- XSLT[1] (XSL Transformation); http://www.w3.org/Style/XSL/), einer Sprache zur automatischen Umwandlung von XML-Dokumenten, und
- dem XML-Vokabular zur Spezifikation von Formaten (XSL Formatting Objects).

```
<?xml version="1.0"?>
<?xml:stylesheet type="text/xsl" href="beispiel.xsl"?>
<Course id="xmlxslt">
   <Title>XML/XSLT - Extensible Markup Language &amp; Extensible Stylesheet Language</Title>
   <Duration>16</Duration> <!--in hours-->
   <Synopsis>XML is the language used for describing data. With the advent of WAP,
             web sites developers are increasingly deploying their sites in XML and
             using the transformation engine of XSL, which is XSLT, to tailor their
             web pages to different browsers. Participants will be developing
             applications that can dynamically adapt to different browsers.
   </Synopsis>
   <Fees>800</Fees> <!--In S$ dollars-->
   <CourseDates>
      <Date>
         <Mode>Evenings</Mode>
         <Day>14</Day>
         <Month>10</Month>
         <Year>2000</Year>
         <Venue>Rock Tower</Venue>
         <Time>
             <From>1730</From>
             <To>2130</To>
         </Time>
      </Date>
      <Date>
         <Mode>Full Days</Mode>
         <Day>21</Day>
         <Month>10</Month>
         <Year>2000</Year>
         <Venue>Developers Unit</Venue>
         <Time>
             <From>0900</From>
             <To>1700</To>
         </Time>
      </Date>
   </CourseDates>
</Course>
```

XML-Sourcecode-Beispiel [LEE 00]

1) XSLT ist u.a. auch zur Erzeugung von Dokumenten in den Formaten von HTML, WML, Open eBook und EDIFACT geeignet

```
<?xml version="1.0"?>
<xsl:stylesheet version="1.0" xmlns:xsl="http://www.w3.org/1999/XSL/Transform">
<xsl:template match="/">
<HTML>
<BODY bgcolor="wheat">
 <B>Course Title: </B><xsl:value-of select="Course/Title" /><BR/>
 <B>Synopsis: </B><CENTER><I><xsl:value-of select="Course/Synopsis" /></I></CENTER><BR/>
 <B>Duration: </B><xsl:value-of select="(Course/Duration) div 8"/> days <BR/>
 <B>Fees: </B>S$<xsl:value-of select="Course/Fees" /><BR/>
 <B>Dates:</B><BR/>

   <xsl:for-each select="Course/CourseDates/Date[Day!='']" >
    <xsl:value-of select="Day"/>/<xsl:value-of select="Month"/>/<xsl:value-of select="Year"/>
    From <xsl:value-of select="Time/From"/>hrs to <xsl:value-of select="Time/To" />hrs
    @ <xsl:value-of select="Venue"/> -
    <xsl:value-of select="(/Course/Duration) div (((Time/To) - (Time/From)) div 100)"/>
    <xsl:value-of select="Mode" />
    <BR/>
   </xsl:for-each>

</BODY>
</HTML>
</xsl:template>
</xsl:stylesheet>
```

XSL-Datei zum XML-Sourcecode-Beispiel[1] [LEE 00]

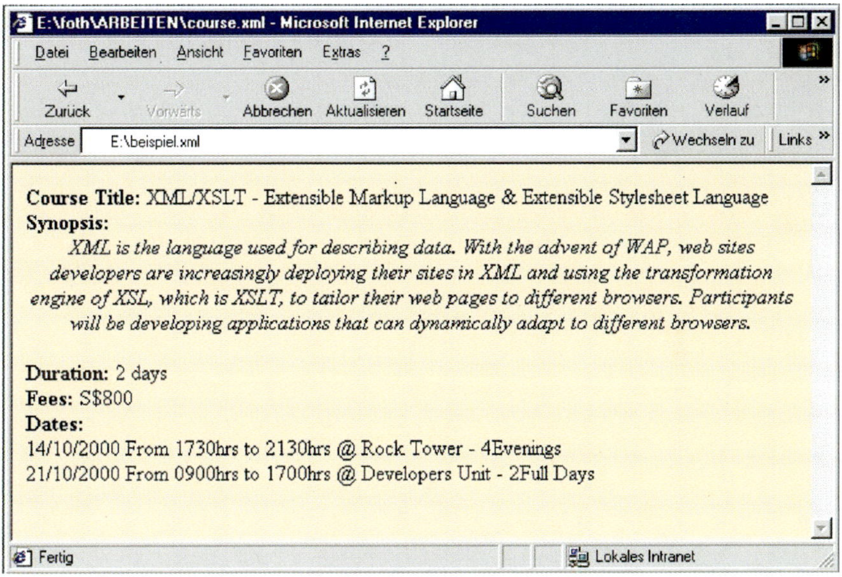

Darstellung des XML-Beispiels im Internet Explorer

Weitere Informationen zu XML sind u.a. in der XML-Online-Referenz http://www.oasis-open.org/cover/ und der XML-FAQ-Liste http://www.xml.com/pub/q/xmlqanda zu finden.

1) dieses Beispiel entspricht der XSLT-Spezifikation 1.0 des W3C;. Microsoft unterstützt sie erst mit dem MSXML3-Parser

5.11 Security

Mit der Vernetzung von Computersystemen erhöht sich auch die Zahl derjenigen, die unberechtigt darauf zuzugreifen versuchen. Neben einer Beeinträchtigung des Betriebs der Systeme sind Diebstähle, Zerstörungen, Manipulationen und Missbrauch von Daten möglich. Für Unternehmen kann dies zu einer Schwächung der Wettbewerbsposition, zu Geschäftsausfällen sowie zu Image- und Vertrauensverlusten führen.

Da das E-Business die Kernprozesse der Unternehmen vom Internet abhängig macht, ist es ohne adäquate Sicherheitsmaßnahmen nicht durchführbar.

5.11.1 Authentisierung

Auf kritische Funktionen von Computersystemen sowie auf vertrauliche Informationen sollten nur berechtigte Personen zugreifen können. Eine Grundvoraussetzung für die Überprüfung von Zugriffsberechtigungen ist die sichere Personenidentifizierung. Sie erfolgt mittels Authentisierung.

Es gibt drei Kategorien von Merkmalen, aus denen sich die Identität einer Person ableiten lässt:

1. Etwas, das die Person weiß: z.B. ein Code oder Passwort;
2. Etwas Einzigartiges, das die Person besitzt: z.B. ein Schlüssel, ein Ausweis oder eine Kreditkarte;
3. Etwas, das die Person darstellt: z.B. Fingerabdruck, Netzhautmuster, Unterschrift oder Stimme.

Das größte Problem bei der Benutzerauthentisierung in Computersystemen ist die weit verbreitete Verwendung statischer Passwörter. Sie werden einmal vergeben und sind oftmals über Jahre hinweg gültig. Außerdem wählen Anwender sie stets so, dass sie einfach und leicht merkbar sind. Selbst wenn Unternehmen in einer Sicherheits-Policy eine vierwöchige Passwortänderung vorschreiben und durch eine entsprechende Konfiguration forcieren, hat ein Hacker immer noch bis zu einem Monat Zeit, sich Daten zu verschaffen, sie zu verändern oder zu zerstören. Riskant ist auch, dass die regelmässige Aufforderung zur Passwortänderung und die Tatsache, dass man sich meistens mehr als ein Passwort merken muss, dazu führen, dass die Passwörter aufgeschrieben werden.

Sicherer ist der Einsatz eines Authentisierungssystems, das mindestens zwei der erwähnten Merkmalskategorien miteinander kombiniert. Entsprechende Lösungen von RSA Security (http://www.rsasecurity.com/), Secure Computing (http://www.securecomputing.com/), Axent Technologies (http://www.axent.com/) und Cryptocard (http://www.cryptocard.com/) arbeiten mit Personal Identification Number (PIN) und dynamisch veränderlichen Schlüsselcodes, die von Tokencards generiert werden. Im Computernetz übernimmt ein Authentisierungsserver die Prüfung der von den Clients verschickten Schlüsselcodes.

Tokencards von RSA Security

Neben den Tokencards kommen immer häufiger auch Smartcards zum Einsatz. Auf ihnen lassen sich besonders lange Schlüsselcodes (z.B. 1024 Bit) speichern, die per Lesegerät abfragbar sind. Dies wird bei der digitalen Signatur genutzt.

Einander unbekannte Kommunikationspartner, die einander nicht automatisch trauen, können sich über eine dritte Instanz, sogenannte Trustcenter, online authentisieren. Diese Einrichtungen erfüllen dabei die Aufgabe einer Passbehörde. Gegenwärtig gibt es u.a. folgende Trustcenter (auch Zertifizierungsstelle bzw. Certificate Authority genannt):

Deutsche Trustcenter

- „Telesec“ der Deutschen Telekom AG
  http://www.telesec.de/
- „Signtrust“ der Deutschen Post AG
  http://www.signtrust.deutschepost.de/

- TC Trustcenter der TC Trustcenter GmbH
  http://www.trustcenter.de/
- Policy Certification Authority des Deutschen Forschungsnetzes
  http://www.pca.dfn.de/dfnpca/
- TI-Trustcenter des Instituts für Telematik in Trier
  http://www.ti.fhg.de/
- Zertifizierungsservice der Zeitschrift c't
  http://www.heise.de/ct/pgpCA/
- CCI-Trustcenter der Competence Center Informatik GmbH
  http://www.cci.de/
- ITSG Trustcenter der ITSG GmbH
  http://www.itsg.de/
- Zertifizierungsstelle der Bundesnotarkammer
  http://www.bundesnotarkammer.de/

Internationale Trustcenter

- Eurosign
  http://www.eurosign.com/
- GTE Cybertrust
  http://www.cybertrust.gte.com/
- Verisign
  http://www.verisign.com/

Eine umfassende Liste von Zertifizierungsstellen enthält http://www.pca.dfn.de/eng/team/kelm/pem-dok.html. Davon erhielten bis April 2001 sechs eine offizielle Bestätigung[1] des gesetzeskonformen Betriebs nach dem deutschen Signaturgesetz. Neben Telesec, Signtrust und der Bundeskammer sind dies die Datev, die Steuerberaterkammer Nürnberg und die Medion AG. Eine Reihe weiterer Zertifzierungsstellen plant die Beantragung. Zu ihnen gehören die Mitglieder der T7-Gruppe[2] (http://www.t7-isis.de/).

Die Trustcenter geben digitale Zertifikate aus. Diese Zertifikate bestehen aus Daten, die in ihrem Format und Inhalt von ISO und ITU im Standard X.509 festgelegt wurden.

---

1) nach dem alten deutschen Signaturgesetz handelte es sich um eine Genehmigung zur Arbeit als Zertifizierungsstelle und nach dem neuen um eine Akkreditierung, die durch die Regulierungsbehörde für Telekommunikation und Post (http://www.regtp.de/) erfolgt

2) D-Trust (http://www.itsec-debis.de/), Giesecke & Devrient (http://www.gdm.de/), TC Trustcenter (http://www.trustcenter.de/) etc.

Im Einzelnen enthalten sie:

- den Namen oder ein Pseudonym des Zertifikatsinhabers,
- Wohnortangaben (auf Wunsch des Inhabers),
- Angaben zum Trustcenter, das das Zertifikat ausgestellt hat,
- die Seriennummer des Zertifikates,
- Angaben zum Gültigkeitszeitraum des Zertifikats,
- Bezeichnungen der Algorithmen, mit denen die öffentlichen Schlüssel des Zertifikatsinhabers und des Trustcenters zu benutzen sind,
- Angaben darüber, ob die Nutzung des Signaturschlüssels beschränkt ist (d.h. Attribute),
- den öffentliche Schlüssel des Zertifikatsinhabers und
- die digitale Signatur des Trustcenters.

Damit bestätigen Trustcenter, wie eine Art Notariat, die Gültigkeit einer digitalen Signatur[1)] bzw. die Echtheit und Zugehörigkeit des mit einem Zertifikat vergebenen öffentlichen Schlüssels einer Person. Möchte jemand eine verschlüsselte Nachricht an diese Person versenden, holt er sich dafür ihren öffentlichen Schlüssel und lässt sich seine Gültigkeit durch ein Trustcenter bestätigen.

Ein Merkmal, das die Handhabung eines Netzsicherheitssystems für den berechtigten Anwender einfacher und angenehmer machen kann, ist das Single-Sign-On-Verfahren (Einmal-Anmeldung-Zugangsverfahren). Die Implementierung unterscheidet sich von Fall zu Fall, aber der generelle Zweck des Single-Sign-On-Verfahrens ist es, berechtigten Anwendern den Zugriff auf eine Reihe von Computernetzen, -plattformen und -applikationen mit nur einem einzelnen Schritt am Anfang der Sitzung zu ermöglichen. Heute gibt es drei Methoden, die das Single-Sign-On-Verfahren ermöglichen.

Diese Methoden sind:

- der Zugriff wird von einem einzelnen Authentisierungsserver gesteuert und weitere Authentisierungen bleiben für den Anwender verborgen, da sie automatisch erfolgen (Ticket-Verfahren),
- der Zugriff wird mittels eines Scripts oder Sign-On-Codes auf dem PC ermöglicht (z.B. Anmelderinformationen in Form eines Cookies),

---

1) mit jedem signierten Dokument wird zusätzlich zum Text und zur verschlüsselten Prüfsumme (Hashwert) auch ein Zertifikat verschickt, dessen Gültigkeit man sich vom Trustcenter bestätigen läßt

- der Zugriff ist nur durch einen einzigen Gateway möglich und weitere Authentisierungen werden unterdrückt.

Zu den bekanntesten Standardauthentisierungsprotokollen gehören:

- PAP – Password Authentication Protocol (PPP Authentication nach RFC 1334),
- CHAP – Challenge Handshake Authentication Protocol (PPP Authentication nach RFC 1994),
- EAP – Extensible Authentication Protocol (PPP Authentication nach RFC 2284),
- Kerberos – Kerberos Network Authentication Service (RFC 1510),
- RADIUS – Remote Authentication Dial-In User Service Protocol (RFC 2865),
- TACACS[1] – Terminal Access Controller Access Control System (RFC 1492).

Weitere Informationen zu diesen Protokollen stehen im Glossar sowie unter http://www.ietf.org/ zur Verfügung.

5.11.2 Autorisierung

Der Authentisierung folgt die Autorisierung. Dies ist der Prozess der Gewährung oder Ablehnung des Zugriffs auf Ressourcen, wie z.B. Dateien und Applikationen.

Im Rahmen des Netzzugangs übernehmen Firewalls die Autorisierung. Sie werden insbesondere an der Schnittstelle zwischen Intranets und dem Internet eingesetzt und unterbinden unerlaubte Zugriffe auf dahinterliegende Computer. Die Regeln zur Autorisierung sind programmierbar.

Folgende Firewall-Typen lassen sich unterscheiden:

- Paketfilter entscheiden auf IP-Ebene anhand von Adressen und gewünschten Diensten, welche Pakete durchgelassen werden; sie laufen üblicherweise auf Routern;
- Circuit Level Gateways arbeitet auf OSI-Layer 4; sie bieten mittels Zuordnung der IP-Pakete zu bestehenden TCP-Verbindungen eine gegenüber Paketfiltern erhöhte Sicherheit; einige Switches enthalten integrierte Circuit Level Gateways;

1) das Protokoll wird zugunsten der Cisco-Weiterentwicklung TACACS+ seit ca. 1997 nicht mehr implementiert

- Application Level Gateways bieten die höchste Sicherheit, da auch die Daten auf Anwendungsebene geprüft werden; dies erfolgt in Abhängigkeit vom Status und Kontext einer Verbindung dynamisch; zu beachten ist allerdings, dass Application Level Gateways nur die Inhalte vordefinierter Anwendungen kontrollieren können, da sie deren Kommunikationsprotokolle (z.B. HTTP, FTP, SMTP) kennen müssen; die Installation von Application Level Gateways erfolgt in der Regel auf Unix- oder NT-Servern.

Namhafte Anbieter von Firewalls sind beispielsweise die Firmen Checkpoint Software Technologies (http://www.checkpoint.com/) und Cisco Systems (http://www.cisco.com/). Weitere Informationen zum Thema sind u.a. in [FOT 00.2] zu finden.

Auf Arbeitsplatzcomputern und Servern erfolgen Autorisierungen durch das Betriebssystem und die Applikationen. Betriebssysteme verwalten Listen anhand derer entschieden wird, wer auf welche Dateien und Verzeichnisse lesend, schreibend und/oder ausführend zugreifen darf. In Applikationen werden häufig Funktionen in Abhängigkeit von voreingestellten Berechtigungen freigegeben oder unterdrückt.

5.11.3 Verschlüsselung

Die Verschlüsselung ist eine vorbeugende Massnahme zum Datenschutz. Sie wurde bereits 1900 v.u.Z. von den alten Ägyptern verwendet, um geheime Nachrichten so niederzuschreiben, dass sie nur von Eingeweihten gelesen werden konnten. Heute setzt man sie beispielsweise zum Schutz vertraulicher E-Mails und Dateien sowie zur gesicherten Kommunikation im E-Commerce und E-Banking ein.

Unter „Verschlüsselung“ versteht man Verfahren, bei denen die Nutzdaten mittels eines Algorithmus und einer Folge von Zeichen, die den Schlüssel darstellen, in einem nicht interpretierbaren, aber rückführbaren chiffrierten Datensatz umgewandelt werden.

Verschlüsselungsverfahren lassen sich in symmetrische und asymmetrische Verfahren unterteilen.

Bei symmetrischen bzw. Secret-Key-Verfahren wird für die Verschlüsselung und Entschlüsselung derselbe Schlüssel benutzt. Deshalb ist ein Austausch des Schlüssels zwischen Absender (Verschlüsseler) und Empfänger (Entschlüsseler) erforderlich.

Beispiele für symmetrische Verfahren sind:

- DES – Data Encryption Standard (ANSI X3.92-1981); von IBM entwickeltes Blockchiffrierverfahren, das seit 1977 von der US-Regierung als offizielles Datenverschlüsselungsverfahren verwendet wird (siehe http://www.itl.nist.gov/fipspubs/fip46-2.htm); es arbeitet mit 64-Bit-Blöcken und einer festen Schlüssellänge von 56 Bit;
- Triple DES – Standardisiertes Verschlüsselungsverfahren (ANSI X9.52-1998), das auf DES basiert und Datenblöcke mit drei verschiedenen Schlüsseln chiffriert; dabei werden die Daten mit dem ersten Schlüssel verschlüsselt, mit dem zweiten entschlüsselt und mit dem dritten erneut verschlüsselt; dies entspricht einer Verdreifachung der Schlüssellänge auf 168 Bit;
- RC2 – Rivest Cipher 2; nach dem Entwickler Ron Rivest benanntes Verschlüsselungsverfahren, das mit 64-Bit-Blöcken und einer Schlüssellänge von 128 Bit arbeitet; mittels Key-Masking lassen sich auch andere Schlüssellängen konfigurieren; der Code dieses Verfahren wurde nie veröffentlicht, obwohl viele Unternehmen RC2 für die Verwendung in ihren Produkten bei RSA Security lizensiert haben;
- RC4 – Rivest Cipher 4; Verfahren zur Verschlüsselung von Datenströmen, das um den Faktor 10 schneller als DES ist; es verwendet, ebenso wie RC2, 128-Bit-Schlüssel und unterstützt Key-Masking für davon abweichende Schlüssellängen;
- RC5 – Rivest Cipher 5; 1994 von Ron Rivest entwickeltes Verschlüsselungsverfahren, das variable Blockgrößen (32, 64 und 128 Bit), variable Schlüssellängen (bis zu 2040 Bits) und eine variable Anzahl an Verschlüsselungsläufen (bis zu 255 Läufe) unterstützt;
- RC6 – Rivest Cipher 6; von Rivest, Sidney und Yin für RSA Security entwickeltes Verschlüsselungsverfahren, das auf RC5 basiert und als AES-Kandidat beim amerikanischen National Institute of Standards and Technology (NIST) eingereicht wurde; der Standardwert für die Blockgröße beträgt 128 Bit;
- IDEA – International Data Encryption Algorithm; 1991 in der Schweiz entwickeltes Verfahren, das nicht den US-Exportbeschränkungen für starke Kryptografie unterlag; es arbeitet mit 128-Bit-Schlüssellänge und einer Blockgröße von 64 Bit; es wird im von Philip Zimmermann entwickelten Verschlüsselungstool „Pretty Good Privacy (PGP)" verwendet;
- Blowfish – Symmetrisches Verschlüsselungsverfahren, das von Bruce Schneier entwickelt und für 32-Bit-Prozessoren optimiert wurde; es arbeitet auf einem PC signifikant schneller als DES; die Schlüssellänge kann variieren von 32 bis 448 Bit; die Blocklänge beträgt 64 Bit;

- Twofish – Verschlüsselungsverfahren, das mit 128-Bit-Blöcken und Schlüssellängen von 128, 192 sowie 256 Bit arbeitet; es wurde von einem Team unter Leitung von Bruce Schneier entwickelt;
- CAST – Von der IETF spezifiziertes, symmetrisches Verschlüsselungsverfahren, dessen Name von den Nortel-Entwicklern Carlisle Adams and Stafford Tavares abgeleitet wurde; CAST ähnelt DES; CAST-128 (RFC 2144) arbeitet mit 128-Bit-Schlüsseln bei 64-Bit-Blocklänge; CAST-256 (RFC 2612) veschlüsselt 128-Bit-Blöcke mit variablen Schlüssellängen (128, 160, 192, 224, 256 Bit);
- AES – Advanced Encryption Standard (http://csrc.nist.gov/encryption/aes/); geplanter Federal Information Processing Standard (FIPS), der einen neuen Verschlüsselungsalgorithmus für sensible Daten der US-Regierung vorgibt; AES soll DES im Laufe des Jahres 2001 ersetzen; im Oktober 2000 wurde vom NIST (http://csrc.nist.gov/) dazu der von den Belgiern Joan Daemen und Vincent Rijmen entwickelte Algorithmus „Rijndael" ausgewählt[1]; er unterstützt variable Block- (128, 192, 256 Bit) und Schlüssellängen (128, 192, 256 Bit).

Asymmetrische bzw. Public-Key-Verfahren arbeiten mit einem zueinander gehörenden Paar von Schlüsseln, wobei einer der Schlüssel öffentlich bekannt ist und der andere sich im persönlichen Besitz einer Person befindet. Mathematisch stehen diese Schlüssel so zueinander in Beziehung, dass sich der private Schlüssel nicht aus dem öffentlichen Schlüssel ermitteln lässt. Der Absender verschlüsselt die Nutzdaten mit dem öffentlichen Schlüssel des Empfängers, und nur dieser kann die chiffrierten Daten mit seinem dazu passenden privaten Schlüssel entschlüsseln. Ein Austausch von Schlüsseln ist nicht erforderlich. Die Aufbewahrung des privaten Schlüssels erfolgt bevorzugt auf Chipkarten. Neben sehr einfachen Speicherchipkarten gibt es auch solche, die über einen eigenen Mikroprozessor verfügen und den Zugang zum Speicher nur über diesen Mikroprozessor erlauben. Sie werden als Smartcards bezeichnet. Wenn sie zusätzlich zu ihrem Prozessor auch einen Krypto-Coprozessor besitzen, sind sie nicht nur ein sehr gut geeignetes Medium für die Aufbewahrung von privaten Schlüsseln sondern auch für die Bearbeitung von verschlüsselungstechnischen Verfahren.

Der nach den Entwicklern Rivest, Shamir und Adelman benannte RSA-Algorithmus (siehe auch http://www.rsasecurity.com/) ist das bedeutendste asymmetrische Verschlüsselungsverfahren. RSA unterstützt variable Schlüssellängen und Blockgrößen, wobei der zu verschlüsselnde Textblock kleiner als die Schlüssellänge sein

1) RC6, Twofish und CAST-256 waren ebenfalls unter den Bewerbern

muss. Übliche Schlüssellängen sind 512, 1024 und 2048 Bit. Der RSA-Algorithmus wird heute primär für die Verschlüsselung von geheimen Sitzungsschlüsseln sowie Hashwerten (d.h. für die digitale Signatur) eingesetzt.

Neben RSA gibt es den vom NIST verfassten Digital Signature Standard (http://csrc.nist.gov/cryptval/). Er spezifiziert u.a. DSA (Digital Signature Algorithm) und ECDSA (Elliptic Curve DSA). Damit können digitale Unterschriften schneller erzeugt werden als mit RSA.

ECDSA basiert auf ECC (Elliptic Curve Cryptosystem). ECC wurde von Victor Miller, IBM, und Neal Koblitz, Universität von Washington, entwickelt und weist gegenüber RSA den Vorteil auf, dass es mit kürzeren Schlüsseln theoretisch dieselbe Sicherheit erreicht. Ein 2048-Bit-RSA-Schlüssel entspricht beispielsweise einem 210-Bit-ECC-Schlüssel. Allerdings wurde ECC bis heute nicht so extensiv untersucht, wie RSA. Die Firma Certicom brachte 1997 das erste kommerzielle ECC-Toolkit, den Security Builder, auf den Markt (http://www.certicom.com/research.html). Aufgrund des gegenüber RSA geringeren Rechenleistungsbedarfs wird erwartet, dass sich das Verfahren für Hardware durchsetzt, die diesbezüglich eng begrenzt ist, wie z.B. Smartcards. ECC wurde unter anderem in den ANSI-Dokumenten ANSI X.9.62 und ANSI X9.63 sowie im PKCS#13 standardisiert. Auch die ISO (siehe ISO/IEC 14946) und das NIST (siehe FIP 186-2) unterstützen ECC.

Weiterhin ist noch das Diffie-Hellman-Verfahren (RFC 2631) zu erwähnen. Es ermöglicht, dass zwei Parteien, mit Hilfe eines Informationsaustauschs über unsichere Kommunikationskanäle, einen geheimen, symmetrischen Sitzungsschlüssel generieren. S/MIMEv3 (RFC 2632) nutzt das Diffie-Hellman-Verfahren.

```
1. Zwei Kommunikationspartner vereinbaren eine Primzahl.
   n=13 und eine Zahl g=19, wobei g kein ganzahliges Vielfaches von n ist.
2. Partner A wählt eine beliebiges x=2 und sendet an Partner B die Zahl X = gx mod n = 10.
3. Partner B wählt ein beliebiges y=5 und sendet an Partner A die Zahl Y = gy mod n = 2.
4. A berechnet seinen Schlüssel k = Yx mod n = 4.
5. B berechnet seinen Schlüssel k´= Xy mod n = 4.
6. Beide verwenden den symmetrischen Schlüssel 4 und niemand, der die Kommunikation abgehört
   hat, kann sich mit g, n, X und Y die privaten Schlüssel x und y sowie den generierten
   symmetrischen Schlüssel berechnen.
```

Beispiel zum Diffie-Hellman-Verfahren

Leider sind die Verfahren bzw. Algorithmen für asymmetrische Verschlüsselung numerisch sehr aufwendig, so dass die symmetrische Verschlüsselung um einen Faktor von etwa 100 schneller durchzuführen ist. Bei den symmetrischen Verfahren ist dagegen der Austausch der Schlüssel zwischen Absender und Empfänger problematisch. Er stellt ein nicht unerhebliches Sicherheitsrisiko dar, weil möglicherweise

Dritte in Besitz oder Kenntnis des Schlüssels gelangen können. Um diese Nachteile zu überwinden und die Vorteile beider Verfahren nutzbar zu machen, wird das sogenannte „Key enveloping" eingesetzt. Dazu verschlüsselt man die Nutzdaten mit einem zufällig erzeugten Schlüssel symmetrisch. Anschließend wird dieser Schlüssel mit dem öffentlichen Schlüssel des Empfängers asymmetrisch chiffriert und an die verschlüsselten Daten angehängt. Der Empfänger benutzt seinen privaten Schlüssel zum „Auspacken" des symmetrischen Schlüssels und kann dann die Daten dechiffrieren. Die große Menge Nutzdaten wird also schnell und effizient, der relativ kleine Schlüssel sicher und transportierbar verschlüsselt.

Für alle Verschlüsselungsverfahren gilt, dass der Aufwand zur Ermittlung des geheimen bzw. privaten Schlüssels mit zunehmender Schlüssellänge ansteigt. Damit ist die Sicherheit einer Verschlüsselung direkt proportional zur Schlüssellänge. Heute werden geheime Schlüssel mit einer Länge von 128 Bit sowie öffentliche Schlüssel mit einer Länge von 2048 Bit[1)] als sicher genug angesehen, um auch der Leistungsfähigkeit zukünftiger Computersysteme zu widerstehen. DES mit 56-Bit-Schlüssellänge bietet bereits seit einigen Jahren keine ausreichende Sicherheit mehr. Dies bewies die Electronic Frontier Foundation (http://www.eff.org/) 1998 mit einem hardwarebasierten DES-Cracker für unter $250.000, der in der Lage war, 88 Milliarden Schlüssel pro Sekunde zu testen. Dieser DES-Cracker entschlüsselte eine mit DES verschlüsselte Nachricht im Rahmen eines Wettbewerbs in weniger als drei Tagen. Nach [SCH 96] hätte der Entschlüsselungsaufwand 1995 in folgender Größenordnung gelegen:

Hardwarekosten	40-Bit-Schlüssel	56-Bit-Schlüssel	128-Bit-Schlüssel
$1 Mio.	0,2 s	3,5 h	10^{18} Jahre
$100 Mio.	2 ms	2 min	10^{16} Jahre

DES wäre demnach mit Computerhardware im Wert von $1 Million innerhalb von 3,5 Stunden zu entschlüsseln gewesen. Nach [BRA 95] erhöht sich die Leistungsfähigkeit der Entschlüsselungshardware alle fünf Jahre um den Faktor 8. Dementsprechend werden im Jahr 2005 anstelle von 3,5 Stunden nur noch 3,28 Minuten erforderlich sein.

Zur Integration von Verschlüsselungsverfahren in Applikationen (z.B. Textverarbeitung, Datenbanksystem, E-Mail) und Kommunikationsprotokolle sind geeignete Erweiterungen sowie Schnittstellen erforderlich.

---

1) während geheime Schlüssel in der Regel nur einmal benutzt werden, bleiben öffentliche Schlüssel über sehr lange Zeiträume unverändert; deshalb sind für öffentliche Schlüssel größere Schlüssellängen erforderlich

Hierfür gibt es u.a. folgende Standards:

- Secure Socket Layer (SSL) ist ein von Netscape entwickelter, offener Protokollstandard, der anwendungsorientierte Kommunikationsprotokolle, wie HTTP, FTP, IMAP4, POP3, LDAP, NNTP und Telnet, mit Verschlüsselung und zertifikatbasierter Authentisierung versieht. SSL fügt zwischen Anwendungs- und Transportschicht eine zusätzliche Kryptoschicht ein, die für die benachbarten Schichten weitgehend transparent ist. Das Protokoll, das von SSL abgearbeitet wird, sieht vor dem Austausch von Nutzdaten einen Handshake zur Authentisierung[1)] mittels X.509-Zertifikaten vor. Mit den darin enthaltenen öffentlichen RSA-Schlüsseln werden Sitzungsschlüssel, mit denen die anschließende Kommunikation kodiert wird, verschlüsselt, so dass sie problemlos übertragbar sind. Während der Sitzung kommen symmetrische Standardverfahren wie DES oder RC4 zum Einsatz. Die Zertifikate gemäß der ITU-Empfehlung X.509 werden von einer Certification Authority[2)] (CA), einer unabhängigen, vertrauenswürdigen Instanz, ausgestellt. Der Siegeszug von SSL beruhte vor allem auf dessen Einfachheit und Kompatibilität. Das Protokoll arbeitet mit jedem Anwendungsprotokoll zusammen, das auf dem TCP-Socket aufsetzt, nicht bloß mit HTTP, und es erfordert keine oder nur minimale Änderungen der Anwendungen. Die Migration von einem unsicheren zu einem sicheren System ist somit vor allem eine Frage der Softwareinstallation. Zusätzliche Hardwarekomponenten sind nicht erforderlich. Nachteilig ist, dass SSL als reine Softwarelösung von der Sicherheit des verwendeten Betriebssystems abhängt und das unzuverlässige User Datagram Protocol (UDP) nicht unterstützt. SSL ist ein integraler Bestandteil von Web-Browsern, wie dem Netscape Navigators und dem Microsoft Internet Explorer. Die SSL-Version 3.0 war Grundlage für die TLS-Spezifikation der IETF.
- Secure HTTP (S-HTTP; RFC 2660) wurde von einem Industriekonsortium entwickelt. Später übernahm die Firma Terisa (http://www.terisa.com/shttp/) die Rechte. Im Gegensatz zu SSL erfordert S-HTTP eine Veränderung der Applikation-Layer-Protokolle. Es erweitert HTTP um Funktionen, die eine Authentisierung und Verschlüsselung zwischen S-HTTP-Clients und -Servern ermöglichen. Aufgrund seiner Einfachheit ist SSL allerdings weiter verbreitet als S-HTTP.

---

1) in der Regel handelt es sich um eine Server-Authentisierung, optional ist aber auch eine Client-Authentisierung möglich

2) auch Trustcenter genannt

- Transport Layer Security (TLS) ist eine IETF-Spezifikation (RFC 2246), die auf SSL 3.0 basiert. Die Unterschiede zwischen TLS 1.0 und SSL 3.0 sind nicht groß (es wurde lediglich kleine Ergänzungen, wie die Aufnahme des Diffie-Hellmann-Verfahrens und des DSS, vorgenommen), aber doch signifikant genug, dass deren Implementierungen nicht ohne weiteres zusammenarbeiten. Deshalb gibt es einen Rückwärtskompatibilitätsmechanismus. Er sieht vor, dass eine Hello-Message im SSL-3.0-Format unter Angabe der Versionsnummern 3 und 1 verschickt wird, um Verbindungen mit SSL 3.0 aufzubauen, falls TLS 1.0 nicht zur Verfügung steht. TLS 1.0 und SSL 3.0 verwenden die TCP-Portnummer 334 und die Protokollbezeichnung „https".
- IP Security (IPsec) wurde von der IETF (RFC 2401, RFC 2411) für IPv6 spezifiziert und kann optional auch für IPv4 eingesetzt werden, um IP-basierte Kommunikationen abzusichern. Basierend auf den Protokollen „IP Authentication Header" nach RFC 2402 und „IP Encapsulating Security Payload" nach RFC 2406 wurde eine Zugriffssteuerung, Integritätsüberwachung, Datenquellen-Authentisierung und Verschlüsselung auf OSI-Layer 3 definiert. Während SSL/TLS und S-HTTP nur TCP/IP-Verbindungen zwischen bestimmten Applikationen sichern, schützt IPsec alle IP-Verbindungen zwischen entsprechend konfigurierten Endpunkten (z.B. Router, Firewalls, PCs). Dies dient auch dem Aufbau von Virtual Private Networks (d.h. Tunneln über unsichere Netze). Zum Schlüsselaustausch wird der Diffie-Hellmann- und/oder RSA-Algorithmus verwendet. Die symmetrische Verschlüsselung erfolgt in der Regel mit DES, Triple-DES oder RC5. Prüfsummen (Hashwerte) werden mit den Hash-Algorithmen SHA-1 (FIPS 180-1, RFC 2404) sowie MD5 (RFC 1321, 2403) ermittelt.
- Secure Electronic Transactions (SET; http://www.setco.org/set_specifications.html) ermöglicht sichere Kreditkartenzahlungen über das Internet. Der Standard wurde von den Kreditkartenfirmen VISA (http://www.visa.com/) und Mastercard (http://www.mastercard.com/) gemeinsam mit GTE, IBM, Microsoft, Netscape Communications, RSA Data Security, SAIC, SPYRUS, Terisa Systems sowie VeriSign ausgearbeitet und 1997 verabschiedet. Seitdem kümmert sich die SET Secure Electronic Transaction LLC (SETCo) um seine Pflege. Darüberhinaus betreibt die SETCo auch die SET Root Certificate Authority. Im Standard werden die Interaktionen zwischen dem Kunden und dem Händler zur Abwicklung der Geschäftstransaktion sowie die Autorisierung der Zahlung im Internet zwischen dem Händler und dem Kreditkarteninstitut, das die Abrechnung der Zahlung bei den jeweiligen Banken über den traditio-

nellen Zahlungsverkehr veranlasst, spezifiziert. Die Verschlüsselung erfolgt, ebenso wie bei anderen Lösungen, mit einem digitalen Enveloping. Das heißt, dass die Nachrichten mit einem zufällig generierten symmetrischen Schlüssel verschlüsselt werden, der wiederum mit dem öffentlichen Schlüssel des Empfängers verschlüsselt und gemeinsam mit der Nachricht verschickt wird. Der Empfänger entschlüsselt den beigefügten symmetrischen Schlüssel mit seinem privaten Schlüssel, um anschließend die Nachricht mit dem symmetrischen Schlüssel zu entschlüsseln. Digitale SET-Zertifikate dienen zur Authentisierung. Sie werden von Finanzinstituten vergeben und beinhalten u.a. eine Kontonummer sowie den öffentlichen Schlüssel. Im Einzelnen umfasst SET folgende Komponenten:

- Eine Software-Applikation für die Karteninhaber, die Wallet genannt wird und sichere Kreditkartenzahlungen mit SET-Transaktionen durchführen kann.
- Einen Merchant-Server, der Händlern die Verarbeitung von Kreditkartentransaktionen und die Authentisierung ermöglicht. Er kommuniziert mit dem Wallet, dem Payment-Gateway und der Certificate Authority.
- Einen Payment-Gateway, der eine Händler-Authentisierung und Verarbeitung von Zahlungsanweisungen unterstützt. Er dient als Interface zu privaten Netzen von Finanzinstituten.
- Eine Certificate-Authority-Komponente, die digitale Zertifikate ausgeben und auf Anforderung der anderen Komponenten überprüfen kann.

- Secure/Multipurpose Internet Mail Extensions (S/MIME; RFC 1521, 1847, 1848, 2632, 2633, 2634) wird zum Schutz von E-Mails eingesetzt. Die digitale Signatur und das Key-Enveloping basieren auf RSA. RC2, DES und Triple-DES dienen zur symmetrischen Verschlüsselung der Daten. Prüfsummen werden mit den Hash-Algorithmen SHA-1 sowie MD5 ermittelt. Das Nachrichtenformat entspricht der Cryptographic Message Syntax nach PKCS#7. Sowohl der Netscape Messenger als auch Microsoft Outlock unterstützen S/MIME.
- MIME/Pretty Good Privacy (MIME/PGP; RFC 1991, 2015, 2440) kann als Alternative zu S/MIME eingesetzt werden. PGP ist eine kryptografische Produktfamilie, die einen sicheren Nachrichtenaustausch und eine gesicherte Datenablage mit Verschlüsselung und strenger Authentisierung ermöglicht. Sie wurde von Philip Zimmermann entwickelt und steht im Internet als Freeware zur Verfügung (z.B. unter http://web.mit.edu/network/pgp.html und http://www.pgpi.org).

- Privacy-enhanced Electronic Mail (PEM, RFC 1421 bis 1424) basiert auf vier Dokumenten der IETF, in denen Nachrichtenverschlüsselungs- und Authentisierungsprozeduren für E-Mail-Übertragungen im Internet definiert wurden. Dabei hat man besonderen Wert auf die Kompatibilität mit möglichst vielen Key-Managementmethoden, sowohl für symmetrische als auch asymmetrische Verfahren, gelegt. PEM soll Vertraulichkeit, Authentisierung, Nachrichtenintegrität und Absenderverbindlichkeit ermöglichen.
- SOCKS (RFC 1928, 1929, 1961) in der Version 5 ist ein Protokoll, das eine transparente und sichere Kommunikation zwischen Application-Layer-Protokollen über Firewalls ermöglicht. Die erreichbare Sicherheit hängt dabei stark davon ab, welche Authentisierungs- und Encapsulation- (Verkapselung) -Methode zwischen dem SOCKS-Client und dem SOCKS-Server ausgehandelt wird. Konzeptionell stellt SOCKS eine Schicht zwischen der Applikations- und der Transport-Layer dar, die TCP/IP oder UDP/IP nutzt. SOCKS gilt als Framework für die Zusammenarbeit von Client/Server-Applikationen mit Firewalls.
- Das Generic Security Services Application Program Interface (GSS-API; RFC 2078, 2479) definiert Sicherheitsservices und deren Messages (Primitive) auf einer Ebene, die unabhängig von den darunterliegenden Mechanismen und Programmierumgebungen ist. Dies umfasst sowohl Secret-Key- als auch Public-Key-Mechanismen.
- Public Key Cryptography Standards (PKCS) wurden von RSA Laboratories in Zusammenarbeit mit Industriepartnern, wie Apple, Microsoft, DEC, Lotus und Sun sowie dem MIT ausgearbeitet. Gegenwärtig gibt es folgende Standarddokumente (http://www.rsasecurity.com/rsalabs/pkcs/):

  PKCS#1: RSA Cryptography Standard,
  PKCS#3: Diffie-Hellmann Key Agreement,
  PKCS#5: Password-Based Cryptography Standard,
  PKCS#6: Extended-Certificate Syntax Standard,
  PKCS#7: Cryptographic Message Syntax,
  PKCS#8 : Private-Key Information Syntax Standard,
  PKCS#9 : Selected Attribute Types,
  PKCS#10: Certification Request Syntax Standard,
  PKCS#11: Cryptographic Token Interface Standard,
  PKCS#12: Personal Information Exchange Syntax Standard,
  PKCS#13: Elliptic Curve Cryptography Standard,
  PKCS#15: Cryptographic Token Information Format Standard.

Diese Dokumente sind teilweise formale und teilweise De-facto-Standards. Besondere Bedeutung kommt PKCS#7 (siehe auch RFC 2315) zu, da darin eine generelle Syntax für Nachrichten definiert wird, die mit digitalen Signaturen versehen und verschlüsselt sind. Hervorzuheben ist außerdem noch der PKCS#11, der eine Schnittstelle für Smartcards spezifiziert.

- Die Internet X.509 Public Key Infrastructure (ISO/ITU X.509; RFC 2459, 2510, 2511, 2527, 2528, 2559, 2560, 2585, 2587) ist ein Framework, das X.509-Zertifikate sowie das Format von öffentlichen Schlüsseln und digitalen Signaturen für verbreitete Public-Key-Verfahren (d.h. RSA, DSA) beschreibt. Darüber hinaus werden ein Certificate Management Protocol, ein Certificate Request Message Format (CRMF), ein Framework für das Verfassen von Certificate Policies, ein Online Certificate Status Protocol (OCSP) und Regeln zur Integration von LDAPv2, FTP sowie HTTP spezifiziert.

5.11.4 Digitale Signatur

Elektronische Dokumente sind längst unverzichtbar geworden. Sie bieten vor allem beim Versand und der Archivierung große Vorteile. Problematisch ist allerdings, dass vorgenommene Veränderungen ohne geeignete Vorkehrungen nicht nachgewiesen werden können. Die digitale Signatur löst dieses Problem. Als eine Art Siegel für digitale Daten, das anhand mathematischer Verfahren mit einem privaten Schlüssel erzeugt wird, schützt sie die Daten vor unbemerkter Veränderung. Sobald der Urheber die Daten „versiegelt" hat, ist unbefugten Dritten der Zugang verwehrt. Mit Hilfe eines dazugehörigen öffentlichen Schlüssels kann die Signatur jederzeit überprüft und damit der Signaturschlüsselinhaber und die Unverfälschtheit der Daten festgestellt werden.

Der genaue Signaturablauf ist:

Das Signaturprogramm wird aufgerufen, die Signaturkarte in den Kartenleser eingelegt und durch Eingabe einer PIN (Personal Identification Number) freigegeben. Nun markiert der Autor des zu signierenden Dokuments die entsprechende Datei. Anschliessend hat er die Möglichkeit auszuwählen, ob er die Datei lediglich signieren (so, dass sie weiterhin für jedermann lesbar ist) oder auch verschlüsseln möchte (so, dass das Dokument nur für den expliziten Empfänger lesbar ist). Zum Verschlüsseln wäre zusätzlich der öffentliche Schlüssel des Empfängers erforderlich, der entweder bereits von einer vorherigen Korrespondenz her vorhanden ist oder über das Internet von einem Trustcenter bezogen werden kann. In diesem Fall geht es allerdings nur um die Signatur. Nach Auswahl der Signierfunktion berechnet die Software einen Hashwert, verschlüsselt ihn mit dem auf der Signaturkarte befindlichen privaten Schlüssel des Autors und fügt den verschlüsselten Wert sowie einen Verweis auf dessen öffentlichen Schlüssel in das Dokument ein (z.B. sein Zertifikat, das den öffentlichen Schlüssel direkt enthält, oder die Seriennummer des Zertifikates und den Namen des dazugehörigen Trustcenters).

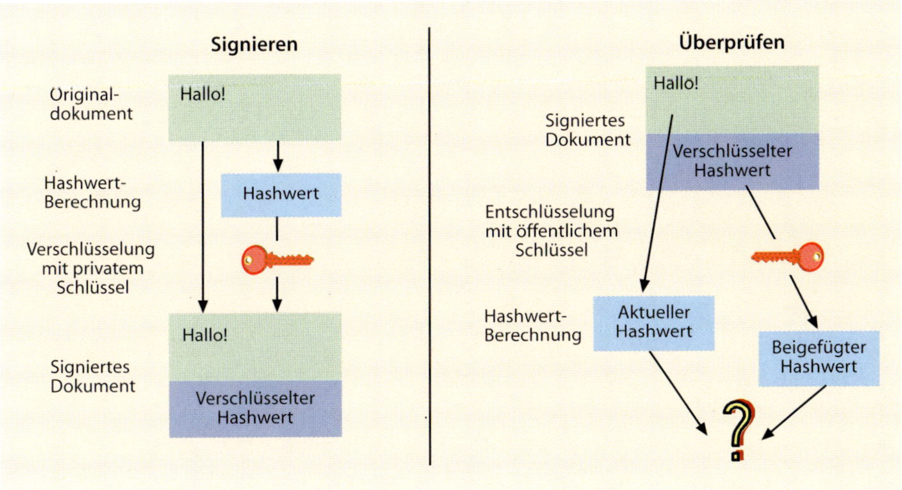

Ablauf einer digitalen Signatur und ihrer Überprüfung

Die Überprüfung erfolgt gegenläufig:

Das Signaturprogramm wird gestartet, die eigene Signaturkarte in den Kartenleser eingelegt und die dazugehörige PIN eingegeben. Nun muss die Datei, die das signierte Dokument enthält, ausgewählt werden. Mit Hilfe des öffentlichen Schlüssels des Autors kann anschließend die Signatur geprüft und mit Hilfe des privaten Schlüssels, der sich auf der eigenen Signaturkarte befindet, das Dokument ggf. dechiffriert werden. Zur Signaturprüfung berechnet die Software einen aktuellen Hashwert und vergleicht ihn mit dem per öffentlichen Schlüssel dekodierten, beigefügten Hashwert. Stimmen beide überein, stammt das Dokument vom Eigentümer des Schlüssels und wurde nicht verändert. Ist dies der Fall, dann zeigt es die Software an (z.B.: „Das Dokument wurde digital signiert durch Bernd Schneider“). Erhält man das erste Mal ein digital signiertes Dokument vom Absender, wird aus Sicherheitsgründen empfohlen, zu überprüfen, ob ihm die Signatur wirklich gehört und noch gültig ist. Dies ist online beim Trustcenter mittels Online Certificate Status Protocol (OCSP; RFC 2560) möglich.

Im Einzelnen sind zur effektiven Abwicklung von Geschäftsprozessen an elektronische Dokumente und deren Austausch über das Internet folgende Forderungen zu stellen:

- Privatheit
- Datenintegrität
- Authentizität
- Verbindlichkeit

Unter Privatheit versteht man das im Artikel 10 des Grundgesetzes zugesicherte Recht auf Wahrung des Post- und Fernmeldegeheimnisses. Es muss also möglich sein, Daten zwischen zwei Kommunikationspartnern über das Internet auszutauschen, ohne dass diese von Dritten gelesen werden können. Dies erfordert eine Verschlüsselung. Außerdem ist sicherzustellen, dass die Daten genauso beim Empfänger ankommen, wie sie vom Absender abgeschickt wurden. Dies muss überprüfbar sein. Dazu nutzt man irreversible Algorithmen, sogenannte Einweg-Hashfunktionen. Die mit ihnen vor dem Versenden eines Dokumentes ermittelten Prüfdaten (Hashwerte) werden verschlüsselt und an die Nutzdaten angehängt. Der Empfänger dechiffriert sie und prüft mit demselben Algorithmus, ob die Datenintegrität gewährleistet ist. Um sich über die Identität des jeweils anderen Kommunikationspartners im Klaren sein zu können, muss die Möglichkeit bestehen, eine gegenseitige, sichere Authentisierung durchzuführen, die durch eine neutrale, dritte Stelle bestätigt wird. Und schließlich gilt noch die Regel: „Verträge sind einzuhalten". Deshalb muss auch bei elektronischen Geschäften über das Internet die Nichtabstreitbarkeit bzw. Verbindlichkeit gewährleistet werden.

Ein verschlüsseltes, digital signiertes Dokument[1)] erfüllt die Forderungen nach Privatheit, Integrität, Authentizität und Verbindlichkeit, wenn durch die Gesetzgebung die digitale Signatur einer handschriftlichen Unterschrift gleichgestellt ist.

Die zur sicheren digitalen Signatur erforderlichen technischen und organisatorischen Rahmenbedingungen wurden in Deutschland mit dem am 1. August 1997 in Kraft getretenen „Gesetz zur digitalen Signatur" geschaffen. Eine rechtliche Gleich-

1) es ist vergleichbar mit einem auf Papier verfassten, unterzeichneten und mit einem Umschlag geschützten Einschreiben mit Rückantwort

stellung der elektronischen Signatur mit der handschriftlichen Unterschrift sollte aber erst in einem zweiten Schritt, nach dem Vorliegen ausreichender Erfahrungen mit der Technik, erfolgen. Inzwischen gibt es allerdings auch dafür einen festen Zieltermin, der durch die Ende 1999 verabschiedete europäische Signaturrichtlinie[1] vorgegeben wurde. Sie fordert, dass die EU-Mitgliedsstaaten bis zum 19. Juli 2001 die notwendigen nationalen Rechts- und Verwaltungsvorschriften erlassen, um die fortgeschrittene elektronische Signatur mit der handschriftlichen Unterschrift gleichzustellen und vor Gericht als Beweismittel zuzulassen. Dem kommt die Deutsche Bundesregierung nach, indem sie mit einem „Gesetz zur Anpassung der Formvorschriften des Privatrechts und anderer Vorschriften an den modernen Rechtsgeschäftsverkehr" (siehe Abschnitt 20.2.5) die nationalen Rechtsvorschriften, wie z.B. das Bürgerliche Gesetzbuch, die Zivilprozessordnung, das Sozialgerichtsgesetz und das Handelsgesetzbuch, ändert. Außerdem hat sie das „Gesetz zur digitalen Signatur" aus dem Jahr 1997 durch ein an die europäische Signaturrichtlinie angepasstes „Gesetz über Rahmenbedingungen für elektronische Signaturen" (siehe Abschnitt 20.2.4) ersetzt.

Im Signaturgesetz aus dem Jahr 1997 sind, ebenso wie im überarbeiteten Signaturgesetz aus dem Jahr 2001, umfassende Vorgaben zur Infrastruktur für sichere Signaturen enthalten. Sie werden in Deutschland bereits seit 1999 erfüllt. Im Januar 1999 nahm das Referat für digitale Signaturen bei der deutschen Regulierungsbehörde für Telekommunikation und Post (http://www.regtp.de/) in Mainz seine Arbeit auf. Es akkreditiert[2] und kontrolliert Zertifizierungsstellen (d.h. Trustcenter), die in Übereinstimmung mit dem Signaturgesetz Signaturkarten herstellen und dazugehörige Zertifikate ausgeben. Außerdem betreibt es die oberste nationale Zertifizierungsstelle, die sogenannte Wurzelinstanz. Ende 1999 ließ die Behörde mit TeleSec eine Einrichtung der Deutschen Telekom AG, im Februar 2000 mit Signtrust eine Einrichtung der Deutschen Post AG und im Dezember 2000 die Bundesnotarkammer als Zertifizierungsstelle zu. Während der Service der Bundesnotarkammer nur einem eingeschränkten Nutzerkreis zur Verfügung steht, sind TeleSec und Signtrust allgemein zugänglich. Die Deutsche Telekom bietet in jedem T-Punkt Chipkarten, Chipkartenleser und Software an. Von der Deutschen Post AG gibt es ein eTrust-Starterpaket mit Signaturkarte, Chipkartenleser und Software über einen Online-Antrag. Die Identitätsfeststellung erfolgt in diesem Fall in Postfilialen nach dem PostIdent-Verfahren. Kunden von Telesec und Signtrust benötigen zusätzlich lediglich noch einen Computer.

1) siehe http://europa.eu.int/ISPO/ecommerce/legal/digital.html

2) anstelle der ursprünglich erteilten Genehmigungen sind die freiwilligen Akkreditierungen getreten

Das zum digitalen Signieren erforderliche, vom Trustcenter vergebene Schlüsselpaar mit einem privaten und einem öffentlichen Schlüssel darf es nur einmal geben, damit die Signatur eindeutig ist. Es wird mittels digitalem Zertifikat[1] einer Person zugeordnet. Zum Schutz des privaten Schlüssels sind besonders hohe Anforderungen an den Schlüsselträger zu stellen. Er muss sicherstellen, dass der auf ihm gespeicherte private Schlüssel nicht ausgeforscht werden kann und das Medium niemals verlässt. Diese Anforderungen erfüllen gegenwärtig nur Smartcards. Ein darauf befindlicher Prozessor generiert vor ihrer Auslieferung den privaten Schlüssel des Signaturkarteninhabers. Zur Vorbeugung gegen einen Missbrauch kann sie erst nach der Eingabe einer persönlichen Identifikationsnummer (PIN) benutzt werden. Sind Daten mit dem privaten Schlüssel zu verschlüsseln, werden sie über den Kartenleser auf die Karte transferiert und dort verschlüsselt.

Wie bereits erwähnt, werden beim digitalen Signieren neben den im Abschnitt 5.11.1 behandelten Public-Key-Verfahren auch Hashfunktionen benötigt. Sie erzeugen eine Zahlenfolge, die Hashwert oder Message Digest genannt und so berechnet werden, dass jede Veränderung des zugrunde liegenden Dokuments zu einem anderen Wert führt. Zu den am häufigsten eingesetzten Hashfunktionen gehören die Message Digest Algorithmen MD2 (RFC 1319), MD4 (RFC 1320) und MD5 (RFC 1321, 2403). Sie erzeugen einen 128-Bit-Hashwert. Alternativ steht auch der vom NIST im Secure Hash Standard (FIPS 180-1; http://csrc.nist.gov/publications/fips/) spezifizierte Secure Hash Algorithmus SHA-1 zur Verfügung. Er liefert 160-Bit-Hashwerte.

5.11.5 PKI

Eine Public Key Infrastructure (PKI) stellt die Mittel bereit, um digitale Signaturen und/oder Verschlüsselungen in Umgebungen zu ermöglichen, in denen sich Personen und Organisationen nicht automatisch gegenseitig trauen können. Sie basiert auf Public-Key-Verfahren sowie vertrauenswürdigen Certificate Authorities bzw. Trustcentern, von denen öffentliche Schlüssel mittels X.509-Zertifikat ihren Eigentümern zugeordnet werden (siehe auch Abschnitte 5.11.1, 5.11.3 und 5.11.4). Die Speicherung der Zertifikate erfolgt im Trustcenter in Directory-Servern. Über ein LDAP-Interface lassen sich die Zertifikate abrufen. Jeder Inhaber eines Zertifikats besitzt einen zum öffentlichen Schlüssel passenden privaten Schlüssel.

PKIs können sehr vielfältig sein, sowohl bezüglich der konkreten technischen Realisierung als auch hinsichtlich der Betreiber. Sie werden nicht nur auf Länderebene sondern auch in Unternehmen (z.B. zur E-Mail-Absicherung) aufgebaut.

1) siehe Abschnitt 5.11.1 bezüglich dem Aufbau des Zertifikates

Mittels einer Reihe von PKI-Standards (siehe Abschnitt 5.11.3) von ISO, IETF, RSA Laboratories, SETco etc. soll die Kompatibilität der Implementierungen sichergestellt werden.

1999 schlossen sich führende PKI-Lösungsanbieter in einem PKI-Forum (http://www.pkiforum.org/) zusammen, um die Verbreitung der Technologie zu fördern und die Interoperabilität der PKI-Produkte zu gewährleisten. Gründungsmitglieder waren die Firmen Baltimore Technologies, Entrust Technologies, IBM, Microsoft und RSA Security.

Eine weit verbreitete technische PKI-Lösung für Unternehmen ist das iPlanet-Certificate-Managementsystem der Sun/Netscape-Allianz (http://www.iplanet.com/). Es umfasst einen Registration Manager, einen Certificate Manager und einen Data Recovery Manager. Zur Speicherung und Veröffentlichung der Zertifikate wird ein Directory Server über LDAP angebunden. Als Clients sind der Netscape Communicator sowie der Internet Explorer einsetzbar. Beide beinhalten Funktionen zum Umgang mit Zertifikaten.

Weitere PKI-Lösungen gibt es beispielsweise von Entrust Technologies, Xcert International und Baltimore Technologies.

Bevorzugte Einsatzgebiete von Public-Key-Verfahren sind gegenwärtig:

- verschlüsselte und/oder digital signierte E-Mail-Kommunikationen sowie
- Absicherungen webbasierter Anwendungen mit SSL.

Trotz der noch verhältnismäßig jungen Technologie ist man sich bereits allgemein einig darüber, dass sich das E-Business, und insbesondere der E-Commerce, ohne zuverlässige PKIs nicht so weit verbreiten kann wie Geschäfte, die auf traditionelle Art und Weise[1] abgewickelt werden. Gesetzlich anerkennbare digitale Signaturen erfordern zwingend eine PKI.

Datamonitor prognostiziert ein jährliches Wachstum von 73% für den PKI-Markt. Im Jahr 2003 wird ein Umsatz von $3,5 Milliarden erwartet.

5.11.6 VPN

Virtuelle private Netze (VPNs) stellen sichere private Verbindungen über öffentliche Netze her.

Inzwischen werden immer häufiger Internet-basierte VPNs eingesetzt, um Telearbeitern, mobilen Mitarbeitern, Geschäftspartnern und Mitarbeitern in Zweig-

1) d.h. mit handschriftlicher Unterschrift unter Verträgen in Papierform etc.

stellen einen kostengünstigen, sicheren Zugriff auf Intranets zu ermöglichen. Gegenüber der traditionellen Nutzung von gemieteten Standleitungen oder Wählleitungen über große Entfernungen bieten Internet-basierte VPNs insbesondere folgende Vorteile:

- geringere Kosten durch lokale Einwahl in das Internet und niedrige Internet-Service-Provider-Gebühren,
- hervorragende Skalierbarkeit und weitgehende Ortsunabhängigkeit, da an nahezu jedem Ort in kurzer Zeit ein Internetzugang möglich ist,
- erhöhte Sicerheit aufgrund des permanent verschlüsselten Informationsaustausches.

Die zur Verknüpfung von Intranets verschiedener Standorte erforderliche Quality-of-Service (d.h. minimale Bandbreiten, maximale Laufzeiten etc.) lässt sich im Rahmen eines Service Level Agreement mit dem jeweiligen Provider vereinbaren.

VPNs über das Internet müssen folgende Grundfunktionen bieten:

- Authentisierungen (in Verbindung mit der nachfolgenden Autorisierung) lassen nur berechtigte Sender Nachrichten innerhalb eines VPN absetzen und garantieren dem Empfänger, dass der Sender wirklich der ist, für den er sich ausgibt,
- eine Integritätsprüfung sichert, dass empfangene und gesendete Daten identisch sind,
- Verschlüsselungsverfahren garantieren, dass nur der gewünschte Empfänger die Nachricht lesen kann.

Hinsichtlich der Endpunkte wird unterschieden zwischen:

- Network Access Server Tunneling:
  d.h. ein Internet Service Provider stellt das VPN zur Verfügung,
- Ende-zu-Ende-Tunneling:
  dies ist der Fall, wenn die Endpunkte dem Unternehmen gehören, das mit dem VPN arbeitet; als Endpunkte kommen beispielsweise Router mit VPN-Gateway und Notebooks mit VPN-Client-Software (z.B. SecuRemote von Checkpoint) zum Einsatz.

Als VPN-Standard mit der größten Akzeptanz gilt gegenwärtig die IP Security-(IPsec) -Spezifikation der IETF. IPsec umfasst Verschlüsselungsalgorithmen, Authentisierung und Integritätsprüfung auf OSI-Network-Layer-Ebene und wird in folgenden Dokumenten beschrieben:

Kategorie	Nummerierung	Titel
IPsec allgemein	RFC 2401	Security Architecture for the Internet Protocol
	RFC 2411	IP Security Document Roadmap
	RFC 2709	Security Model with Tunnel-Mode IPsec for NAT Domains
	RFC 2764	A Framework for IP Based Virtual Private Networks
ESP und AH	RFC 2406	Encapsulating Security Payload (ESP)
	RFC 2402	IP Authentication Header
Key Exchange	RFC 2407	The Internet IP Security Domain of Interpretation for ISAKMP
	RFC 2408	Internet Security Association and Key Management Protocol (ISAKMP)
	RFC 2409	The Internet Key Exchange (IKE)
	RFC 2412	The OAKLEY Key Determination Protocol
	RFC 2367	PF_KEY Key Management API, Version 2
Kryptografische Algorithmen	RFC 2405	The ESP DES-CBC Cipher Algorithm with Explicit IV
	RFC 2451	The ESP CBC-Mode Cipher Algorithms
	RFC 2104	HMAC: Keyed-Hashing for Message Authentication
	RFC 2202	Test Cases for HMAC-MD5 and HMAC-SHA-1
	RFC 2403	The Use of HMAC-MD5-96 within ESP and AH
	RFC 2404	The Use of HMAC-SHA-1-96 within ESP and AH
	RFC 2857	The Use of HMAC-RIPEMD-160-96 within ESP and AH
	RFC 2410	The NULL Encryption Algorithm and Its Use With IPsec
	RFC 1828	IP Authentication using Keyed MD5
	RFC 1829	The ESP DES-CBC Transform
	RFC 2085	HMAC-MD5 IP Authentication with Replay Prevention
	RFC 2393	IP Payload Compression Protocol (IPComp)
	RFC 2394	IP Payload Compression Using DEFLATE
	RFC 2395	IP Payload Compression Using LZS
Remote Access	RFC 2661	Layer Two Tunneling Protocol „L2TP“
	RFC 2888	Secure Remote Access with L2TP

Wie aus der Zusammenstellung ersichtlich ist, kombiniert IPsec eine Reihe von Sicherheitstechnologien zu einem Komplettsystem:

- im Rahmen des Internet Key Exchange (IKE) wird mittels Diffie-Hellman-Verfahren eine Security Association zwischen zwei Parteien hergestellt; dies umfasst die Vereinbarung von Verschlüsselungsalgorithmus, Hash-Algorithmus, Authentisierungsmethode und Sitzungsschlüssel; zur Gewährleistung der Identität der zwei Parteien erfolgt dabei eine Authentisierung mittels Public-Key-Verschlüsselung bzw. digitaler Signatur;
- Secret-Key-Verfahren, wie Triple-DES, dienen der Verschlüsselung der in der Sitzung ausgetauschten Daten;
- verschlüsselte Hashwerte, wie HMAC in Kombination mit MD5 oder SHA-1, ermöglichen eine Überprüfung der Datenintegrität;
- digitale Zertifikate, die von einer Certificate Authority signiert wurden, bestätigen die Identität der beteiligten Parteien.

Mittels Authentication Header (AH) und/oder Encapsulating Security Protocol (ESP) Header werden den zu übertragenden IP-Paketen die erforderlichen Zusatzinformationen hinzugefügt.

In Bezug auf die zu verschlüsselnden IP-Paket-Bestandteile gibt es zwei Betriebsarten, den Transport- und den Tunnel-Mode. Beim Transport-Mode werden nur die Inhalte (Payload) der zu übertragenden IP-Pakete verschlüsselt, so dass der Orginal-IP-Header weiterhin zur QoS-Steuerung zur Verfügung steht und die Paketlänge nur wenig zunimmt. Im Tunnel-Mode werden die IP-Pakete dagegen komplett verschlüsselt und mit einem neuen IP-Header versehen (encapsulated). Diese Betriebsart bietet die höchstmögliche Sicherheit und kommt in der Regel zum Einsatz.

Um auch mobile Computer optimal in VPNs einbinden zu können, lässt sich IPsec durch das „Layer 2 Tunneling Protocol“ (L2TP; RFC 2661, 2888) ergänzen. Es kann als eine virtuelle Erweiterung des Point to Point Protocol (PPP; RFC 1661) über IP-Netze angesehen werden. Während das PPP typischerweise zum Remote Access, d.h. für Punkt-zu-Punkt-Verbindungen über das öffentliche Telefonnetz zu Network Access Servern (NAS), genutzt wird, ermöglicht das L2TP geschützte PPP-Verbindungen über das Telefonnetz zu einem lokalen Einwahlpunkt in das Internet und von dort bis zu einem Secure Remote Access Server (SRAS) des Zielnetzes. Der SRAS fungiert hierbei sowohl als NAS als auch als IPsec Security Gateway und übernimmt die Verknüpfung mit den Sicherheitsmerkmalen von IPsec.

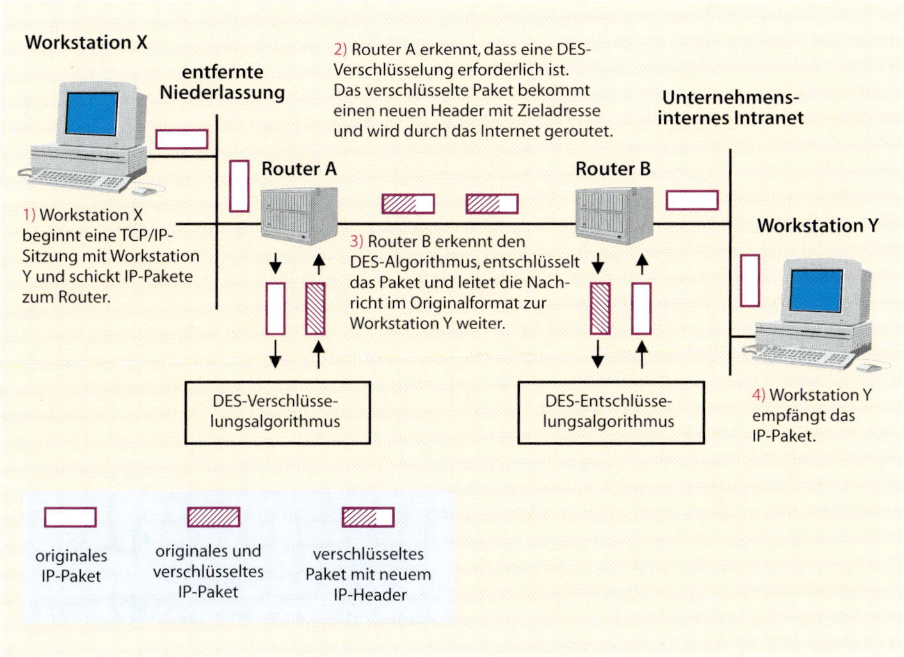

Prinzipielle Arbeitsweise eines VPN auf der Basis von „IP-Security"

Neben den plattformunabhängigen IETF-Protokollen für VPNs gibt es noch einige herstellerspezifische, zu denen das „Point-to-Point Tunneling Protocol" (PPTP) von Microsoft und das „Layer 2 Forwarding" (L2F) von Cisco gehören. Beide wurden für den Remote Access entwickelt. Ihre besten Leistungsmerkmale flossen im Rahmen einer Zusammenarbeit von Microsoft und Cisco mit der IETF in das L2TP ein.

Weitere Informationen zu VPNs sind auf der Website des Virtual Private Network Consortium (http://www.vpnc.org/) zu finden.

5.12 Elektronische Bezahlung (E-Payment)

Im E-Commerce nutzt man heute eine Vielzahl von Zahlungsverfahren. Dazu gehören sowohl neue Online-Verfahren, wie Cybercash, eCash und Kartenzahlungen per SSL oder SET, als auch herkömmliche Offline-Verfahren, wie Rechnung, Nachnahme, Lastschrift, Scheck und Kreditkarte[1].

1) die Kreditkartennummer kann dabei sowohl über das Internet als auch per Telefon oder Fax übermittelt werden

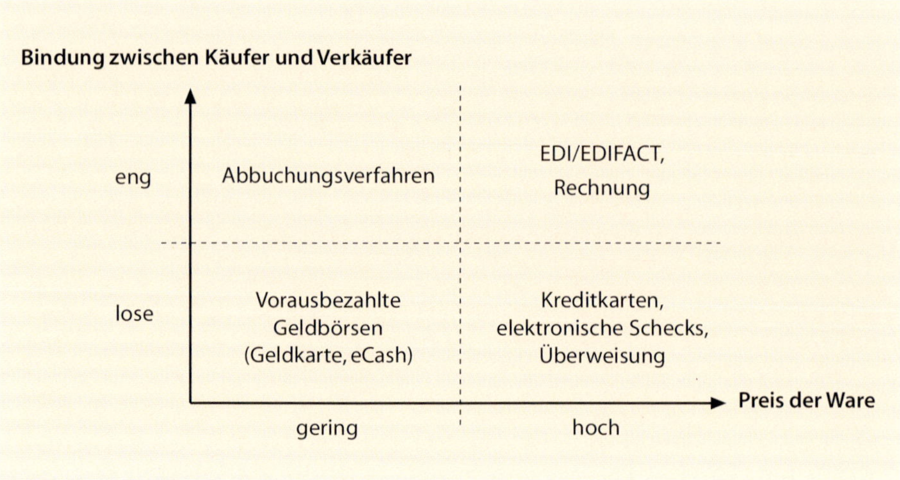

Adäquate Zahlungsmittel für unterschiedliche Kaufsituationen

In Deutschland wird noch überwiegend mit herkömmlichen Offline-Verfahren bezahlt. Eine Online-Bezahlung würde allerdings die Transaktionskosten erheblich reduzieren (z.B. auf 0,10 DM bei Internet-Zahlung anstelle von 2,40 DM bei traditioneller Kreditkartenzahlung).

Unter den Online-Verfahren gibt es aufgrund der Unterstützung durch strategisch bedeutsame Unternehmen bereits einige Favoriten für eine zukünftige Führungsrolle.

Diese sind:

- Geldkarten für die Bezahlung kleiner Beträge sowie
- SET-Kreditkartenzahlungen für die großen Beträge.

Gegenwärtig dominieren jedoch noch die mit SSL abgesicherten Kreditkartenzahlungen.

Das Online-Zahlungssystem eCash der amerikanischen Firma eCash-Technologies (http://www.ecashtechnologies.com/) wurde bis zum 25. Mai 2001 von der Deutschen Bank (http:// www.deutsche-bank.de/) gefördert. Zur Einstellung der Unterstützung hat vor allem die Tatsache beigetragen, dass in Deutschland nie wesentlich mehr als fünfzig Händler (siehe http://www.ecash.de/) für dieses Verfahren gewonnen werden konnten. eCash erlaubt sichere, anonyme Zahlungsvorgänge und besteht aus einer virtuellen Bank sowie elektronischen Geldbörsen (Wallets).

Die virtuelle Bank ist ein Internet-Server, der die Kontenverwaltung abwickelt, elektronische Münzen (d.h. einzigartige Zeichenfolgen) herausgibt und die Echtheit[1] der Münzen garantiert. Mit der dazugehörigen Geldbörsensoftware lassen sich solche elektronische Münzen aufbewahren und Zahlungen durchführen. Benötigt ein Kunde eCash, wird dessen Gegenwert seinem Girokonto belastet. Um damit etwas bezahlen zu können, muss der Kunde die elektronischen Münzen von seinem eCash-Konto in die Geldbörse übertragen. Beim Bezahlen werden die Münzen dem Zahlungsempfänger über das Internet zugeschickt[2]. Der Empfänger überträgt sie in sein eCash-Konto und erhält den Wert der Münzen gutgeschrieben. Wie bei realem Geld ist auch bei eCash nicht prüfbar, von wem es wofür ausgegeben wurde.

Das mit eCash konkurrierende CyberCoin-System der amerikanischen Firma CyberCash (http://www.cybercash.com/) wird bereits seit Anfang 2001 in Deutschland nicht mehr unterstützt. Die CyberCash GmbH (http://www.cybercash.de/) nannte als einen wesentlichen Grund die mangelnde Kundenakzeptanz. CyberCoin erfordert, ebenso wie eCash, eine elektronische Geldbörse, allerdings nicht zur Verwaltung von elektronischen Münzen, sondern zur Durchführung von verschlüsselten, signierten Transaktionen. Händler erhalten bei der CyberCoin-Bezahlung verschlüsselte Transaktionsdaten und müssen sie zur Verifizierung digital signiert an den CyberCash-Server einer Bank weitergeben. Dazu benutzen sie ein sogenanntes CashRegister. War die Verifizierung erfolgreich, bekommt der Händler, der die Transaktionsdaten weitergeleitet hat, eine Bestätigung und das Konto des Kunden wird belastet. Dies erfolgt nach dem gleichen Verfahren auch bei Kreditkartenzahlungen. Heute vermarktet die CyberCash GmbH gemeinsam mit den CyberCash-Banken Dresdner Bank, Sächsische Landesbank, Westdeutsche Landesbank, Stadtsparkasse Köln, Landesbank Baden-Württemberg, Commerzbank, Hypovereinsbank, Postbank, Sparkasse Gelsenkirchen, Stadtsparkasse Düsseldorf und Stadtsparkasse Wuppertal anstelle des CyberCash-Verfahrens einen POSH-Service (Point-of-Sales-Händlerterminal) zur Kartenzahlung über das Internet. Die Datenübertragungen werden dabei durch das SSL-Protokoll gesichert und als Clientsoftware genügt ein Web-Browser. Nach einer Prüfung der vom Kunden eingegebenen Kartendaten durch eine CyberCash-Bank können Händler Buchungstransaktionen auslösen. Anfang 2001 gab es mehr als 500 Online-Händler, die dieses Verfahren nutzten (siehe http:// www.cybercash.de/cchaendler/index.html).

Beim von den Kreditkartengesellschaften VISA (http://www.visa.com/) und Mastercard (http://www.mastercard.com/) gemeinsam mit GTE, IBM, Microsoft, Netscape Communications, RSA Data Security, SAIC, SPYRUS, Terisa Systems sowie

1) wird mit digitaler Signatur gewährleistet

2) dies ist sogar per E-Mail möglich

VeriSign entwickelten SET[1]- (Secure Electronic Transaction) -Verfahren zur sicheren Kartenzahlung über das Internet erhält jeder Beteiligte sein persönliches digitales Zertifikat. Händler und Käufer bekommen es von ihrer jeweiligen Bank. Zusätzlich benötigen die Käufer eine elektronische Börse, das sogenannte Wallet, und die Händler eine spezielle Händlersoftware. Aufgrund der Absicherung über Zertifikate und digitale Signaturen sowie des Einsatzes hochwertiger Verschlüsselung ist SET derzeit als das sicherste Verfahren zur Kreditkartenzahlung anzusehen. Um die Pflege des SET-Standards kümmert sich seit 1997 die SET Secure Electronic Transaction LLC (SETCo; http://www.setco.org/). Folgende Hersteller bieten gegenwärtig von der SETCo zertifizierte Softwareprodukte für SET: Brokat, Camtech, CyberCash, Entrust Technology, Fujitsu, Gemplus, Globeset, GTE Cybertrust, Hitachi, IBM, Industrial Technology Research Institute, Innosecu, Maithean, Microsoft, N*Able, Oasis Technology, PrivyLink, ProfiTrade 90, SAFELAYER Secure Communications, Toyo Information Systems, Samsung, Trintech, Verifone und Verisign. Listen von Händlern, die Kreditkartenzahlungen per SET-Verfahren akzeptieren, sind unter den Webadressen http://www.sparkasse.de/ecommerce/ und http://www.eurocard.de/ zu finden. Im Januar 2001 waren es ca. sechzig Händler.

Die Geldkarte (siehe http://www.sparkasse.de/ecommerce/ und http://www.scard.de/) wurde 1996 in Deutschland in Form eines Chips auf den Kunden- und EC-Karten der Banken und Sparkassen eingeführt. Dieser Chip enthält einen Prozessor und Speicher. Es handelt sich dementsprechend um eine Smartcard. Die darauf laufende Geldkartensoftware hat die Funktion einer wiederaufladbaren Geldbörse für Kleinbeträge bis 400 DM. Wer damit bezahlen möchte, muss zunächst Geld von seinem Girokonto auf die Karte laden. Zum Bezahlen im Internet wird ein Kartenleser mit Treibersoftware, eine Geldkarten-Anwendungssoftware (Geldkarte-IPS) und ein Web-Browser benötigt. Eine Geldkarten-Akzeptanzstelle in einem Rechenzentrum der Sparkassenorganisation wickelt die Zahlungen ab. Dies erfolgt mit Hilfe eines Java-Applets, über das Rechnungsdaten angezeigt und per Mausklick vom Kunden bestätigt werden. Anschließend wird der Rechnungsbetrag von der Geldkarte des Kunden abgebucht und dem Händler gutgeschrieben. Der Händler muss dazu eine Händlergeldkarte besitzen. Über jede Zahlung erhält der Händler von der Akzeptanzstelle eine Information. Bis Mitte 1999 wurden von den Banken und Sparkassen rund 50 Millionen Geldkarten mit aktualisierten EC-Karten in Umlauf gebracht. Dadurch verfügt heute fast jeder deutsche Kontobesitzer über eine Geldkarte. Die Spezifikation für Internet-Zahlungen per Geldkarte stammt vom Zentra-

1) siehe auch Abschnitt 5.11.3

len Kreditausschuss (ZKA; http://www.zka.de/). Eine Übersicht mit Händlern, die Geldkartenzahlungen akzeptieren, steht unter http://www.sparkasse.de/ecommerce/ zur Verfügung.

Weitere neue Zahlungsverfahren sind net900 (http://www.net900.de/), X-Press-Pay (http://www.xpresspay.de/) und Infin Micropayment (http://www.ibkp. de/ micropayment/) zur Bezahlung über die Telefonrechnung sowie Paybox (http:// www.paybox.de/) zur Bezahlung per Mobiltelefon.

net900 wurde im Jahr 2000 von der Deutschen Telekom AG als Micropayment-System für E-Commerce-Lösungen eingeführt. Ruft ein Kunde im Internet ein kostenpflichtiges Angebot auf, wird er bei diesem Verfahren nach Bestätigung der Kostenübernahme automatisch über eine kostenpflichtige, spezielle Telefonverbindung neu verbunden. Verlässt der Kunde das kostenpflichtige Angebot, dann wird seine vorherige Verbindung wiederhergestellt. Als Voraussetzung für die Bezahlung mit net900 über die Telefonrechnung ist eine kostenlos erhältliche net900-Clientsoftware erforderlich. Eine Liste von Händlern, die diese Abrechnungsart anbieten, ist auf der Website der Deutschen Telekom AG (http://www.telekom.de/) zu finden. Im Januar 2001 waren es acht.

Die Bezahlung per Paybox erfordert die Eingabe der eigenen Mobiltelefonnummer auf der entsprechenden Webseite (d.h. an der Kasse) eines Online-Shops. Beim darauffolgenden Rückruf des Paybox-Systems muss dann nur noch die Zahlungsfreigabe durch die Eingabe einer Paybox-PIN erteilt werden. Dies unterstützten im Januar 2001 bereits ca. 300 Online-Händler bzw. Dienstleister (siehe http://www. paybox.de/ und http://www.debitel.de/privat/paybox/haendler.html).

Spezielle E-Payment-Dienstleister haben sich darauf spezialisiert, im Internet Zahlungsvorgänge mit mehreren üblichen Verfahren abzuwickeln. Dazu gehört die Telecash-Kommunikations-Service[1)] GmbH, Stuttgart (http://www.telecash.de/). Sie unterstützt banken- und kartenneutral:

- Kreditkartenzahlung ohne Käuferzertifikat,
- Kreditkartenzahlung mit SET,
- Geldkarte,
- Kundenkarte,
- Debitverfahren (d.h. elektronische Lastschrift),
- net900.

1) Joint-Venture von IBM Deutschland GmbH und Telekom AG

Ein weiterer E-Payment-Dienstleister ist die niederländische Firma Bibit Internet Payments (www.bibit.com). Sie bietet Online-Shop-Besitzern die Übernahme der Abwicklung folgender Zahlungsverfahren an:

- Kreditkartenzahlung (Visa, Eurocard/Mastercard, American Express, Diners) mit SSL,
- Kreditkartenzahlung (Visa, Eurocard/Mastercard, American Express) mit SET,
- Kreditkartenzahlung über WAP mit SSL,
- Banküberweisungen im Inland,
- Bankeinzug/Lastschriftverfahren,
- Elektronisches Lastschriftverfahren,
- Paybox,
- eCash,
- Nachnahme, Geldkarte und Rechnung[1)] etc.

Auch die Wire Card AG (http://www.wirecard.de/) mit Sitz in München und die Virbus AG (http://www.virbus.de/) mit Sitz in Leipzig bieten E-Payment-Dienstleistungen an.

Das Internet Open Trading Protocol (IOTP; RFC 2801, 2802 und 2935) soll Ordnung in die zahlreichen Zahlungssysteme bringen. Es ist ein Framework für den offenen Handel über das Internet, das im Rahmen einer Zusammenarbeit von HP, IBM, Mastercard, AT&T, Verifone, CyberCash, Sun Microsystems, Oracle etc., entstand und inzwischen von der IETF weiterentwickelt wird. In der IOTP-Spezifikation werden Inhalte, Formate[2)] und Sequenzen von Nachrichten beschrieben, die zwischen elektronischen Handelspartnern u.a. für Angebot, Kauf, Widerruf, Gutschrift und Quittung auszutauschen sind. Dies erfolgt so, dass zur Bezahlung beliebige Verfahren (inkl. SET, eCash, Geldkarte) genutzt werden können.

Sicherheit und Vertraulichkeit sind entscheidende Kriterien für den Erfolg des E-Business, inbesondere bei den Zahlungsverfahren. Bekanntgewordene Fälle des Kreditkartenmissbrauchs, begünstigt durch unverschlüsselte Übertragungen der Kartennummern oder Einkäufe bei unseriösen Anbietern, schrecken noch heute viele potentielle Kunden vom Online-Kauf ab. Um das Vertrauen in die elektronischen Zahlungssysteme zu erhöhen, werden Prüfsiegel für Online-Shops vergeben:

- „Geprüfter Online-Shop“ vom Kölner Euro-Handelsinstitut (http://www.ehi.org/),

1) befand sich Anfang 2001 noch in Vorbereitung

2) XML-basiert

- „Trusted Shops“ vom Gerling-Konzern (http://www.trustedshops.de/),
- „BetterWeb“ von der Unternehmensberatung PricewaterhouseCoopers (http://www.pwcbetterweb.com/),
- „Certified E-Shop“ von der TÜV Secure iT GmbH (http://www.tuv-secure-it.com/),
- „Safer Shopping“ von TÜV Management Service und DBV-Winterthur Versicherungen (http://www.safer-shopping.de/),
- „VZ OK“ vom rheinisch-westfälischen TÜV (http://www.tuev-online-check.de/).

Sie bestätigen die Einhaltung von Mindeststandards beim Verbraucherschutz.

Außerdem startete Mitte 2000 ein Konsortium, dessen Führung das Deutsche Forschungszentrum für künstliche Intelligenz (DFKI) übernommen hat, mit Unterstützung des Ministeriums für Wirtschaft und Technologie, des Bundesamtes für Sicherheit in der Informationstechnik (BSI), des Bundesministeriums für Finanzen und des Bundesministeriums des Innern ein 20-Millionen-Mark-Projekt, das die Bezeichnung „Fairpay“ (http://fairpay.dfki.de/) trägt. Im Rahmen dieses Projekts soll ein Vorgehensmodell zur Entwicklung sicherer und zuverlässiger Systeme für Finanztransaktionen im Internet entstehen. Dies beinhaltet die Erforschung und Entwicklung von Methoden, Werkzeugen und Anwendungen. Eine zentrale Rolle spielt dabei das Softwarewerkzeug „Verification Support Environment“ (VSE). Es entstand am DFKI im Auftrag des BSI, basiert auf automatisierter Logik und ist bisher das einzige Werkzeug für den Entwurf und Test von Anwendungen mit hohen Sicherheitsanforderungen, das international zugelassen wurde. Am Projekt beteiligte Banken wollen Problemstellungen aus der Praxis einbringen und das entstehende Vorgehensmodell zur Weiterentwicklung ihrer Zahlungssysteme nutzen.

5.13 IP-Telefonie

Das Internet Protocol (IP) überträgt beliebige digitalisierte Informationen – auch Sprache. Da IP[1] allerdings paketvermittelnd arbeitet und keinen kontinuierlichen Datenstrom erzeugt, sind für die interaktive Sprachkommunikation neben einer Paketierung/Depaketierung auch noch besondere Massnahmen zur Begrenzung von Paketlaufzeiten und zum Ausgleich von Laufzeitschwankungen erforderlich. Im einzelnen werden heute vor allem folgende Massnahmen ergriffen, um eine hohe IP-Telefonie-Qualität zu gewährleisten:

- Sprachkompression,
- Pausenunterdrückung,
- Pausenrauschgenerierung,
- Echounterdrückung,
- Verzögerungsdifferenzausgleich,
- Flusssteuerungen zur Laufzeitbegrenzung[2].

Für eine gute Dialogqualität dürfen Ende-zu-Ende-Signallaufzeiten von 200 ms nicht überschritten werden. Zur Gewährleistung eines kontinuierlichen Sprachflusses muss außerdem die Laufzeit der Sprachpakete konstant sein. Reduzierte Netzbelastungen aufgrund von Sprachkompression und Pausenunterdrückung tragen ebenso wie Flusssteuerungen mittels Sprachpaketpriorisierungen und Bandbreitenreservierungen zu kurzen Paketlaufzeiten bei.

Als IP-Telefonie bezeichnet man allgemein die Telefonie, die auf der Echtzeitübertragung von Sprache über IP-Netze basiert. Der Begriff „Voice over IP“ (VoIP) dient oft als Synonym für die IP-Telefonie. Unter „Internet-Telefonie“ ist dagegen die IP-Telefonie im Internet zu verstehen. Dort kann im Gegensatz zu Intranets bisher keine QoS-Garantie gegeben werden.

Die existierenden IP-Telefonie-Standards stammen von der ITU-T (http://www.itu.ch/) und der IETF (http://www.ietf.org/). Da Standards in der Regel Spielraum für Interpretationen lassen, haben die im International Multimedia Teleconferencing Consortium (http://www.imtc.org/) zusammengeschlossene Hersteller und Dienstleister zur Gewährleistung der Interoperabilität von IP-Telefonie-Produkten und -Diensten die iNOW!-Initiative gestartet. Sie beinhaltet u.a. Interoperabilitätstests.

Die nachfolgende Tabelle gibt einen Überblick über die Standards:

1) liefert einen Best-Effort-Dienst mit Delay, Packet Loss und Jitter

2) dynamische Bandbreitenreservierung mit RSVP sowie Paketpriorisierung mit DiffServ, MPLS, TOS, IEEE 802.1p

Rubrik	Kurz-bezeichnung	Heraus-geber	Titel
Signalisierung nach H.323	H.323	ITU-T	Packet-based Multimedia Communication Systems
	H.225	ITU-T	Call Signaling Protocols and Media Stream Packetization for packet-based Multimedia (inkl. RTCP, Q.931 und RAS)
	H.245	ITU-T	Control Protocol for Multimedia Communications
	H.235	ITU-T	Security and Encryption for H-Series Multimedia Terminals
	H.450.x	ITU-T	Supplementary Services for Multimedia (Call Transfer, Diversion, Hold, Park and Pickup, Call Waiting, Message Waiting)
	T.38	ITU-T	Procedures for Real-Time Group 3 Facsimile Communications over IP Networks
	T.120-Serie	ITU-T	Data Protocols for Multimedia Conferencing
Signalisierung nach SIP	SIP (RFC 2543)	IETF	Session Initiation Protocol
	SDP (RFC 2327)	IETF	Session Description Protocol
	SAP (RFC 2974)	IETF	Session Announcement Protocol
Kodierung	G.711	ITU-T	Pulse Code Modulation (PCM) of Voice Frequencies
	G.722	ITU-T	Sub-band ADPCM
	G.723.1	ITU-T	Dual Speech Rate Coder for Multimedia Communications (MP-MLQ und ACELP)
	G.726	ITU-T	Adaptive Diffential PCM (ADPCM)
	G.727	ITU-T	Embedded ADPCM
	G.728	ITU-T	Low-Delay Code exited Linear Predition (LD-CELP)
	G.729	ITU-T	Conjugate Structure Algebraic Code exited Linear Prediction (CS-ACELP)
Transport	RTP (RFC 1889)	IETF	Real-time Transfer Protocol
	RTCP (RFC 1889)	IETF	Real-time Transfer Control Protocol
Directory	Enum (RFC 2916)	IETF	E.164 Number and DNS
Gateway-Steuerung	MGCP (RFC 2705)	IETF	Media Gateway Control Protocol
	H.248 bzw. MEGACO (RFC 2885)	ITU-T und IETF	Gateway Control Protocol bzw. MEGACO Protocol

Der Bandbreitenbedarf für die IP-Telefonie in Abhängigkeit von üblichen Sprachkodierverfahren kann der nachfolgenden Tabelle entnommen werden:

Kodierverfahren	Kodierrate [Kbit/s]	Paketierungszeit [ms]	Pakete pro Sekunde	RTP-Nutzlast [Byte]	IP-Paketgröße[1] [Byte]	Bandbreite auf IP-Ebene [kbit/s]	Ethernet-Paketgröße[2] [Byte]	Bandbreite im Ethernet [kbit/s]
G.723.1 (MP-MLQ)	6,3	30	33,3	24	64	34	93	49,6
G.729	8	10	100	10	50	80	79	126,4
G.711	64	30	33,3	240	280	149,2	309	164,6

Zu beachten ist, dass die angegebenen Bandbreiten einer bidirektionalen Kommunikation entsprechen[3]. Falls mit Sprachdetektion und Pausenunterdrückung gearbeitet wird, reduziert sich der Bandbreitenbedarf zusätzlich in Abhängigkeit von der Wirksamkeit des Sprachdetektors (z.B. um 50%).

Wie aus der Tabelle ersichtlich wird, spielt bei der Berechnung der zur IP-Telefonie erforderlichen Bandbreite der Paket-Overhead eine wichtige Rolle. Betrachtet man beispielsweise den G.723.1-Codec, dann weist jedes Paket einen Overhead von 167%[4] auf.

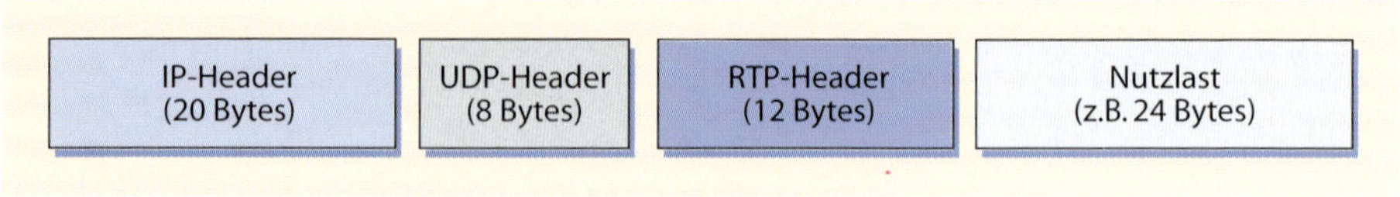

Struktur eines IP-Telefonie-Pakets

Alle Analysten sind sich darüber einig, dass IP das universelle Kommunikationsprotokoll der Zukunft ist. Einer der Hauptgründe ist das explosionsartige Wachstum des Datenverkehrsvolumen. Während sich das Internet-Verkehrsvolumen alle vier Monate verdoppelt, wächst das Sprachverkehrsvolumen nur sechs bis neun Prozent jährlich. In Summe hat das weltweite Datenverkehrsvolumen bereits im 4. Quartal 1999 das Sprachverkehrsvolumen überholt. Spätestens im Jahr 2010 wird der Sprachverkehr nur noch ein Prozent Anteil am Gesamtverkehrsvolumen haben.

1) Nutzlast + 12 Byte RTP-Header + 8 Byte UDP-Header + 20 Byte IP-Header

2) IP-Paket + 8 Byte Preamble + 14 Byte MAC-Header + 3 Byte LLC-Header + 4 Byte Prüfsumme

3) also mit 2 x 64 Kbit/s = 128 Kbit/s im Telefonnetz zu vergleichen sind

4) entspricht 40 Byte Overhead für 24 Byte Nutzlast

Deshalb ist der Sprachverkehr nicht mehr der Treiber für das Design von Kommunikationsnetzen. Dies ist einer der wesentlichen Gründe für die Ablösung der traditionellen durchschaltevermittelten Telefonie durch die IP-Telefonie. Weitere Gründe sind:

- neue Applikationen, wie Web-Call-Center und Real-time Collaboration Software, werden ermöglicht,
- einheitliche Netze für Sprach- und Datenverkehr führen zu Kostenersparnissen bei Multimedia-Applikationen und Unified Messaging,
- das Betreiben eines einzigen Netzes für Sprache und Daten ermöglicht Betriebskostenersparnisse von bis zu 50%,
- der erreichte technologische Entwicklungsstand erlaubt eine qualitativ hochwertige Telefonie in IP-Netzen und
- der verschärfte Wettbewerb auf dem Telekommunikationsmarkt zwingt Anbieter, sich mit der kostengünstigen IP-Telefonie zu befassen.

Weitere Informationen zur IP-Telefonie sind in [FOT 01] zu finden.

5.14 E-Collaboration

Collaboration-Applikationen stellen Verknüpfungen zwischen Personen, Systemen und Prozessen her. E-Collaboration-Applikationen verwenden dabei die Internet-Technologie. Sie verbinden verteilte Organisationen so, dass sie wie eine einzige agieren (d.h. als virtuelles Team). Die nachfolgende Tabelle enthält eine Zusammenstellung möglicher Einsatzgebiete für Unternehmen:

Bereich	Beispiel
Entwicklung	Verteilte Software- und Dokumentenbearbeitung
Logistik und Materialwirtschaft	Supply Chain Management, elektronische Marktplätze
Service, Marketing und Vertrieb	Customer Relationship Management
Produktmanagement	Product Change Management
Projektmanagement	Task Management, Status Reporting
Alle Bereiche	Information zu Richtlinien, offenen Positionen, News etc.

Dabei muss die Kommunikation nicht immer interaktiv in Echtzeit erfolgen, oft genügen bereits Benachrichtigungen über wichtige Ereignisse und wechselseitige Aktivitäten (z.B. bei der Erstellung und Genehmigung eines Angebots).

Die Realisierung entsprechender E-Collaboration-Lösungen erfolgt in der Regel auf der Basis von dynamischen Web-Servern in Kombination mit Messaging-Funktionen, wie E-Mail, SMS etc.. Einige Anbieter geeigneter Plattformen sind IBM (http://www.ibm.de/) mit dem Lotus-Domino-Server, MatrixOne (http://www.matrixone.com/) mit Net Market Applications, Bea (http://www.bea.com/) mit BEA WebLogic Collaborate und SAP (http://www.sap.com/) mit mySAP.com.

Eine interaktive Zusammenarbeit in Echtzeit ist heute im Internet und in Intranets insbesondere per Text-Chat, Whiteboard, IP-Telefonie und IP-Videokonferenz möglich. Den zugrunde liegenden Standard hat die ITU-T in seiner ersten Fassung 1996 veröffentlicht. Es ist die Rahmenempfehlung H.323 für paketbasierte Multimedia-Kommunikationssysteme (siehe auch Abschnitt 5.13). In dieser Rahmenempfehlung wird bezüglich Sprachkodierung auf die Standards G.711, G.722, G.723.1, G.728 und G.729 verwiesen, wobei die Unterstützung von G.711 (d.h. 64-Kbit/s-PCM) Pflicht ist und G.723.1 mit einer Bitrate von 6,3 Kbit/s für die IP-Telefonie favorisiert wird. Der Verbindungsaufbau erfolgt nach H.225, die Aushandlung von Parametern und die Verbindungskontrolle nach H.245. Zur Echtzeitübertragung der Sprachdaten dient RTP/RTCP und für das Application Sharing T.120.

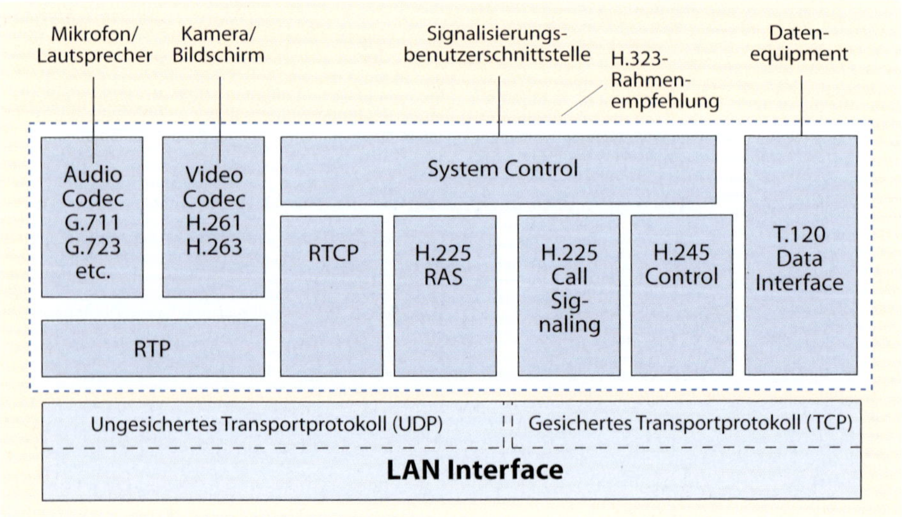

Die wichtigsten Komponenten der Rahmenempfehlung H.323

Eine der bekanntesten Softwarelösungen für die interaktive Kommunikation stammt von Microsoft, ist kostenlos mit dem Internet Explorer erhältlich und heißt „Netmeeting". Sie unterstützt Video- und Datenkonferenzen (d.h. Application Sharing, Whiteboard, Text-Chat, File Transfer) ebenso wie die IP-Telefonie. NetMeeting ist kompatibel zur ITU-T-Empfehlung H.323 für Audio- und Videokonferenzen, inkl. T.120 für Multipoint-Datenkonferenzen. Außerdem unterstützt Netmeeting den LDAP-Standard der IETF für den Zugriff auf Directory-Services.

Alternativ gibt es auch Webconference-Server. Webconferencing-Dienstleister nutzen sie, um im Internet Konferenzservices anzubieten. Folgende Unternehmen gehören dazu:

- Meteor Communications (http://www.meteor.com/) mit einem Konferenzservice unter http://www.presentation.net/,
- Genesys (http://www.genesys.com/) mit einem Konferenzservice unter http://www.conferencing.com/,
- Placeware (http://www.placeware.com/) und
- Astound (http://www.astoundcorp.com/).

Konferenzteilnehmer brauchen lediglich einen Web-Browser, um Powerpoint-Präsentationen im HTML-Format zu sehen, Erläuterungen zu lesen, Referenten zu hören und Chatfunktionen zu nutzen.

5.15 Tele-Web

Kundenorientierte Unternehmen ergänzen heute ihre Websites mit Call-Center-Funktionen, um Surfern auch telefonische Anfragen per Mausklick zu ermöglichen. Dies zahlt sich insbesondere beim E-Commerce aus. Studien haben ergeben, dass die Möglichkeit zu direkten Rückfragen die Verkaufszahlen von E-Commerce-Websites erheblich erhöht. Aber auch im Service trägt sie zu einer Erhöhung der Kundenfreundlichkeit eines Unternehmens bei.

Web-Call-Center bzw. Contact-Center[1] unterstützen neben der IP-Telefonie die Anforderung von Rückrufen über das öffentliche Telefonnetz sowie Text-Chat und Collaborative Browsing. Letzteres ermöglicht eine interaktive Führung durch Webseiten, z.B. beim Ausfüllen von Formularen.

1) diese Bezeichnung wird oft für Call Center verwendet, die neben telefonischen Kontakten auch die Kommunikation per Fax, E-Mail, Text-Chat, Collaborative Browsing etc. unterstützen

Zur Integration der Telefoniefunktionen in Websites gibt es zwei Buttons, die üblicherweise in Form von Java-Applets realisiert werden. Wird der Call Back Button vom Surfer angeklickt, erhält er die Möglichkeit, seine Rufnummer und die Zeit, zu der er zurückgerufen werden möchte, einzutragen. Im Call-Center wird dann automatisch zum gewünschten Zeitpunkt eine Telefonverbindung von einem Call-Center-Agenten zum Surfer aufgebaut. Der Call Through Button stellt dagegen sofort eine IP-Telefonieverbindung her bzw. zeigt im Falle einer völligen Auslastung des Call-Centers die voraussichtliche Wartezeit bis zum Verbindungsaufbau an. Um letzteres nutzen zu können, muss der Surfer auf seinem PC eine H.323-kompatible IP-Telefonie-Software, wie Microsoft Netmeeting, installiert haben.

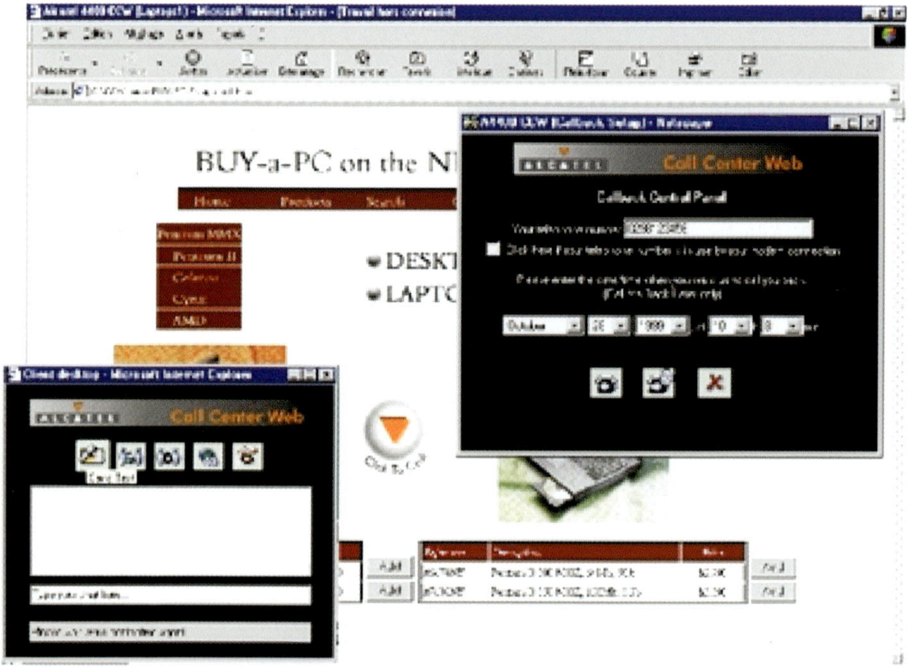

Screenshoot zur Call-Center-Einbindung in eine Website

Weitere Informationen zu webbasierten Call-Centern sind beispielsweise auf der Website http://www.commweb.com/techcenters/ zu finden.

Geeignete Lösungen gibt es u.a. von den Firmen Alcatel (http://www.alcatel.com/) und Siemens (http://www.siemens.de/).

6 E-Marketing

Marketingmaßnahmen dienen dem Erkennen, der Beeinflussung und der profitablen Befriedigung von Kundenwünschen.

Dies umfasst:

- Marktanalysen,
- die Entwicklung einer Marketingstrategie (d.h. die Festlegung der Produkt- und Servicepolitik, der Vertriebspolitik, der Preispolitik sowie der Maßnahmen zur Verkaufsförderung und Werbung),
- die Umsetzung der Marketingstrategie und
- Ergebnisanalysen zur Optimierung der Marketingstrategie.

E-Marketing ist eine Marketingkomponente, die auf der Nutzung des Internet basiert. Dieses Kommunikationsmedium mit inzwischen über 300 Millionen Usern, das keine zeitlichen oder geografischen Grenzen kennt und darüber hinaus auch schnell und kostengünstig ist, eignet sich u.a. für folgende Marketingaktivitäten:

- Werbung,
- Verkaufsförderung,
- Imagepflege,
- Kundenbeziehungspflege,
- Marktanalyse,
- Preisfindung,
- Ergebnisanalyse.

Dabei wird vor allem die Webtechnologie unter Einbeziehung von Messaging-Funktionen verwendet.

6.1 Vorteile

Die nachfolgende Tabelle enthält einen Vergleich zwischen traditionellem Marketing und E-Marketing:

Merkmal	Traditionelles Marketing	E-Marketing
Reaktionszeiten	Wochen	Minuten
Reichweite	Lokal	Global
Preise	Liste	Markt
Wirksamkeits-messmethode	Umfragen per Brief oder Telefon, Aufträge	Website-Zugriffs-statistiken, Online-Umfragen, Aufträge
Zeitlicher Schwerpunkt	Während der Arbeitszeit	Rund um die Uhr
Inhaltlicher Schwerpunkt	Produktpositionierung	Kundenakquisition und -bestandspflege
Kundenadressierung	Allgemein	Personalisiert

Webbasierte Online-Befragungen sind sehr einfach realisierbar und lassen sich hervorragend zur Optimierung der Produktentwicklung und Services einsetzen. Bei Bedarf können auch externe Dienstleister mit der Durchführung beauftragt werden (siehe http://www.spss.com/spssmr/web_bureau/).

Mit dem Einsatz des Web für Marketingzwecke ergab sich erstmalig die Möglichkeit zur exakten Messung der Wirksamkeit von Marketingmaßnahmen. Sowohl die Wahrnehmung der Marketingaktivitäten als auch die Interessen der Konsumenten lassen sich aus den Zugriffsstatistiken von Websites ableiten.[1)]

6.2 One-to-One-Marketing

Eine auf keinen Fall zu vernachlässigende Besonderheit des E-Marketings ist die effektive Möglichkeit zum One-to-One-Marketing, d.h. zur individuellen Kundenansprache. Dies erfolgt auf Basis von Benutzerprofilen, die von den Kunden selbst explizit erstellt oder während Online-Sitzungen automatisch erfasst wurden. Diese Profile enthalten Informationen über Eigenschaften, Präferenzen und Verhaltensweisen der Kunden. Dem Kunden ersparen sie mehrfache Dateneingaben und längere Informationssuche. Hat sich ein Kunde einmal bei einem Serviceanbieter mit seinem Namen, der Adresse, der bevorzugten Zahlungsweise und den Interessensgebieten registriert, kann er bei wiederholten Website-Besuchen ohne großen Aufwand

1) damit Proxy-Server mit ihren Cache-Speichern die Statistiken nicht verfälschen, muss allerdings mit einem CGI-Programm bei jedem Browserzugriff auf eine Webseite die Übertragung einer 1 Pixel großen Grafik (entspricht 43 Bytes) erzwungen werden (siehe http://www.ivw.de/)

Bestellungen aufgeben und für ihn gezielt aufbereitete Informationen abrufen. Der Serviceanbieter erhält dagegen mit den Profildaten wertvolle Markt- und Kundeninformationen. Er nutzt sie in Marktanalysen sowie zur Aufbereitung individuell passender Angebote. Letzteres erfolgt meistens unter Verwendung von Recommendations Engines, wie sie beispielsweise von den Firmen NetPerceptions (http://www.netperceptions.com/), Firefly (http://www.glow.com/) und Autonomy (http://www.autonomy.com/) angeboten werden. Ein Beispiel für diese Vorgehensweise sind die Buchempfehlungen auf der Website von Amazon.com.

Im Einzelnen lassen sich in Profilen z.B. folgende Daten erfassen:

	Information	Interaktion	Transaktion
Kundenidentifikation	Anonym	Pseudonym	Identifiziert
Daten	Websitebesuche, Webseitenaufrufe, Verweilzeiten[1], Produkte im Warenkorb, Suchanfragen	Newsletter-Registrierung, E-Mails	Bestellungen und/oder Bezahlungen unter Angabe von Adresse, Bankverbindung etc.
Datenspeicherung	Logdateien[2], Cookies	Pseudonyme Profile	Qualifizierte Profile

Vom Benutzer explizit erstellte Profile sind natürlich nur erhältlich, wenn ein Vertrauensverhältnis besteht. Deshalb wurde vom W3C die Plattform for Privacy Preferences (P3P; http://www.w3.org/P3P/) spezifiziert. Sie ermöglicht es, dass Websites in einer standardisierten, maschinenlesbaren Form offen legen, wie sie mit persönlichen Daten umgehen. P3P-fähige Browser können diese Informationen automatisch mit den Privacy Preferences des Benutzers vergleichen und Abweichungen signalisieren.

Nicht durchgesetzt hat sich der von den Firmen Netscape, Firefly Networks und Verisign ausgearbeitete und 1997 beim W3C eingereichte Entwurf eines „Open Profiling Standard" (OPS; http://www.w3.org/Submission/1997/6/) für den sicheren Austausch von Benutzerprofilen unter der Kontrolle des Benutzers. Da die Version 1

1) die Verweilzeit für die letzte angesehene Seite ist allerdings nur mit Zusatzaufwand ermittelbar (z.B. mit Javascript)

2) geeignete Analysesoftware gibt es beispielsweise von WebTrends (http://www.webtrends.de/) und Rent-a-Guru (http://www.rent-a-guru.de/)

des P3P-Standards kein Übertragungsprotokoll festlegt, fand der OPS-Entwurf bisher keine weitere Beachtung beim W3C.

Vertrauenssiegel auf Websites sind neben dem P3P-Projekt eine weitere vertrauensfördernde Maßnahme. Das Vertrauenssiegel des TRUSTe Privacy Programs (http://www.truste.org/) zeigt beispielsweise an, dass auf der Website in einem Privacy Statement folgendes offengelegt ist:

- welche persönlichen Informationen gesammelt werden,
- wer die Informationen sammelt,
- wie die Informationen verwendet werden,
- mit wem die Informationen ausgetauscht werden,
- welche Optionen der Anwender hat, um die Erfassung und Verwendung der Informationen zu beeinflussen,
- welche Sicherheitsprozeduren eingesetzt werden, um Missbrauch, Verlust oder Manipulation der Informationen zu verhindern und
- wie Benutzer inkorrekte Informationen korrigieren oder aktualisieren können.

6.3 Webdesign

Professionelle Websites von Unternehmen sind heute Informationsplattform, Kommunikationsforum und Marktplatz. Ihr Design erfordert Spezialkenntnisse. Besucher sollten angeregt werden, weiterzuklicken, zu bestellen und wiederzukommen. Dazu sind u.a. eine individuelle Gestaltung, ein ansprechendes Layout, interessanter Content, übersichtliche Seiten, kurze Ladezeiten, interaktive Funktionen und Datenbankanbindungen erforderlich. Eigene Mitarbeiter können sich entsprechendes Know-How in Webdesign-Kursen, z.B. bei Macromedia (http://www.macromedia.de/), aneignen. Häufiger wird allerdings auf externe Spezialisten zurückgegriffen. Dazu gehören beispielsweise folgende Webdesigner:

- Razorfish (http://www.razorfish.de/),
- Deepend (http://www.deepend.co.uk/),
- Signalgrau (http://www.signalgrau.com/),
- Bionic Arts (http://www.bionicarts.com/),
- Elephant Seven (http://www.e-7.com/),
- Scholz & Volkmer Intermediales Design (http://www.scholz-und-volkmer.de/),
- I-D Media (http://www.i-dmedia.com/),
- AGI (http://www.agi.de/),

- Meta Design (http://www.metadesign.com/),
- BBDO Interactive (http://www.bbdo.de/).

Weitere sind im Internet mit jeder Suchmaschine zu finden.

6.4 Web-Content

Bei der Pflege sehr großer Websites gerät die manuelle Websitepflege allerdings an ihre Grenzen. Häufig wird der Grafiker, der sich um das Layout jeder einzelnen Seite kümmert, oder der Webmaster, der die Seiten zusammenstellt, zum Engpass. Als Lösung für dieses Problem gibt es Web-Content-Managementsysteme (WCMS). Sie ermöglichen eine automatisierte Veröffentlichung von Informationen unter Berücksichtigung unternehmensinterner Workflow-Prozesse. WCMS trennen üblicherweise Content und Layout, so dass Redakteure bzw. Autoren keine HTML-Kenntnisse mehr benötigen und Grafiker sich nur noch um das reine Design in Form einer Template-Erstellung kümmern müssen. Neue Inhalte publiziert das WCMS nach dem Durchlaufen eventuell vorgegebener Genehmigungsinstanzen automatisch mit dem Layout des ausgewählten Templates. Vorgaben des Autors zum Veröffentlichungszeitraum werden automatisch berücksichtigt, so dass veraltete Beiträge nicht mehr manuell entfernt werden brauchen. Einige Anbieter von WCMS sind:

- Infopark (http://www.infopark.de/),
- Interwoven (http://www.interwoven.com/),
- Gauss-Interprise (http://www.gauss-interprise.de/),
- Vignette (http://www.vignette.com/),
- Coextant (http://www.p-c-s.com/),
- Ecoplan (http://www.ecoplan.de/).

Dem Content von Websites ist natürlich genauso viel Bedeutung beizumessen wie dem Design. Er muss ansprechend, interessant und aktuell sein. Unter Content ist dabei alles das zu verstehen, was die endlose Weite des Webs füllt, d.h. Texte, Bilder, Audio, Video und interaktive Elemente. Da keine Fernsehshow so umfassende Informationen darüber liefern kann, wer gerade zusieht, hat das Web zu einer sehr schnellen Verbreitung von Content geführt. Besonders erfolgreich sind dabei Infotainment-Websites (z.B. http://www.about.com/), Entertainment-Websites (z.B. http://www.uproar.com/, http://www.bikini.com/) und virtuelle Communities (z.B. http://www.theknot.com/).

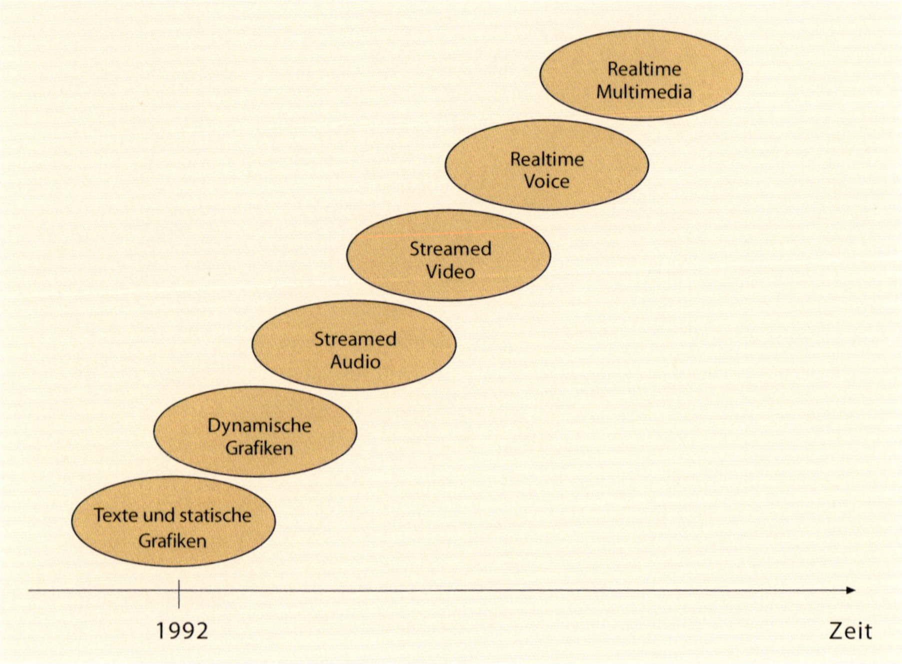

Entwicklung des Web-Content

Genauso wie im traditionellen Geschäft gilt auch im E-Business, dass die Basis des Geschäftserfolgs Kunden sind, die immer wiederkommen. Schließlich ist es viel teurer, einen neuen Kunden zu gewinnen, als einen bestehenden zu halten. Als eines der besten Mittel zum Aufbau dauerhafter Bindungen im Internet gelten virtuelle Communities. Dies sind Interessensgemeinschaften, die sich in Text-Chats, Diskussionsforen sowie über Message-Boards untereinander verständigen, in angeschlossenen Online-Shops die zu ihrem Interessensgebiet passenden Artikeln und Services finden und auf Community-Webseiten ihren spezifischen Informationsbedarf (z.B. Veranstaltungsservice, Produktberatung) abdecken. Anbieter geeigneter Softwarelösungen sind die Firmen Blaxxun (http://www.blaxxun.de/), Cassiopeia (http://www.cassiopeia.com/) und Webfair (http://www.webfair.de/).

6.5 Website-Freigabe

Stehen Design und Content für eine neue Website zur Verfügung, dürfen folgende technische Aufgaben nicht vernachlässigt werden:

1. Die Website ist bezüglich Ladezeiten[1], Funktion aller Links, Browser-Unabhängigkeit und Suchmaschineneignung[2] zu überprüfen. Einen entsprechenden Service gibt es unter http://www.webmasterplan.com/.
2. Die Webadresse muss bekannt gemacht werden. Bei praktisch jeder Suchmaschine kann man dazu kostenlos ein Anmeldeformular ausfüllen. Es gibt aber auch Serviceangebote im Internet, bei denen das Ausfüllen eines Formulars für den Eintrag bei mehreren Suchmaschinen ausreicht (z.B. http://www.webmasterplan.com/, http://www.sitesubmission.de/, http://www.promote-it.de/).

6.6 Anforderungen an Unternehmens-Websites

Zusammenfassend lässt sich sagen, dass Unternehmens-Websites für ein effektives E-Marketing folgende Anforderungen erfüllen sollten:

Kriterium	Erläuterung
Einprägsame Webadresse (URL)	Firmenname oder Schlüsselworte, die einfach merkbar sind
Webadresse publizieren	Fachartikel, Pressemitteilungen, Firmenunterlagen, Visitenkarten, E-Mail-Fußnoten sollten stets auf die Website verweisen; Suchmaschineneinträge mit geeigneten Schlüsselworten sorgen für ein schnelles Auffinden
Links auf die eigene Website unterstützen	Anreize und Erleichterungen (d.h. Bereitstellung von HTML-Einträgen und Bannern) für Verweise anderer Websites auf die eigene schaffen; evtl. Teilnahme an einem Tauschdienst, wie http://www.link4link.de/ und http://www.link4u.de/
Benutzerfreundlichkeit	Übersichtlichkeit, Navigationsleisten, integrierte Suchmaschine, konsistentes Design, kurze Downloadzeiten

(Forts. nächste Seite)

1) Einstiegsseiten sind unter 50 Kbyte, Bilder möglichst unter 10 Kbyte und die restlichen Seiten unter 70 Kbyte zu halten

2) Tips zur optimalen Gestaltung von Websites für Suchmaschinen gibt es unter http://www.netplace.de/aktuell/aktuell.phtml

Kriterium	Erläuterung
Einige Services kostenlos anbieten	Periodisch aktualisierte Informationen (z.B. Newsletter) und interessante sonstige Services (z.B. Linksammlungen; Community-Newsgroups; Entertainment, z.B. mit Software von Rauser Advertainment – http://www.advertainment.com/) veranlassen Surfer zum Wiederkommen
Interaktivität	Kunden wünschen nicht nur Informationen, sondern auch Beratung (z.B. per E-Mail, Text-Chat, Web-Call-Center), individuelle Angebote, Bestell- und Statusabfragemöglichkeiten
Informationsbedürfnis von Kunden und Investoren befriedigen	Geschäftsberichte, Analysen, Prognosen sowie Produkt- und Servicebeschreibungen veröffentlichen
Kontakte unterstützen	Kontaktadressen und Anfahrtsskizzen bereitstellen
Wettbewerbe veranstalten	Fördern Popularität und vergrößern die Reichweite
Umfragen durchführen	Liefern wertvolles Feedback zur Angebotsoptimierung etc.
Höchstmögliche Aktualität	Sämtliche Informationen müssen permanent gepflegt werden, da im Internet eine hohe Aktualität erwartet wird; Autorenangaben und der letzte Aktualisierungstermin auf jeder Webseite unterstützen die Transparenz
Kundenprofile erfassen	Daten für personalisierte Angebote sammeln
Privacy Policy veröffentlichen	Die Offenlegung des Umgangs mit persönlichen Daten der Website-Benutzer wirkt vertrauensfördernd
Kunden und Lieferanten eine Online-Pflege ihrer persönlichen Daten ermöglichen	Ein entsprechender Self-Service sorgt für Aktualität der Datenbanken und Vertrauen
Statistiken erstellen	Pageview-Infos ermöglichen Optimierung der Website und Listen mit Domain-Namen der Besucher gestatten Reichweitenüberprüfungen

6.7 E-Mail-Kampagnen

Ergänzend zu Websites lassen sich auch E-Mails sehr effektiv für Marketingzwecke einsetzen. Erlaubnisbasierte E-Mail-Kampagnen liefern mit großer Geschwindigkeit und geringen Kosten wesentlich höhere Antwortraten als traditionelle Direktmarketingkampagnen (z.B. bis zu 25% statt 2%). Dies basiert auf der Adressauswahl und E-Mail-Personalisierung anhand detaillierter Profildaten, den Point-and-Click-Antwortsmöglichkeiten bei Umfragen und der Einbindung von Links zu Websites.

6.8 Cluetrain-Manifest

Vier amerikanische Internet- und Marketingexperten haben 1999 in ihrem Cluetrain Manifest (siehe http://www.cluetrain.org/) 95 Thesen aufgestellt, mit denen sie ein radikales Umdenken der Wirtschaft in Bezug auf das Internet fordern. Dazu gehören folgende Aussagen:

- „Märkte sind Gespräche und bestehen aus Menschen, nicht aus demografischen Kategorien."
- „Durch das Internet kommen Menschen miteinander in Gespräch."
- „Hyperlinks untergraben die Hierarchien."
- „Es gibt keine Geheimnisse. Der Markt weiß mehr als der Hersteller über seine Produkte."
- „Unternehmen, die nicht begreifen, dass ihre Märkte von Person zu Person vernetzt sind, deshalb immer pfiffiger werden und sich darüber unterhalten, versäumen ihre beste Chance."
- „Markentreue ist im Geschäftsleben etwa dasselbe wie eine junge Liebe. Aber die Trennung droht und zwar bald. Da die Märkte vernetzt sind, finden sich neue Liebschaften im Handumdrehen."
- „Die intelligenten Märkte finden Anbieter, die in ihrer Sprache mitreden."
- „Ihr seid gerade zu beschäftigt, um auf unsere E-Mail zu antworten? Na, das tut uns leid. Wir kommen später wieder. Vielleicht."

Dies verdeutlicht die besondere Bedeutung des E-Marketings.

7 E-Services

E-Services sind alle Dienstleistungen, die im Internet erbracht werden. Eine kleine Übersicht über die existierende Vielfalt gibt die nachfolgende Tabelle:

Kategorie	Webadressen
Aktienkurse	http://www.boerse.de/, http://de.finance.yahoo.com/, http://www.realtimeforfree.de/, http://www.wallstreet-online.de/
Application Services	http://www.tuul.de/, http://www.einsteinnet.de/
Auktionen	http://www.ebay.de/, http://www.ricardo.de/
Banken	http://www.diraba.de/, http://www.deutsche-bank-24.de/
Chat	http://www.webchat.de/
Communities	http://www.metropolis.de/, http://www.fortunecity.de/, http://www.mooncity.de/, http://www.funcity.de/, http://www.sap.com/community/, http://www.palm.com/community/
DVD-Verleih	http://www.verleihshop.de/
Einkauf	http://www.amazon.de/, http://www.shopping24.de/, http://www.shop.de/, http://www.neckermann.de/, http://www.powershopping.de/
E-Mail	http://www.hotmail.com/, http://www.gmx.de/
Fahrpläne	http://www.fahrplan.de/
Fotodruck	http://www.pixelnet.de/, http://www.agfanet.com/, http://photonet.kodak.de/, http://www.photo-porst.de/, http://www.digital-fotolabor.de/, http://www.internet-print-service.de/, http://www.unicolor.de/
Free- und Shareware	http://www.freewarepage.de/, http://www.top-download.de/, http://www.sharewarepage.de/, http://www.freewareplus.com/, http://www.jumbo.com/
Grußkarten	http://www.bluemountain.com/, http://www.online-grusskarten.de/

Kategorie	Webadressen
Hotelreservierung	http://www.all-hotels.com/, http://www.hrs.de/
Nachrichten	http://www.cnn.com/, http://www.focus.de/, http://www.n24.de/
Nachschlagewerke	http://www.encyclopedia.com, http://www.britannica.com/, http://www.wissen.de/, http://encarta.msn.de/, http://www.duden.de/, http://www.medizinfo.com/
Preisvergleiche	http://www.guenstiger.de/, http://www.preistrend.de/, http://www.angebot-info.de/
Radio	http://www.daswebradio.de/
Rechtsberatung	http://www.rechtsfinder.de/
Reiseratgeber	http://focus.de/D/DR/dr.htm, http://www.reiserat.de/, http://www.neckermann-urlaubswelt.de/
Routenplaner	http://route.web.de/, http://auto.abacho.de/, http://www.reiseplanung.de/, http://www.landkartenindex.de/, http://www.reiseroute.de/
Spiele	http://www.moorhuhn.de/, http://www.netzgames.de/, http://www.web-spiele.de/, http://www.gewinnspiel.de/
Sprachkurse	http://www.englishtown.com/, http://www.globalenglish.com/
Stadtpläne	http://www.stadtplan.de/, http://www.falk.de/, http://www.teleinfo.de/, http://www.staedteverlag.de/
Suche	http://www.google.com/, http://de.yahoo.com/, http://www.dino-online.de/, http://www.fireball.de/, http://www.yellowmap.de/, http://www.realtimeimage.de/
Telefonbuch	http://www.telefonbuch.de/
Terminerinnerung	http://www.hermes24.de/
TV	http://onlinetv.tvtoday.de/
Wetterbericht	http://www.wetterbericht.de/, http://wetter.rtl.de/, http://www.focus.de/wetter/
Wörterbücher	http://dict.tu-chemnitz.de/, http://dict.leo.org/, http://reversonet.lycos.de/

Eine Untermenge der E-Services trägt die Bezeichnung „E-Care". Hierbei geht es um personenbezogene Dienstleistungen im Rahmen von bereits bestehenden Beziehungen. Unternehmen erbringen solche Dienstleistungen beispielsweise mit webbasierten Contact Centern im Kundendienst sowie mit Online-Lieferstatus-Abfrage-Services (siehe http://www.ups.com/) und Mitarbeiterinformationssystemen.

Im Gesundheitswesen hat der Begriff „E-Care" allerdings eine spezielle Bedeutung. Hier versteht man darunter webbasierte Gesundheitsvorsorgesysteme (z.B. http://www.healtheon.com/, http://www.mediconsult.com/, http://www.drkoop. com/, http://www.yavivo.de/, http://www.managers-health.de/, http://www.netdoktor.de/, http://gesundheitscout24.t-mall.de/, http://www.lifeline.de/, http://www. medicine-worldwide.de, http://www.g-netz.de/). Sie bieten medizinische Informationen, Gesundheitstipps, Beratungen und teilweise sogar elektronische Patientenakten.

8 E-Commerce

E-Commerce ist der elektronische Handel im Internet. Dies umfasst jede Art von kommerziellen Transaktionen, bei denen die Beteiligten auf elektronischem Weg miteinander verkehren und nicht durch physischen Austausch oder in direktem physischen Kontakt. Zum E-Commerce gehört also sowohl der elektronische Verkauf von Produkten und Dienstleistungen als auch der elektronische Einkauf (E-Procurement). Je nach Zielgruppe wird zwischen Business-to-Consumer (B2C mit Endkunden) und Business-to-Business (B2B mit Geschäftspartner) unterschieden.

Wertmäßig fällt bereits ein vielfach größeres Geschäftsvolumen beim B2B- als beim B2C-E-Commerce an. Trotzdem stehen die meisten Unternehmen beim E-Commerce zwischen Geschäftspartnern noch ganz am Anfang. Über E-Mail-Verkehr und EDI-Bestellungen kommen viele kaum hinaus. Virtuelle Unternehmen, deren Softwaresysteme über das Internet umfassend zusammenarbeiten (d.h. Optimierung der Prozessketten über die Firmengrenzen hinaus durch Integration aller Geschäftsprozesse in E-Chains), existieren nur in wenigen Fällen. Als ein wesentlicher Grund ist die Komplexität der erforderlichen Änderungen in den Prozessabläufen, Organisationsstrukturen und EDV-Systemen mehrerer, miteinander kooperierender Unternehmen anzusehen.

Der E-Commerce mit Endkunden hat dagegen die technologische Einführungsphase längst überwunden. Während die speziell für die Firma Dell entwickelte Website noch $500.000 kostete, gibt es heute bereits Standardlösungen, die den Aufbau von E-Commerce-Websites für unter $10.000 ermöglichen. Aber der Hauptaufwand für die Einrichtung eines professionellen Web-Shops besteht nicht in den Kosten für die benötigte Hard- und Software, sondern in der Integration in die bestehende EDV-Umgebung sowie in den Prozessanpassungen zur Gewährleistung von Aktualität und Effizienz. Deshalb bezifferte die Gartner Group 1999 die realen Kosten auf durchschnittlich $1 Million und gab als Einführungszeitraum fünf Monate an.

In Abhängigkeit vom Einsatzgebiet und den Beteiligten lässt sich der E-Commerce weiter unterteilen in:

- Electronic Sales:
  Dies ist der elektronische Verkauf von Produkten und Dienstleistungen mit Hilfe von Online-Shops, Online-Malls und E-Märkten (siehe Abschnitt 8.1).
- Electronic Procurement:
  Es handelt sich um die elektronische Beschaffung von Produkten und Dienstleistungen durch Unternehmen (siehe Abschnitt 8.2).
- Mobile Commerce:
  Damit bezeichnet man kommerzielle Transaktionen, die zumindest streckenweise mittels drahtloser Technologien (z.B. über Mobiltelefon oder PDA) durchgeführt werden. Entsprechende Applikationen nutzen das Wireless Application Protocol (WAP).
- Television Commerce:
  Alle E-Commerce-Angebote, die über das Medium „Fernsehen“ laufen, fallen in die Kategorie „T-Commerce". Um Interaktivität zu erreichen, sind Set-Top-Boxen oder digitale Fernseher mit entsprechenden Funktionen erforderlich.
- Distributed Commerce:
  Ein verteilter Handel wird im Internet durch E-Märkte ermöglicht. Käufer müssen nicht mehr direkt mit dem Verkäufer auf dessen E-Commerce-Website interagieren – Dialoge können auf einer entfernten Website stattfinden.
- Silent Commerce:
  Dieser Begriff steht für den automatischen Handel zwischen Computern, der ohne menschlichen Eingriff abläuft. Anstelle von Personen führen Softwareagenten die kommerziellen Transaktionen aus. So könnten beispielsweise Kühlschränke automatisch Lebensmittel nachbestellen.

Weitere Informationen zum E-Commerce stehen auch im Internet zur Verfügung. Sie sind u.a. unter folgenden Webadressen zu finden:

http://europa.eu.int/ISPO/ecommerce/,
http://www.drecommerce.com/,
http://www.commerce.net/,
http://www.ecin.de/ und
http://www.electronic-commerce.org/.

8.1 E-Sales

8.1.1 Vorteile

Mögliche Kosteneinsparungen in Marketing, Vertrieb und Logistik, eine kostengünstig erreichbare hohe Informationsaktualität, beachtliche Reaktionszeitverkürzungen und die globale Präsenz, rund um die Uhr, sind gewichtige Argumente für den elektronischen Verkauf (siehe auch Abschnitt 2). Gleichzeitig gibt es aber auch einige Risiken:

- Bei zu langen Antwortszeiten und Mängeln auf E-Commerce-Websites gehen potentielle Kunden verloren. Die Wettbewerber sind nur wenige Mausklicke entfernt.
- Falls sich die Navigationsmöglichkeiten einer Website nur auf den Zugriff auf Informationen zu eigenen Produkten beschränken, kann dies zum Nachteil gegenüber Wettbewerbern werden. Es sollten Kundenprobleme gelöst und nicht nur Produkte präsentiert werden.
- Zwischenhändler müssen zusätzliche Services anbieten, um nicht überflüssig zu werden. Die Hersteller werden sie sonst mit einem eigenen Direktvertrieb über das Internet ausschalten.
- Das Web beschleunigt den Bestellvorgang. Um aber ebenso schnell und zuverlässig liefern zu können, muss auch die Logistik angepasst werden. Anderenfalls verlieren Online-Shops ihren spezifischen Geschwindigkeitsvorteil für die Kunden.

Diese Risiken lassen sich allerdings problemlos beherrschen, wenn man sich ihrer Brisanz bewusst ist. Hinzu kommt, dass die Infrastrukturvoraussetzungen für den elektronischen Handel gegenwärtig nur in wenigen Ländern besser als in Deutschland sind. Das Telefonnetz ist vollständig digitalisiert, jeder vierte ISDN-Anschluss weltweit liegt in Deutschland und über 20 Millionen Bundesbürger nutzen laut Infratest Burke (http://www.nfoeurope.com/ib/) regelmäßig das Internet.

8.1.2 Online-Shops

Online-Shops, auch E-Shops, Webshops und Internet-Shops genannt, sind die wichtigste technische Komponente für den B2C-E-Commerce. Im B2B-E-Commerce haben sie eine etwas geringere Bedeutung, da die Alternative einer

1) bei mehr als der Hälfte aller Online-Shops findet noch eine langsame, fehlerträchtige manuelle Bearbeitung der Bestellungen statt

direkten Verknüpfung von Enterprise-Resource-Planning-Systemen effektiver ist (siehe Abschnitt 10).

In der Regel besteht ein Online-Shop aus einem Web-Server, einer E-Commerce-Applikation und einer Datenbank. Damit werden folgende Standardleistungsmerkmale bereitgestellt:

- Artikelpräsentation,
- Volltextsuche,
- Warenkorb,
- Abrechnung mit Auswahl des Zahlungsverfahrens und der Versandart,
- Belegerstellung (Auftragsbestätigung, Lieferschein, Rechnung),
- Kundenprofilerfassung und -verwaltung,
- Artikelverwaltung,
- Erstellung von Zugriffs- und Bestellstatistiken.

Hinsichtlich der Integration in Enterprise-Resource-Planning-Systeme (ERP-Systeme) gibt es drei Varianten:

- keine Integration: Zustellung von Aufträgen per E-Mail und Artikelpflege im Online-Shop;
- teilweise Integration: Datenbankschnittstelle für das Laden von Produktkatalogen;
- vollständige Integration: Unterstützung des elektronischen Austauschs von Produktkatalogen, Auftragsdaten, Statusinformationen und kundenbezogenen Konditionsvereinbarungen.

Wichtig ist, dass die Abrechnung mit mehreren Zahlungsverfahren (siehe Abschnitt 5.12) möglich ist, damit keine potentiellen Kunden verloren gehen. Wird beispielsweise nur eine Kreditkartenzahlung unterstützt, schrecken viele Deutsche, die nach wie vor die traditionelle Rechnung bevorzugen, davor zurück.

Zur Verkaufsunterstützung sind zusätzlich folgende Funktionen empfehlenswert:

- Personalisierung statt Anonymität (d.h. Namensansprache sowie Vorlieben merken und Empfehlungen machen);

- Integration eines Web-Call-Centers für IP-Telefonie und Collaborative Browsing, um die Erfolgsquote beim Verkauf erklärungsbedürftiger und beratungsintensiver Angebote zu erhöhen;
- Einsatz von virtuellen Assistenten, sogenannten Avataren, zur Kundenberatung; sie weisen den Weg durch das Angebot und beantworten Fragen; geeignete Lösungen gibt es von den Firmen Blaxxun (http://www.blaxxun.de/) und Novomind (http://www.novomind.de/); Einsatzbeispiele sind unter http://www.novomind.de/, http://www.shopping24.de/ und im Microsoft-Office-Paket zu finden;
- Einbindung eines Online-Konfigurators zur technischen Unterstützung der Kunden bei der individuellen Konfiguration komplexer Artikel, wie z.B. Autos und Computer (siehe http://www.bmw.de/, http://www.transtec.de/, http://www.dell.de/, http://www.cisco.com/); sie ermöglichen eine Variantenauswahl unter Berücksichtigung der technischen Machbarkeit und berechnen stets den dazugehörigen Preis; Anbieter passender Softwarepakete sind u.a. die Firmen Baan (http://www.baan.com/), Oracle (http://www.oracle.com/), SAP (http://www.sap.com/), Siebel (http://www.siebel.com/) und Trilogy (http://www.trilogy.com/).

Ebenso wie im traditionellen Handel lassen sich folgende Typen von Verkaufseinrichtungen unterscheiden:

- einzelne Online-Shops (z.B. http://www.dell.de/),
- Online-Shopping-Malls mit mehreren Shops (z.B. http://www.shopping24.de/, http://www.rosettanet.com/),
- E-Marktplätze mit konkurrierenden Angeboten mehrerer Händler (z.B. http://www.t-mart.com/, http://www.evita.de/, http://www.webtradecenter.de/, http://www.optarthomeservice.de/).

Letzteres ist für Kunden meistens am interessantesten, da eine große Auswahl und einfache Preisvergleichsmöglichkeiten geboten werden.

In Ergänzung zum Betreiben eines eigenen Online-Shops ist der Aufbau eines Netzes von Subunternehmern, sogenannten „Affiliates“, möglich. Sie vertreiben auf ihrer Website die Produkte des Partners, indem sie Verbindungen zu dessen Angebot herstellen. Dafür erhalten sie bei Geschäftsabschlüssen eine Provision. Amazon.de bietet dies sogar für private Homepages an.

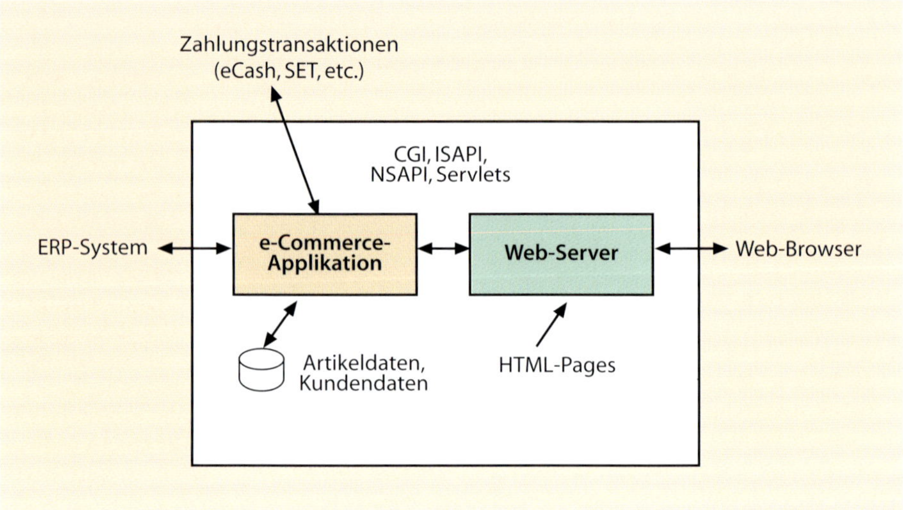

Struktur eines Online-Shops

Das aktuelle Angebot an Online-Shop-Software umfasst u.a. folgende Produkte:

- Allaire Spectra (http://www.allaire.com/);
- Broadvision Business Commerce, One-to-One Enterprise, MarketMaker, Retail Commerce Suite und Amadeus Travel Commerce (http://www.broadvision.com/);
- Dynamo Commerce Suite (http://www.atg.com/);
- IBM WebSphere Commerce Suite (http://www.ibm.com/software/webservers/commerce/);
- iCat Webstore und Commerce Cart (http://www.icat.com/);
- Ideal Seller (http://www.thevisionfactory.com/);
- Internolix Mini Market, Small/Medium/Large Business Shop und Shopping Center (http://www.internolix.com/);
- Intershop Enfinity und Intershop 4 (http://www.intershop.de/);
- InterWorld Commerce Exchange Business und Retail Suite (http://www.interworld.com/);
- iPlanet Market Maker und SellerXpert (http://www.iplanet.com/products/ecommerce/);
- Microsoft Site Server Commerce Edition, Microsoft Commerce Server und Microsoft Commercial Internet System (http://www.microsoft.com/);

- Open Market ShopSite und Transact (http://www.openmarket.com/);
- Open Shop Business, Markets und Stores (http://www.openshop.de/).

Marktführer unter den Online-Shop-Software-Anbietern ist mit über 100.000 verkauften Lizenzen die Firma Intershop. Forrester Research empfahl 1999 für Großunternehmen die Lösungen von IBM, ATG, Allaire und Intershop. Als Grundlage für eigene Entwicklungen eignen sich die Plattformen von ATG, IBM und Microsoft.

Für den einfachen Einstieg gibt es auch Online-Shops zum Mieten (z.B. http://www.mietshop.de/, http://www.strato.de/, http://www.schlund.de/, http://www.trade2000.de/, http://www.via.de/, http://www.t-mart.com/, http://www.bigstep.com/).

8.1.3 Preisfindung

Besonderes Augenmerk ist beim elektronischen Verkauf der Preisfindung zu widmen, da sie im Online-Shop abgebildet werden muss. Im Einzelnen gibt es folgende Varianten:

1. Listenpreise bei kleinen Mengen einfacher Waren (z.B. Lebensmittel, Bücher);
2. Staffelpreise bei großen Abnahmemengen einfacher Ware;
3. Zeitlich begrenzte Promotionpreise (z.B. für eine bestimmte Branche in einer vorgegebenen Region);
4. Ausgehandelte kundenspezifische Konditionen für Investitionsgüter und komplexe Dienstleistungen; hierbei hat sich in der Computerbranche die Einstufung in Kundengruppen mit einem festen Rabattsatz durchgesetzt; Grundlage für die Einstufung ist die Erfüllung bestimmter Voraussetzungen (z.B. hinsichtlich Mindestbestellvolumen und Zertifizierungen);
5. Dynamische Preise in Online-Auktionen (z.B. für Reisen, Computer, Autos).

Die Weitergabe des durch Nachfragebündelung aufgrund von Staffelpreisen erreichbaren Preisvorteils an Endkunden wird von sogenannten Powershopping-Anbietern im Internet (http://www.letsbuyit.com/, http://www.primus-online.de/) zur Wettbewerbsdifferenzierung eingesetzt. Dies hat bereits zu Gerichtsprozessen wegen Konflikten mit dem noch im Laufe des Jahres 2001 entfallenden Rabattgesetz und dem Gesetz gegen unlauteren Wettbewerb geführt.

8.1.4 Anforderungen an eine E-Commerce-Website

Einen Überblick über einige wichtige, beim Aufbau eines Online-Shops zu berücksichtigende Punkte gibt der nachfolgende Auszug aus einer Grobspezifikation für ein E-Commerce-Projekt:

Kategorie	Festlegungen
Ziele	Reduzierung des manuellen Aufwands in Vertrieb und Logistik, insbesondere bei TK-Anlagen-Erweiterungen und Rahmenvertragsabrufen; 24 h Verfügbarkeit eines Vertriebskanals; Leadtime-Reduzierung für Kunden; Bereitstellung zusätzlicher Informationen für Kunden (z.B. Auftragsstatusabfrage, Erweiterungsmöglichkeiten für von Kunden gekaufte Anlagen anzeigen, Promotions publizieren, Cross-Selling-Angebote unterbreiten)
Artikel	Phase 1: einfache Datenkommunikationsprodukte mit den dazugehörigen Services, produktunabhängige Dienstleistungen und Zubehör für TK-Anlagen; Angebotsanforderung für den Rest; Phase 2: zusätzlich alle konfigurierbaren Produkte und technisch zu prüfende TK-Anlagen-Erweiterungen
Kunden	Geschlossener Kundenkreis: nur registrierte Kunden mit vorhandenem Kundenprofil sind berechtigt, zu bestellen; bei Anfragen von Neukunden wird die Information an das Vertriebsinformationssystem weitergeleitet (d.h. Lead-Generierung); der Vertrieb nimmt dann Kontakt zum Kunden auf, prüft die Kreditwürdigkeit und vereinbart Konditionen; Kreditlimits werden durch den Vertrieb im SAP-R/3 gepflegt und überwacht; bei Überschreitung gehen neue Aufträge in eine Waiting Queue und müssen manuell freigegeben werden
Konditionen	Konditionsvereinbarungen sind vom Vertrieb nach dem Prinzip „so einfach, wie möglich" vorzunehmen; das an den Shop anzubindende SAP-R/3 erlaubt Vereinbarungen zu Discounts und Festpreisen auf den Ebenen „Kunde", „Produkthierarchie" und „Material"; zeitliche und mengenabhängige Abgrenzungen werden ebenfalls unterstützt; Konfiguratoren müssen darauf zurückgreifen; als Anreiz für Web-Aufträge werden 2% Sonderdiscount gewährt; gibt es zu den vom Kunden gewünschten Produkten bzw. Services keine Sonderkonditionsvereinbarungen, werden Listenpreise angesetzt

Kategorie	Festlegungen
Geschäftsarten	Kaufvorgänge führen automatisch zur Disposition im SAP-R/3[1] ; Miet- und Leasing-Vorgänge werden an das Vertriebsinformationssystem weitergeleitet; der Kunde erhält die Information, dass sich der Direktvertrieb nach erfolgter Prüfung bei ihm meldet
Zahlungsarten	Kreditkarte, Rechnung und Lastschrift
Sicherheit	Authentisierung mittels ID und Passwort für Firma und Bearbeiter; automatische Aufforderung zur Änderung des Passwortes alle 14 Tage; die Kunden erhalten die Möglichkeit, online ihr Passwort zu ändern; Einsatz von SSL mit 128-Bit-Verschlüsselung; Bestellungen werden sofort per E-Mail bestätigt
Betreuung	Technische Betreuung von Hardware und Betriebssystem durch Abteilung A; Applikationsbetreuung durch Abteilung B; Pflege der Webpages durch Abteilung C; Pflege des Produktkatalogs und der Listenpreise durch das Materialstamm-Management in Zusammenarbeit mit dem jeweiligen Business-Line-Management; Pflege von kundenbezogenen Konditionen durch den Vertrieb
Provision	Der Direktvertrieb erhält eine ergebnisabhängige Provision, wenn seine Kunden über das Internet bestellen; die Zuordnung Kunde/Vertriebsbeauftragter (VB) erfolgt bei der Registrierung des Kunden durch die Vertriebsleitung; es gibt keine produktbezogene Unterscheidung in der Zuordnung (d.h. die VBs betreuen die Kunden ganzheitlich); die Pflege der Zuordnung übernimmt ein ausgewählter Vertriebsinnendienst pro Region; im SAP-R/3 werden Webaufträge genauso wie Sales-Quotation-Tool-Aufträge an das Provisionssystem weitergegeben
Vertriebsinformation	Mittels Qualifizierung von Neukunden und Kundennummern der Altkunden sind alle Anfragen und Bestellvorgänge den zuständigen VBs in das Vertriebs-informationssystem einzutragen
Benutzerschnittstelle	Unterstützung von Internet Explorer und Netscape Navigator

1) falls nicht noch eine vorherige Montageklärung erforderlich ist

Kategorie	Festlegungen
Abläufe/Funktionen	Bei der Beantragung einer Registrierung (d.h. Qualifizierung) werden die Profildaten ans Vertriebsinformationssystem weitergeleitet; für registrierte Kunden gibt es auf der Einstiegsseite individuelle Angebote entsprechend den Interessensgebieten der Kunden (unter Berücksichtigung der Statistikdaten); Cross-Selling (d.h. Angebot geeigneter Zusatzprodukte) ist zu unterstützen; ein Konfigurator übernimmt die technische Prüfung; alle angezeigten Preise müssen mit den vereinbarten Konditionen übereinstimmen; ein technisch geprüfter Auftrag ist mit Preisen, Lieferanschrift, Rechnungsadresse, Kundennummer etc. dem Kunden zur Sichtprüfung und Freigabe anzuzeigen; auch die AGBs sind anzeigen und vom Kunden bestätigen zu lassen; anschließend erfolgt die Weitergabe der Auftragsdaten in das SAP-R/3 und in das Vertriebsinformationssystem; eine Auftragsbestätigung wird anzeigt/gedruckt und parallel per E-Mail an den Kunden geschickt; eine Möglichkeit zur Online-Auftragsverfolgung mit Rückfrage per E-Mail / Telefon wird vorgesehen; der Kunde muss außerdem sein Profil online ändern können; alternativ zur Direktbestellung kann ein Kunde auch Produkte auswählen und sich anschließend ein persönliches Angebot zukommen lassen; Kunden erhalten außerdem die Möglichkeit, abzufragen, welche Produkte sie bisher erworben haben (Gesamtüberblick) und welche davon mit was für einem Servicevertrag abgedeckt sind
Statistiken	Monitoring, welche Webseiten wie oft durch wen aufgerufen wurden; jeder VB sollte die Möglichkeit haben, sich diese Informationen gezielt für seine Kunden anzusehen
Verfügbarkeit	Rund um die Uhr (24 h, 7 Tage pro Woche), ohne Einschränkung durch SAP-R/3-Wartungsfenster
Promotion	Neben dem Sonderdiscount von 2% sollen den Kunden online die individuellen Erweiterungsmöglichkeiten der von ihnen erworbenen TK-Anlagen gezeigt werden (evtl. sogar mit regelmäßiger Aktualisierung über Modemabfrage); dies wird per E-Mail und Gesprächen des Direktvertriebs publiziert

8.1.5 Beliebtheit von Online-Angeboten

Das nachfolgende Diagramm zeigt, was von Endkunden besonders gerne über das Internet gekauft wird:

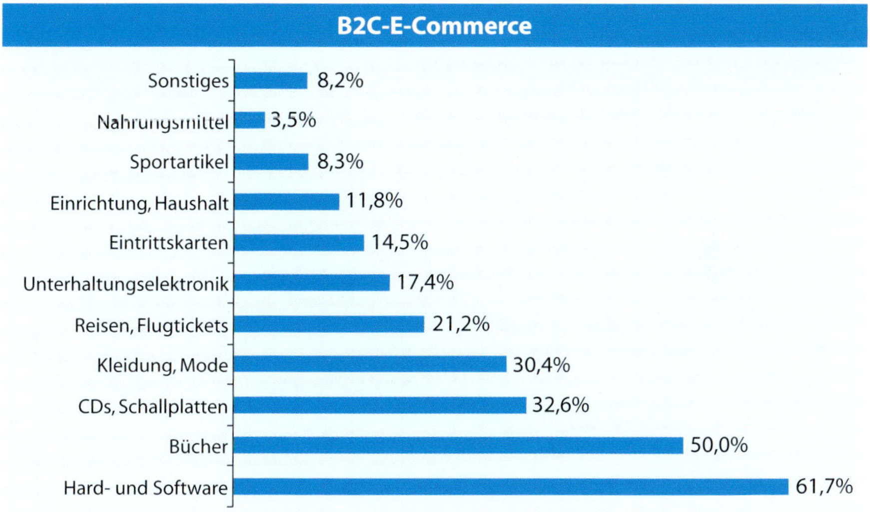

Internet-Shopping-Studie von FirstSurf
(November 1999; Mehrfachnennungen enthalten)

Der Verkauf von Software im Internet lässt sich unterteilen in:

- Online-Bestellung von per Post zuzuschickenden Softwarepaketen (siehe http://www.softline.de/),
- Einkauf von Programmen mit anschließendem Download (siehe http://www. buyonet.com/, http://www.broadcastsoft.com/),
- Bezug von zusätzlichen Softwarelizenzen (Electronic License Distribution) über das Internet (siehe http://www.asapsoftware.com/).

Mit letzten Variante wird im Jahr 2001 laut IDC ein Geschäftsvolumen von $100 Milliarden erreicht.

8.1.6 E-Commerce-Website-Beispiele

Heute gibt es bereits mehrere Beispiele für sehr erfolgreiche E-Commerce-Websites:

- Die amerikanische Computerfirma Dell wurde mit Hilfe von E-Commerce zum zweitgrößten PC-Hersteller der Welt. Seit 1996 betreibt sie über ihre Website „http://www.dell.com/" einen Internet-Direktvertrieb. Anfang 2001 lag der Tagesumsatz der Website bei $40 Millionen. Dies entspricht 50% vom Gesamtumsatz.[1] Auch 50% aller Aktivitäten des technischen Supports und 76% aller Auftragsstatus-Transaktionen finden online statt. Eine datenorientierte Architektur ermöglicht es, dass neue Produktmerkmale in mehr als 50 Sprachen und Währungen gleichzeitig bereitgestellt werden. Dell's Website basiert auf XML (eXtensible Markup Language). Sie profitiert vor allem von der individuellen Abdeckung der Kundenanforderungen und der Online-Diagnose.
- Die Firma Cisco (http://www.cisco.com/) betreibt nach eigener Aussage die größte E-Commerce-Website der Welt und erhält ca. 90% aller Aufträge[2] über das Internet. Nur registrierte Kunden haben Zugang zur E-Commerce-Applikation „Cisco Connection Online". Der Online-Tagesumsatz liegt bei durchschnittlich $60 Millionen. Mit der Website und der dahinterliegenden virtuellen Supply Chain erzielte Cisco im Finanzjahr 2000 eine Kostenersparnis von $1,4 Milliarden. Die Ausgaben für die Website lagen 1999 bei $20 bis $30 Millionen für die Entwicklung neuer Inhalte (mit 300 bis 400 Inhaltsentwicklern) und neuer Applikationen sowie ca. $7 Millionen für Bandbreite, Geräte und 24 direkt zugeordnete Mitarbeiter.
- Die Firma Amazon (http://www.amazon.com/), der weltgrößte Buchhändler[3], wurde 1995 in Seattle gegründet und verkauft nur über das Internet. Auf der Website ist neben der Autoren- und Titelsuche auch die Suche nach Interessensgebieten möglich. Bei wiederholten Website-Besuchen werden entsprechend den bisherigen Interessensgebieten Neuerscheinungen angeboten. In Ländern ohne Preisbindung ist das Buchangebot von Amazon 20% bis 40% günstiger als das Angebot konventioneller Buchhändler. Dies wird dadurch ermöglicht, dass die Firma Amazon ohne Zwischenhandel und mit wenig Personal auskommt. Heute hat Amazon 29 Millionen Kunden in mehr als

---

1) in den vorhergehenden 4 Quartalen erzielte Dell einen Gesamtumsatz von $30 Milliarden

2) der Gesamtumsatz im Finanzjahr 2000 betrug $18,9 Milliarden

3) sowie die Nummer 1 unter den Händlern für Musik-CDs, DVDs und Videos im Internet

160 Ländern und bietet 18 Millionen Artikel (Bücher, CDs, DVDs, Videos, Computer-Hard- und Software, elektronische Geräte, Spielzeug, Haushaltswaren, Werkzeuge etc.) an. Neben der globalen Website werden für Frankreich, England, Japan und Deutschland Websites in der jeweiligen Landessprache betrieben.

- Das Online-Auktionhaus eBay (http://www.ebay.com/) hat im Jahr 2000 über das Internet Waren im Wert von $5 Milliarden versteigert. Täglich finden mehr als 4,1 Millionen Auktionen statt und kommen bis zu 600.000 neue Artikel hinzu. Seit September 1999 erhebt eBay eine Erfolgsgebühr zwischen 1,25 und 5%. Im Gegensatz zur vorrangig auf Wachstum ausgelegten Internet Firma Amazon arbeitet eBay profitabel. Weltweit hat eBay 18,9 Millionen registrierte Kunden. Länderspezifische Websites gibt es für Australien, Frankreich, Großbritannien, Italien, Japan, Kanada, Österreich und die USA.

Deutsche Firmen mit E-Commerce-Websites sind u.a.:

- der Medienshop Bertelsmann Online (http://www.bol.de/),
- die Kaufhausketten KarstadtQuelle (http://www.quelle.de/) und Kaufhof (http://www.kaufhof.de/),
- die Versandhäuser Otto (http://www.otto.de/, http://www.discount24.de/, http://www.shopping24.de/[1]) und Neckermann (http://www.neckermann.de/),
- die Elektronikhändler Conrad (http://www.conrad.de/) und Völkner (http://www.voelkner.de/),
- die Fluggesellschaft Lufthansa (http://www.lufthansa.de/),
- der Reiseveranstalter TUI (http://www.tui.de/),
- der Reisedienst des Burda-Verlags (http://www.focus.de/traxxx/),
- der PC-Hersteller Vobis (http://www.vobis.de/),
- die Deutsche Telekom (http://www.telekom.de/),
- der Internet-Händler Primus-Online (http://www.primus-online.de/),
- das medizinische Kaufhaus Praxisline (http://www.praxisline.de/),
- eine Vereinigung von 600 Buchhändlern (http://www.buchhandel.de/) sowie
- der Distributor Transtec (http://www.transtec.de/).

Bertelmanns Online (BOL) erreicht einen Jahresumsatz von über 100 Millionen DM. In einem einzigen Monat besuchen bis zu 12 Millionen Kunden die in 12 Sprachen verfügbaren BOL-Shops. Der Otto-Versand erzielte beim Verkauf über das

1) vom Versandhaus Otto gegründeter Marktplatz mit mehreren Anbietern

Internet im Geschäftsjahr 1999/2000[1] einen Umsatz von 450 Millionen DM und überschritt im nachfolgenden Geschäftsjahr 2000/2001 bereits deutlich die Milliardengrenze. Die KarstadtQuelle AG strebt bis Ende 2002 einen Internet-Umsatz von 2 Milliarden DM an. Das wäre eine Verzehnfachung gegenüber 1999. Conrad Electronic erhält täglich 3.000 Bestellungen über das Internet und verzeichnet pro Monat eine Million Besucher auf der Website.

8.1.7 Gütesiegel

Zunehmend mehr E-Commerce-Websites tragen heute Gütesiegel. Sie sollen das Vertrauen der Kunden und damit die Verkaufsergebnisse der Online-Shops verbessern. Um solch ein Siegel zu erhalten, muss der Betreiber des Online-Shops nachweisen, dass vorgegebene Mindestanforderungen bezüglich Verbraucherinformation, Bestell- und Preistransparenz, Datenschutz, Zahlungssicherheit und Reklamationsabwicklung erfüllt werden. Das Euro-Handelsinstitut (http://www.ehi.org/), die Trusted Shops GmbH (http://www.trustedshops.de/), PricewaterhouseCoopers (http://www.wcbetterweb.com/), die TÜV Secure iT GmbH (http://www.tuv-secure-it.com/), der TÜV Management Service in Zusammenarbeit mit DBV-Winterthur Versicherungen (http://www.safer-shopping.de/) und der rheinisch-westfälische TÜV (http://www.tuev-online-check.de/) übernehmen entsprechende Zertifizierungen mit anschließender Überwachung (siehe auch Abschnitt 5.12).

8.1.8 Website-Globalisierung

Obwohl Websites im Internet grundsätzlich global verfügbar sind, hat sich herausgestellt, dass eine regionsspezifische Anpassung (auch „Globalisierung“ genannt) die Akzeptanz der angebotenen Services erhöht. Dazu gehört allerdings mehr als nur eine reine Sprachübersetzung. Folgende Maßnahmen sind erforderlich:

- Trennung der regionsspezifischen von den allgemeingültigen Komponenten für Applikation, Content und Design,

1) das Geschäftsjahr endet beim Otto-Versand am 29. Februar

- Erzeugung regionsspezifischer Contents und Services unter Berücksichtigung von Gesetzgebung, kulturellen Besonderheiten und lokaler Infrastruktur (z.B. Lieferservice).

Die Lösungen der nachfolgenden Unternehmen können bei den Anpassungen und der Pflege helfen:

- Berlitz GlobalNET (http://www.berlitzglobalnet.com/),
- ETranslate (http://www.e-translate.com/),
- GlobalSight (http://www.globalsight.com/),
- Idiom (http://www.idiominc.com/),
- Lionbridge Technologies (http://www.lionbridge.com/),
- SDL International (http://www.sdlintl.com/),
- Uniscape (http://www.uniscape.com/).

8.1.9 Rechtsvorschriften

Informationen über die beim elektronischen Verkauf zu beachtenden Rechtsvorschriften enthält der Abschnitt 20. Das Muster eines entsprechend gestalteten Online-Shops ist auf der Website der Anwaltskanzlei Graefe & Partner (http://www.graefe-partner.de/) zu finden.

8.2 E-Procurement

Das Internet ermöglicht im Unternehmenseinkauf enorme Zeit- und Kosteneinsparungen. Deshalb führen immer mehr Unternehmen die elektronische Beschaffung, d.h. E-Procurement, von Produkten und Dienstleistungen ein.

E-Procurement umfasst allerdings nicht nur die technische Abwicklung des Einkaufs über das Internet[1] sondern auch die Automatisierung der damit verbundener Prozessschritte, wie z.B. die Bereitstellung aktueller Artikelkataloge, erforderliche Genehmigungsschritte für Bestellungen und die Abwicklung von Zahlungsvorgängen. Selbst Aufgaben des strategischen Einkaufs, wie Ausschreibungen, Auktionen und Marktanalysen lassen sich mit elektronischer Unterstützung durchführen.

---

1) oder andere Datenkommunikationsnetze bei Einsatz von EDI

8.2.1 Vorteile

Prozesskostenanalysen[1] haben ergeben, dass jeder konventionelle Bestellvorgang durchschnittliche Kosten in Höhe von 150 DM bei Rahmenvertragsabrufen und 250 DM[2] bei Einzelbestellungen verursacht. Schon der Übergang zur elektronischen Beschaffung auf Basis von elektronischen Katalogen führt laut SAP zu Einsparungen von 20%. Wenn auch alle mit den Bestellungen verknüpften Transaktionen, wie Planung, Preisverhandlung, Verfügbarkeitsprüfung, Budgetprüfung, Einkaufsfreigabe, Auftragsstatusabfragen etc. automatisiert ablaufen, sind sogar Einsparungen bis zu 80% erreichbar.

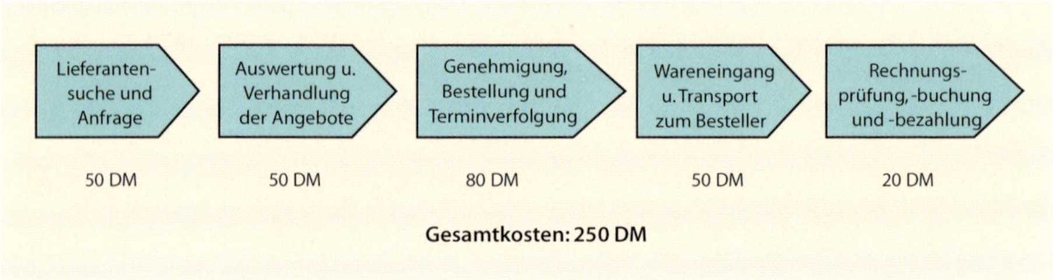

Prozesskostenbeispiel für einen konventionellen C-Teile[3] -Beschaffungsvorgang

Gegenüber dem konventionellen Beschaffungsvorgang führt E-Procurement sowohl zum teilweisen Entfall als auch zur Kürzung und Beschleunigung von Prozessschritten. In der Regel basiert dies auf folgenden Maßnahmen bzw. Funktionen von E-Procurement-Systemen:

- Reduzierung der Lieferantenanzahl und Abschluss von Rahmenverträgen, um die Geschäftsbedingungen, das Portfolio und die Einkaufskonditionen festzulegen;
- Einsatz elektronischer Kataloge mit aktuellen Artikeldaten und Preisen, wobei die Bereitstellung und Pflege der Kataloge durch die zugelassenen Lieferanten erfolgt;
- elektronische Verfügbarkeitsprüfung zur verbindlichen Lieferterminzusage;

1) u.a. von Alcatel, CaContent und KPMG; unter http://www.cacontent.com/popup/berechnung_beschaffungsprozess.htm gibt es auch eine detaillierte Kostenkalkulationstabelle für individuelle Berechnungen

2) entspricht ca. 3 h Personalkosten zuzüglich den mit Beschaffungsvorgängen verbundenen Sachkosten

3) Güter, die nach ABC-Klassifikation 70% des Beschaffungsvolumens und 10% des Beschaffungswertes ausmachen (z.B. Büromaterial)

- elektronische Direktbestellung[1] der Bedarfsträger;
- Eliminieren überflüssiger Kontrollinstanzen;[2]
- automatisierte Genehmigung von Bestellungen per Budgetvergleich und elektronischer Einbeziehung des Kostenstellenleiters ab einer vorgegebenen Wertgrenze;
- elektronische Bestell- und Rechnungsabwicklung;
- elektronische Lieferstatusabfrage;
- Entfall einer Rechnungsprüfung durch den Besteller bei geringwertigen Artikeln; der Besteller erhält die Preise mit dem Lieferschein und reklamiert ggf. auf dieser Basis;
- Sammelrechnungen für Kleinbestellungen.

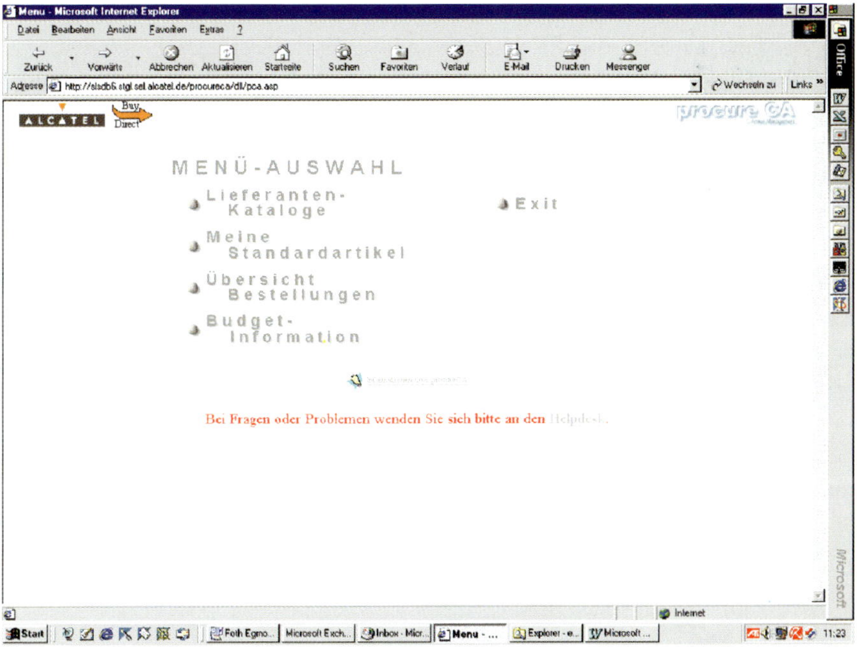

E-Procurement-System für Alcatel-Mitarbeiter

Webbasierte E-Procurement-Systeme vermeiden aufwendige manuelle Bearbeitungen, telefonische Nachfragen, mehrfache Medienbrüche sowie unnötige Streuungen der Bestellungen und daraus resultierende ungünstige Konditionen.

1) reduziert administrative Vorgänge

2) oft erfolgen Kontrollen durch Kostenstellenleiter, Controlling, Einkauf, Logistik und Besteller

E-Procurement bringt aber nicht nur Zeit- und Kostenvorteile, sondern auch:

- eine größere Transparenz von Beschaffungsvorgängen,
- die Möglichkeit zur Reduzierung der Lagerhaltung aufgrund kürzerer Beschaffungszyklen,
- günstigere Einkaufskonditionen durch die Konzentration auf wenige Lieferanten[1)],
- Entlastungen der Einkäufer von der Routinebeschaffung und somit mehr Zeit für den strategischen Einkauf (z.B. die Verhandlung von Rahmenverträgen).

8.2.2 Eignung direkter und indirekter Güter

Viele Unternehmen beginnen mit der Einführung von E-Procurement bei der Beschaffung indirekter Güter, d.h. den Artikeln für Wartung, Reparatur und Betrieb[2)] sowie für den administrativen Bereich[3)]. Vorübergehende Schwierigkeiten in ihrer Beschaffung wären nicht unbedingt unternehmenskritisch und ihr Bestellwert liegt in der Regel unter den Beschaffungskosten. Hinzu kommt, dass oft bis zu 80% des gesamten Beschaffungsaufwands eines Unternehmens auf geringwertige Güter entfallen. Daraus ergibt sich ein großes Rationalisierungspotential.

Direkte Güter, d.h. Materialien, die direkt in Endprodukte einfließen oder für den Vertrieb gedacht sind, werden meist erst im zweiten Schritt in die elektronische Beschaffung mit einbezogen. Dies ist darauf zurückzuführen, dass ihre Beschaffung unternehmenskritisch ist und der Beschaffungsschwerpunkt nicht nur auf dem Preis sondern vor allem auf Qualität, Zuverlässigkeit und langfristigen Beziehungen liegt. Man kann direkte Güter nicht einfach bei irgendjemandem kaufen. Rahmenvertragsabrufe lassen sich allerdings nach der Lieferantenauswahl wiederum problemlos elektronisch durchführen.

8.2.3 Beschaffungsvarianten

Beschaffungslösungen gibt es für alle bekannten Beschaffungsverfahren bzw. Marktformen:

1) das Abnahmevolumen pro Lieferant steigt, die Umsatzsicherheit für die ausgewählten Lieferanten nimmt zu und die elektronische Kommunikation senkt auch deren Kosten

2) Verbrauchsmaterial

3) Büromaterial, Büroausstattung und Hygienebedarf

Verfahren/Marktform	Erläuterung
EDI-Verbindung	Urform des E-Commerce aus den 70er Jahren; dient dem elektronischen Austausch von Geschäftsdokumenten (u.a. Bestellungen, Lieferterminbestätigungen, Stornierungen, Rechnungen, Gutschriften) zwischen den EDV-Systemen von Geschäftspartnern, beschleunigt den Bestellvorgang und reduziert Fehler; nachteilig ist u.a. der verhältnismäßig hohe Einführungsaufwand und der eingeschränkte Benutzerkreis (siehe auch Abschnitt 5.9).
Elektronischer Katalog	Kataloge liefern die notwendigen Informationen für Einkäufe; stehen sie in elektronischer Form zur Verfügung, lassen sie sich problemlos austauschen, bearbeiten und per Computer auswerten; viele Unternehmen veröffentlichen Standardpreislisten in elektronischer Form auf ihren Websites im Internet.
Desktop Purchasing System im Intranet	Unternehmensinterne, in der Regel webbasierte Bestellsysteme für Mitarbeiter; sie ähneln einem Online-Shop und nutzen integrierte elektronische Kataloge ausgewählter Lieferanten; jeder Benutzer muss sich anmelden (d.h. authentisieren); Kostenstellenverantwortliche geben Bestellungen mit Hilfe von automatisierten Regeln frei; die Lieferanten halten die Katalogdaten ständig aktuell; Bestellungen werden über das Internet an sie übergeben; nach Lieferung der Ware kommt auch die Rechnung via Internet.
Unternehmens-Einkaufsportal im Internet	Einige Grossunternehmen nutzen eine eigene Internet-Website, um: ▪ Bedarf auszuschreiben, damit potenzielle Lieferanten Angebote in vorgegebenen Formularen einreichen, ▪ sich von Lieferanten Kataloge bereitstellen zu lassen und ▪ Lieferantenbestellungen aufzugeben sowie Auftragsstati abzufragen.
E-Ausschreibung (E-Bid) im Internet	Käufer reichen auf einer speziellen Website (z.B. http://www.webtradecenter.de/, http://www.mondus.de/) ihre Spezifikation ein und erhalten die zusammengestellten Antworten der Lieferanten nach Ablauf der Ausschreibungsfrist zugestellt.

Verfahren/Marktform	Erläuterung
E-Auktion	Verkäufer lassen Artikel in eine Auktionsdatenbank aufnehmen und potentielle Käufer überbieten sich gegenseitig[1)] bis zum Fristablauf (z.B. bei http://www.ebaypro.de/ und http://www.ricardobiz.de/).
Reverse E-Auktion	Käufer fordern Angebote unter Angabe eines Höchstpreises an und potentielle Verkäufer unterbieten sich gegenseitig bis zum Fristablauf (z.B. bei http://www.econia.com/ und http://www.allocation.net/).
E-Broker	Einige E-Broker übernehmen gegen Gebühr die komplette Transaktion zwischen Käufer und Verkäufer; sie suchen nach geeigneten Geschäftspartnern und handeln akzeptable Preise für die Kunden aus; andere E-Broker bringen lediglich Käufer und Verkäufer für Offline-Deals zusammen.
E-Marktplatz	Webbasierter Handelsplatz im Internet, der eine Vielzahl von Anbietern und Nachfragern auf komfortable Weise zusammenbringt; Verkäufer können dort ihre Angebote und Unternehmen ihre Kataloge platzieren; Käufer erhalten einen guten Marktüberblick; Bestellungen gehen den Anbietern elektronisch zu; Informationen über Branchen und Marktentwicklungen, Preisvergleichsmöglichkeiten, Auktionen und Ausschreibungen sorgen für zusätzliche Attraktivität; Marktplätze fördern die Markttransparenz und erlauben offene Handelsbeziehungen (Jeder-mit-Jedem-Transaktionen); alle Interaktionen zwischen den Teilnehmern des Marktes (d.h. Angebot, Nachfrage, Preisbildung, Auftragserteilung, Zahlungsauftrag) lassen sich elektronisch unterstützen.

8.2.4 E-Marktplätze

Elektronische Marktplätze (E-Marketplaces), auch E-Exchanges und E-Hubs genannt, werden häufig weiter unterteilt in:

- Vertikale Marktplätze, die um eine Ware (z.B. Kunststoff) oder eine Branche (z.B. Güterverkehr) herum organisiert sind, wie beispielsweise:

1) entspricht der englischen Auktion; bei der wenig verbreiteten holländischen Auktionen senken die Käufer den Angebotspreis, bis der Erste die Preissenkung unterbricht, um zu kaufen

http://www.paperexchange.com/,
http://www.rubbernetwork.com/,
http://www.efoodmanager.com/,
http://www.band-x.com/,
http://www.hanse-x.de/,
http://www.arbinet.com/,

und horizontale Marktplätze, die branchenübergreifend die Beschaffung beliebiger Artikel ermöglichen, wie beispielsweise:

http://www.oracleexchange.com/,
http://service.ariba.com/,
http://www.commerceone.net/,
http://www.works.com/,
http://www.t-mart.com/;

- Öffentliche und private Marktplätze, wobei letztere nur einem eingeschränkten Benutzerkreis zur Verfügung stehen;
- Statische Marktplätze, die Produktkataloge im Web zur Verfügung stellen und keine dynamische Online-Preisbildung ermöglichen (z.B. http://www.webtradecenter.de/) sowie dynamische Marktplätze, die Auktionen zur Preisbildung unterstützen (z.B. http://www.ebay.de/, http://www.ricardobiz.de/, http://www.portum.de/, http://www.offerto.de/, http://www.atrada.de/).

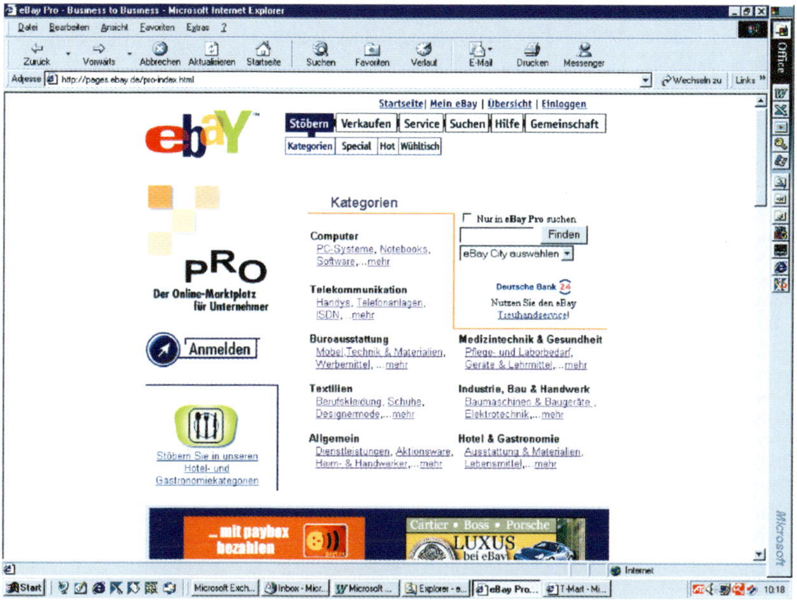

B2B-Marktplatz von eBay

Marktplatzbetreiber finanzieren ihre Dienstleistung mit Gebühren, die sie von den Nutzern des Marktplatzes für erfolgreiche Transaktionen einnehmen oder über den Verkauf zusätzlicher Services, wie Escrow-[1], Finanzierungs-, Versicherungs- und Logistikdienste sowie Bonitätsprüfungen.

8.2.5 E-Procurement-Softwarehersteller

Anbieter von Softwarelösungen für die elektronische Beschaffung sind u.a. folgende Firmen:

- Ariba (http://www.ariba.com/),
- B2eMarkets (http://www.b2emarkets.com/),
- Cat@log (http://www.catalog-international.com/),
- Clarus (http://www.claruscorp.com/),
- Commerce-One (http://www.commerceone.com/),
- Element 5 (http://www.element5.de/),
- Geac Enterprise Solutions (http://www.geac.de/),
- Healy-Hudson (http://www.healy-hudson.com/),
- Intershop Communications (http://www.intershop.de/),
- iPlanet (http://www.iplanet.com/products/),
- IPNet Solutions (http://www.ipnetsolutions.com/),
- Metiom (http://www.metiom.com/),
- Moai mit Live-exchange (http://www.moai.com/),
- Oracle (http://www.oracle.com/),
- Peregrine Systems (http://www.peregrine.com/),
- PurchasingNet (http://www.purchasingnet.com/),
- Retarus (http://www.retarus.de/edi/),
- Rightworks (http://www.rightworks.com/),
- SAP (http://www.sap.com/),
- Sterling Commerce (http://www.sterlingcommerce.com/).

Die Spezialanbieter Ariba und Commerce One gelten als Marktführer auf diesem Gebiet. Um die führende Position weiter auszubauen, bildete Ariba im April 2000

1) d.h. Treuhandkonto: Käufer überweisen den für eine Ware zu zahlenden Betrag an den Escrow-Service; dieser informiert dann den Verkäufer, dass die Ware ausgeliefert werden kann; sobald der Käufer bestätigt, dass die Ware ordnungsgemäß bei ihm angekommen ist, bekommt der Verkäufer sein Geld; einen entsprechenden Service bieten beispielsweise Tutum.de (http://www.iescrow.de/) und i-Escrow.com (http://www.iescrow.com/) an

gemeinsam mit IBM und i2 Technologies eine strategische Allianz zur Bereitstellung umfassender B2B-E-Commerce-Lösungen. Commerce One folgte dem Beispiel und schloss im September 2000 eine Allianz mit SAP, mit dem erklärten Ziel der gemeinsamen Bereitstellung von E-Business-Marktplätzen der nächsten Generation.

Besonders wichtig bei der Auswahl einer E-Procurement-Softwarelösung sind offene Schnittstellen für die Anbindung von ERP-Systemen sowie den Filetransfer im XML-Format. Letzteres ist das allgemein akzeptierte Format für B2B-Kommunikationen. Es ermöglicht die Darstellung und Bearbeitung der Daten im Browser ebenso wie den Datenimport in andere E-Purchasing-Systeme. Die Lösungen von Ariba, Commerce One und Intershop Communications erfüllen beispielsweise diese Anforderungen.

8.2.6 Elektronische Kataloge

Elektronische Beschaffungen wurden zumindest bis Ende 1999 durch viele unterschiedliche Katalogformate der Händler bzw. Hersteller erheblich erschwert. Der Übernahme der Katalogdaten in die ERP- und E-Procurement-Systeme der einkaufenden Organisationen war stets mit einem beachtlichen Anpassungsaufwand verbunden. Deshalb spezifizierte der Bundesverband Materialwirtschaft, Einkauf und Logistik e.V. (BME; http://www.bme.de/) in Zusammenarbeit mit mehreren Unternehmen, zu denen Alcatel, American Express, Audi, Bayer, BMW, CaContent, DaimlerChrysler, Deutsche Bahn, Deutsche Telekom, DLR, GZS, Lufthansa, Mannesmann, Philips, PreussenElektra, Ruhrgas, Siemens, VEBA und VISA gehörten, ein auf XML basierendes Standardformat für elektronische Kataloge. Die Version 1.0 dieses Standards mit der Bezeichnung „BMEcat" wurde im November 1999 verabschiedet. Zu seinen besonderen Vorteilen gehört die mit XML erreichte Offenheit für zukünftige Entwicklungen sowie die breite Unterstützung durch eine Vielzahl an Unternehmen. Software-Tools, die es Lieferanten ermöglichen, ihre bereits digitalisierten Produktdaten in das BMEcat-Format zu überführen, entwickelt die e-pro solutions GmbH (http://www.e-pro.de/) in Stuttgart.

Ergänzend zum Katalogstandard gibt es mit eCl@ss (http://www.eclass.de/), ETIM (http://www.etim.de/) und UNSPC (http://www.unscp.org/) Spezifikationen zur einheitlichen Materialklassifikation.

Alternativ zu BMEcat existieren seit 1999 auch zwei international weitverbreitete, XML-basierte Katalogformate. Sie entstanden im Rahmen folgender Spezifikationen:

- Commerce XML (cXML, siehe http://www.cxml.org/) von Ariba,
- XML Common Business Library (xCBL, siehe http://www.xcbl.org/) von Commerce One.

8.2.7 Elektronischer Vertrag

Zur rechtlichen Seite der elektronischen Beschaffung ist zu bemerken, dass bisher ein elektronischer Kaufvertrag mit digitaler Signatur noch keine Urkunde ist. Dazu müssen erst einige deutsche Gesetze angepasst werden (siehe Abschnitt 20.2.5). Laut europäischer Signaturrichtlinie ist dies bis zum 19. Juli 2001 erforderlich. Bis dahin sind zur rechtlichen Absicherung zwischen Personen oder Organisationen, die online Kaufverträge abschließen wollen, Rahmenverträge erforderlich, die den Online-Abschluss von Kaufverträgen mit digitaler Signatur einem handschriftlich unterzeichneten Kaufvertrag gleichstellen.

8.2.8 Meta-Portale

Elektronische Märkte sind die Märkte der Zukunft. Aber obwohl es inzwischen bereits mehrere hundert elektronische Marktplätze im Internet gibt, verfügen nur wenige über wirklich umfangreiche Sortimente. Meta-Portale sollen dieses Problem beseitigen, indem sie Marktplätze miteinander verknüpfen. Sobald erst einmal alle wichtigen Hersteller und Dienstleister ihre Angebote auf E-Märkten präsentieren, wird eine absolute Markttransparenz erwartet.

8.2.9 Verbreitungsgrad

Ende 2000 setzten laut Infratest Burke 37,6% der deutschen Unternehmen bereits E-Procurement ein. Bis Ende 2001 sollen es über 50% sein. In den USA kaufen laut Arthur Andersen bereits 66% der mittleren und großen Unternehmen online ein. Ihre E-Procurement-Investitionen armortisierten sich im Durchschnitt in 13 Monaten.

9 E-Fulfillment

Eine funktionierende Logistik ist ein entscheidender Erfolgsfaktor im E-Business mit materiellen Gütern. Kaum ein Kunde kauft ein zweites Mal in einem Online-Shop ein, wenn Ware zu spät, in schlechtem Zustand oder gar nicht geliefert wird.

Amerikanische E-Commerce-Unternehmen, wie Toys„R"Us (http://www.tru.com/) und eToys (http://www.etoys.com/) mussten bereits leidvoll erfahren, was passiert, wenn die Logistikorganisation überlastet ist. Verspätete Lieferungen im Weihnachtsgeschäft 1999 führten zu Gerichtsprozessen, Entschädigungszahlungen und massenweise Rücklieferungen.

Klassische Versandhäuser wie der Otto-Versand[1)] beherrschen die Distributionslogistik im Endkundengeschäft gegenwärtig am besten.

Für die mit dem Online-Verkauf im Zusammenhang stehenden Logistikprozesse hat sich der Begriff „E-Fulfillment" durchgesetzt. E-Fulfillment umfasst alles das, was nötig ist, um Kunden eine fristgerechte Lieferung von online bestellten Waren zu garantieren. Dazu gehören insbesondere folgende Aufgaben:

- die Auftragsbearbeitung (inkl. Disposition),
- die Lagerhaltung,
- die Kommissionierung,
- die Verpackung,
- der Versand,
- das Tracking und Tracing,
- das Debitorenmanagement,
- der Kundendienst,
- die Retouren- und Garantieabwicklung.

Kundenfreundliche Online-Shops enthalten bereits einige integrierte Logistikfunktionen, wie:

- Warenverfügbarkeitsanzeige vor der Bestellung,
- verbindliche Lieferterminangabe bei der Bestellung und
- Unterstützung von Online-Statusabfragen nach der Bestellung.

Dies erfordert eine Anbindung der Online-Shops an ERP-Systeme.

1) mit seiner Tochtergesellschaft Hermes General Services

Unternehmen, die nicht über ausreichende Erfahrungen mit der Logistik verfügen oder den Aufwand des Aufbaus einer eigenen Logistikorganisation vermeiden wollen, können beim E-Fulfillment auch auf externe Logistikdienstleister zurückgreifen:

Dienstleister	Webadresse	Leistungen
Danzas	http://www.danzas.de/	Warehousing, Transport, Tracking & Tracing, Zollabfertigung etc. im B2B-Bereich
Deutsche Post	http://www.deutsche-post.de/fulfilment/ und http://www.neugeschaeft.de/	Auftragsmanagement, Warehousing, Transport, Retourenmanagement, Fakturierung, Debitorenmanagement und Bonitätsprüfung im B2C-Bereich
Hellmann Worldwide Logistics	http://www.hellshop.de/	Shoperstellung, Warehousing, Versand, Tracking & Tracing, Zahlungsabwicklung
Hermes General Service	http://www.hermes-gs.de/	Shoperstellung, Warehousing, Versand, Tracking & Tracing, Debitorenmanagement, Zahlungsabwicklung, Retourenbearbeitung
Loxxess wwweb	http://www.loxxess.com/	Auftragsannahme, Lagerhaltung, Datenpflege, Kommissionierung, Verpacken, Versand, Zahlungsabwicklung
Servilogiq	http://www.servicelogiq.de/	Bestellannahme, Auftragsbearbeitung, Lagerhaltung, Kommissionierung, Versand, Sendungsverfolgung, Retourenabwicklung etc.
WM eLogistik	http://www.elogistik.de/	Shoperstellung, Lagerhaltung, Auftragsmanagement, Versand, Tracking & Tracing, Retouren- und Reklamationsbearbeitung, Zahlungsabwicklung

Neben einer einmaligen Einrichtungsgebühr (u.a. für die Anbindung des Online-Shops an EDV-Systeme der Dienstleister) fallen dabei in der Regel Gebühren pro Transaktion an (z.B. in Höhe von 3 bis 12% des Warenwertes).

Geht es nur um den Transport von Waren, dann kommen auch Expressdienste, wie Federal Express (http://www.fedex.com/), TNT (http://www.tnt.de/) und UPS (http://www.ups.com/), als Lösung in Frage. Sie bieten online im Internet Tarife, Buchungen und Sendungsverfolgungen an.

Noch umfassender als E-Fulfillment ist das im nächsten Abschnitt behandelte E-Supply Chain-Management. Es beschränkt sich nicht nur auf die Logistik zur Erfüllung bereits eingegangener Kundenaufträge, sondern nimmt zur optimalen Abdeckung gegenwärtiger und zukünftiger Bedarfe eine umfassende elektronische Prozess- und Ressourcenabstimmung zwischen allen beteiligten Unternehmen vor.

10 E-Supply-Chain-Management

Die Supply Chain (Versorgungskette) eines Unternehmens umfasst die logistischen Prozesse vom Zulieferer bis zum Endkunden. Sie sind möglichst so aufeinander abzustimmen, dass eine große Liefergenauigkeit[1] ohne umfangreiche, kostenintensive Lagerbestände[2] erreicht wird. Dabei gilt, wie für jede andere Kette auch, dass die Supply Chain nur so stark ist wie ihr schwächstes Glied. Verfehlt beispielsweise ein Key-Lieferant den vorgesehenen Fertigstellungstermin für eine gerade benötigte Komponente, wirkt sich dies über die gesamte Kette bis zum Endkunden aus.

Mittels Supply Chain Management (SCM) erfolgt die Planung und Steuerung aller Waren-, Informations- und Finanzflüsse entlang der Supply Chain. E-SCM verwendet dabei moderne Informations- und Kommunikationstechnologien. Die Prozesse der Supply Chain werden mit elektronischen Transaktionen über Datenkommunikationsnetze[3] unternehmensintern sowie zwischen den Geschäftspartnern (B2B) und zum Kunden (B2C) hin synchronisiert. Auch die im Rahmen von E-Sales, E-Procurement und E-Fulfillment ablaufenden Prozesse gehören mit dazu. Neben den erwähnten Transaktionen tauschen Geschäftspartnern im Rahmen des Supply Chain Managements immer häufiger möglichst frühzeitig weitere ressourcenrelevante Informationen aus (z.B. über Projekte, Lagerbestände, Produktionspläne, Produkteinführungspläne, Entwicklungspläne, Qualitätsreports).

10.1 Vorteile

Aus dem Informationsaustausch und der elektronischen Prozesssynchronisation resultieren folgende Effekte:

- Verringerung der Gesamtlieferzeit (Time-to-Market) und Steigerung der Reaktionsgeschwindigkeit sowie Erhöhung der Liefertreue und Verfügbarkeit mittels Beschleunigung und zuverlässiger Steuerung von Bestell- und Lieferprozessen,
- Vermeidung unnötiger Doppelarbeit durch die Beseitigung von Medienbrüchen,

1) umfasst den Lieferzeitpunkt, die Liefermenge und die Lieferqualität (d.h. die Fehlerfreiheit)

2) Unsicherheiten in der Supply Chain werden traditionell mit Beständen ausgeglichen

3) vorzugsweise über Intranets und das Internet im XML-Format, aber im Falle von EDI auch über Value Added Networks

- Reduzierung des gebundenen Kapitals und der Kosten für die Lagerung und Wertberichtigungen von Beständen bei Einführung einer Auftragsfertigung anstelle der Produktion auf Vorrat,
- Vergrößerung der Transparenz der Supply Chain aufgrund der Rückverfolgbarkeit aller Transaktionen und davon ableitbaren Key-Performance-Indikatoren.

E-SCM ist heute eine wesentliche Voraussetzung für kundengetriebene Unternehmungen. Kurze Reaktionszeiten erfordern vernetzte Arbeitsweisen unter Einbeziehung aller Partner – Lieferanten, Hersteller, Dienstleister, Distributoren, Spediteure und Händler. Sämtliche Beteiligte müssen zeitnah mit allen relevanten Informationen für die pünktliche Bereitstellung der bestellten Ware und/oder Dienstleistung versorgt werden. Unternehmen sind gefordert, ganzheitliche, kundenbezogene Prozesse mit kosteneffizienten Strukturen zu realisieren. So erhöht der Schulterschluss mit Partnern die Wettbewerbsfähigkeit der Unternehmen.

10.2 Erfolgsfaktoren

Grundlegende Erfolgsfaktoren für E-SCM sind:

- eine ausreichend hohe Datenqualität als Basis für die zuverlässige Supply-Chain-Steuerung;
- eine durchgehende Prozessorientierung im Unternehmen;
- eine möglichst einfache Gestaltung der Supply Chain durch eine sinnvolle Minimierung der Anzahl von Systemen und Akteuren;
- eine zuverlässige, hochverfügbare, sichere EDV-Infrastruktur;
- ein geeignetes Set an Key-Performance-Indikatoren (Performance Metrics) zur Prozessüberwachung.

Nicht zu vergessen ist natürlich auch, dass zum unternehmensübergreifenden E-SCM zuverlässige Partnerunternehmen benötigt werden, die bereit sind, auf elektronischem Wege zu kooperieren und die notwendigen Investitionen mitzutragen.

10.3 Performance-Indikatoren

Performance-Indikatoren sollten zum Vergleich mit Best-Practice-Werten sowie als Basis für Entscheidungen zur Verbesserung der Gesamtleistung der Versorgungskette und für Alarmierungen bei Schwellwertüberschreitungen eingesetzt werden. Einige Beispiele für geeignete Kenngrößen sind:

- das Verhältnis der pünktlichen, verfrühten, verspäteten, beschädigten und inkorrekten Lieferung zur Gesamtanzahl an Lieferungen,
- der Auslastungsgrad von Supply-Chain-Komponenten,
- der Prozentsatz abgeschlossener Aufträge,
- die Durchlaufzeiten,
- die auftragsbezogenen Kostenabweichungen,
- die Forecast-Genauigkeit,
- das erreichte Service Level,
- das Bestandsniveau,
- der Disputeanteil.

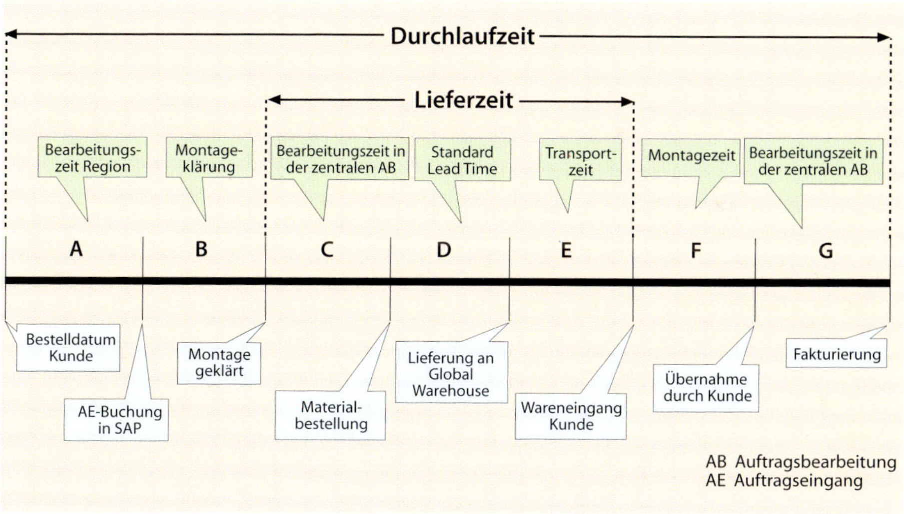

Zeitbezogene Performance-Indikatoren einer Supply Chain

10.4 Technische Voraussetzungen

Bei der Einführung von E-SCM sind folgende technische Voraussetzungen zu schaffen:

- Verknüpfung der Key-Applikationen in der Versorgungskette (d.h. von Online-Shops, ERP-, CRM, SCM-, E-Procurement- und Unternehmensplanungssystemen) mittels Enterprise-Application-Integration-Lösungen oder Middleware über ein Datenkommunikationsnetz, auf das alle Beteiligten Zugriff haben (z.B. das Internet); die größte Herausforderung besteht dabei meist im Datenmapping;
- Techniken für das Routing, Tracking, Archivieren und Wiederherstellen von Transaktionen;
- Sicherheitsfunktionen (d.h. Authentisierung, Autorisierung, Verschlüsselung sowie Signatur bei wichtigen Dokumenten);
- Bereitstellung von E-Mail und gemeinsam nutzbaren Verzeichnissen;
- Festlegung einer Methode zur Definition und Pflege von Geschäftsprozessen, inkl. der Darstellung von Rollen und Beziehungen der Beteiligten untereinander; sie sollte von allen Partnern benutzt werden.

10.5 E-SCM-Lösungen

Die heute zur unternehmensübergreifenden Planung und Abwicklung logistischer Prozesse verfügbaren E-SCM-Lösungen decken insbesondere folgende Aufgabenbereiche ab:

- Absatzplanung,
- Distributionsplanung,
- Produktionsplanung,
- Materialwirtschaft,
- Bestandsführung,
- Produktionssteuerung,
- Beschaffung,
- Transportdisposition,
- Lagerhaltung.

Einen Überblick über namhafte Anbieter von E-SCM-Lösungen enthält die nachfolgende Tabelle:

Kategorie	Name	Webadresse
ERP-Hersteller	SAP	http://www.sap.com/
	Oracle	http://www.oracle.com/
	Peoplesoft	http://www.peoplesoft.com/
	J.D. Edwards	http://www.jdedwards.com/
	Baan	http://www.baan.com/
SCM-Spezialisten	i2 Technologies	http://www.i2.com/
	Manugistics	http://www.manugistics.com/
	Synquest	http://www.synquest.com/
	Logility	http://www.logility.com/
	IMI	http://www.im.se/

Weitere Anbieter sind u.a. im LogisticsWorld Directory unter http://www.logisticsworld.com/ zu finden.

Unternehmensintern erfolgt das Management von Supply Chains in der Regel mit ERP-Systemen. Ihre Verknüpfung über Unternehmensgrenzen hinweg ermöglicht einen weitgehend verzögerungsfreien Abgleich von Bedarfs- und Kapazitätsänderungen zwischen kooperierenden Unternehmen sowie eine sofortige Signalisierung von Engpässen.

10.6 Advanced Planning

Ein zentrales Element jeder E-SCM-Lösung ist stets die schnelle, unternehmensübergreifende, auf Kundenbedürfnisse ausgerichtete Planung, Simulation und Optimierung von Ressourcen. Die Logistiklösung „mySAP SCM“ enthält dazu neben dem ERP-System SAP-R/3[1] und dem Abwicklungssystem SAP LES (Logistics Execution System) die Planungs- und Optimierungssoftware SAP APO (Advanced Planner and Optimizer). Deren Module zeigt die nachfolgende Abbildung.

1) mit den Modulen SAP Materials Management (SAP MM), SAP Production Planning (SAP PP), SAP Sales and Distribution (SAP SD) etc.

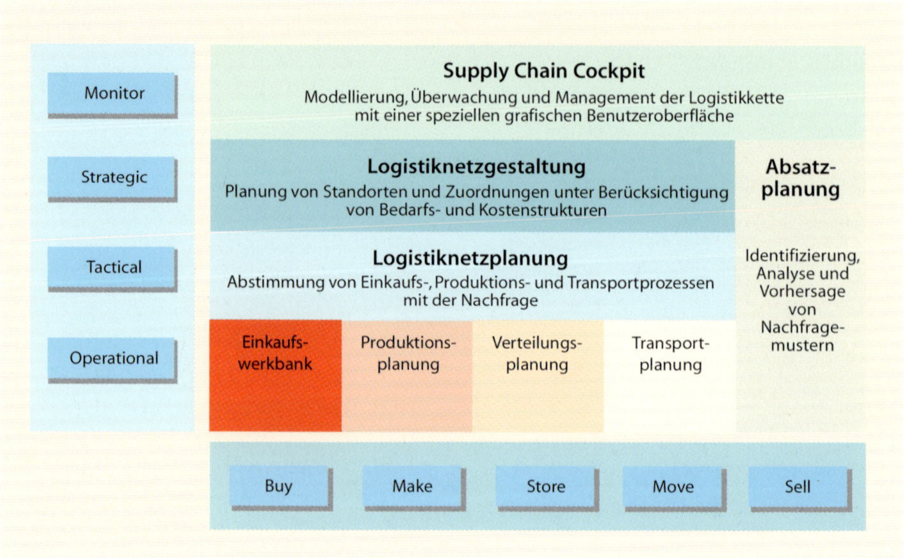

SAP-APO-Module

10.7 Integrationstools

Zur Erleichterung der Verknüpfung von EDV-Systemen verschiedener Hersteller gibt es sogenannte EAI-Werkzeuge (Enterprise Application Integration). Ihre Anbieter sind u.a.:

- Bea Systems (http://www.beasys.com/) mit eLink,
- Crossworlds Software (http://www.crossworlds.com/) mit Crossworlds Supply Chain,
- Extricity Software (http://www.extricity.com/) mit Alliance Manager,
- Frontec (http://www.frontec.com/) mit Amtrix,
- IBM (http://www.ibm.com/) sowie NEON (http://www.neonsoft.com/) mit MQ Series Integrator,
- SeeBeyond Technology (http://www.seebeyond.com/) mit e*Gate,
- Seeburger (http://www.seeburger.de/) mit Business Integration Server,
- Sun Microsystems (http://www.sun.com/forte/) mit Forte Fusion,
- TSI International Software (http://www.tsisoft.com/) mit Mercator,
- Vignette (http://www.vignette.com/) mit Business Integration Studio,
- Vitria Technology (http://www.vitria.com/) mit BusinessWare.

Die ERP-Hersteller kooperieren mit den EAI-Anbietern, damit ihre ERP-Systeme von den Integrationstools unterstützt werden. Aktuelle EAI-Lösungen mit XML-Interfaces (z.B. von Bea, Neon und Sun) erlauben auch die Anbindung von elektronischen Marktplätzen.

10.8 Beispiele

Populäre Beispiele für Unternehmen, die sehr erfolgreich ein elektronisches Supply Chain Management betreiben, sind Cisco Systems und Dell.

Der Computerhersteller Dell fertigt kundenspezifisch konfigurierte Computer (Build-to-Order) und liefert sie innerhalb von ein bis zwei Wochen nach dem Auftragseingang. Trotzdem benötigt Dell nur minimale Bestände an Computerteilen. Dies basiert auf einer durchgängigen, verzögerungsfreien Kommunikation mit sämtlichen angebundenen Partnerunternehmen.

Die Firma Cisco erzielt mit ihrer virtuellen Supply Chain folgende Ergebnisse[1]:

- 90% der Kundenbestellungen gehen über das Internet ein; Key-Lieferanten und Hersteller erhalten sofort die so erfassten Auftragsdaten; die elektronische Verknüpfung mit der Supply Chain führte zu einer Verkürzung der Auftragsdurchlaufzeit von sechs bis acht Wochen auf ein bis drei Wochen und zu jährlichen Einsparungen von mehr als $170 Millionen Materialkosten sowie $108 Millionen Personalkosten; außerdem reduzierten die Lieferanten ihre Preisaufschläge als Gegenleistung für kürzere Zahlungszyklen und die Beseitigung von papierbasierter Beschaffung und Rechnungsstellung;
- mit dem Austausch von Nachfrage- und Lagerbestandsinformationen in Echtzeit und mittels einer automatischen Bestandsnachfüllung durch die Hersteller konnten die Lagerbestände um 45% reduziert werden; die Umschlagszeit der Bestände hat sich dabei verdoppelt, ohne dass dies negative Auswirkungen auf die Pünktlichkeit der Lieferungen hatte;
- das Produktionsvolumen wurde fast ohne Personalaufbau[2] verdreifacht, indem Cisco sich auf seine Kernkompetenzen, wie Produktdesign und Prozessentwicklung, konzentrierte und die Ausführung eines Großteils der Supply-Chain-

---

1) siehe http://www.cisco.com/warp/public/779/ibs/solutions/supply/practices/

2) dies betrifft insbesondere Testingenieure, Produktionsarbeiter, Transportarbeiter und Einkäufer

Prozesse an seine Partner auslagerte; mehr als 76% des Erfüllungsbedarfs übernehmen Cisco-Partner, die die Produkte herstellen und direkt an die Kunden liefern;

- 97% der Produktlieferungen an die Kunden erfolgen zum zugesagten Liefertermin.

11 E-Learning

Lebenslanges Lernen ist heute mehr denn je erforderlich. Immer kürzere Innovationszyklen erfordern ein immer schnelleres Vertrautmachen mit neuen Technologien, Produkten und Anwendungen. Bis ein Lehrbuch gedruckt ist, ist sein Inhalt oft schon wieder überholt. Dort, wo traditionelle Aus- und Weiterbildungsmethoden mit dem Tempo nicht mehr Schritt halten können, bietet E-Learning eine Alternative.

E-Learning ist eine Lernmethode, die auf der Nutzung der Internet-Technologie basiert. Kursinhalte werden in Form von Texten, Grafiken, Sounds und Videos auf Web-Servern bereitgestellt und von den Kursteilnehmern per Browser abgerufen. Audio- und Videokonferenzen, Whiteboard, Text-Chat, E-Mail und Newsgroups ergänzen oft das Lernangebot, damit Fragen gestellt und Kommentare abgegeben werden können. Tele-Tutoren (Online-Trainer) sind jederzeit in der Lage, festzustellen, wer sich gerade in einer virtuellen Klasse befindet. Außerdem können sie Teilnehmer gezielt ansprechen, Lernfortschritte kontrollieren und individuell Hilfestellung geben. Online-Prüfungen schließen wichtige Lernabschnitte ab.

11.1 Vorteile

Folgende Gründe führen zu einer zunehmenden Popularität des E-Learning:

- E-Learning ist unabhängig von Zeit und Raum; jeder kann lernen, wann, wo und wie oft er will;
- Reise- und Übernachtungskosten sowie Kosten für Schulungsräume entfallen; der Analyst Brandon Hall gibt an, dass im Durchschnitt Kosteneinsparungen von 40 bis 60% mit E-Learning erreicht werden; da sich die Kosten für die Trainingskursentwicklung gegenüber konventionellen Trainigskursen nicht ändern, stehen die Einsparungen allein mit der Kursdurchführung im Zusammenhang;
- ein individuelles Lerntempo und eine persönliche Gestaltung des Lernprozesses sind möglich;
- auch kleinere Wisseneinheiten sind bei Bedarf abrufbar, so dass sich der Lernende auf das konzentrieren kann, was er gerade benötigt bzw. Themen überspringen kann, die er bereits beherrscht; damit bietet E-Learning einen schnellen und unmittelbaren Zugang zu gerade benötigten Lerninhalten (Training-on-Demand);

- der kontinuierliche Austausch von praxisrelevantem Wissen wird gefördert;
- die Qualität von Online-Kursen ist gleichbleibend und der Inhalt für alle Teilnehmer einheitlich;
- die Kursinhalte sind schnell und einfach aktualisierbar;
- der Lernfortschritt jedes einzelnen Teilnehmers lässt sich problemlos verfolgen;
- Traningscenter können besser auf schwankende Nachfragen reagieren; Kurse stehen flächendeckend, zeitgleich und in gleichbleibender Qualität zur Verfügung;
- individuelle Weiterbildungspläne und eigenverantwortliches Lernen werden unterstützt.

E-Learning kann den traditionellen Präsenzunterricht allerdings nicht vollkommen ablösen. Kurse, in denen Verhaltensweisen geübt werden müssen, wie z.B. Verkaufs-, Rhetorik- und Präsentationskurse, erfordern weiterhin Präsenzunterricht. Geht es jedoch um die reine Vermittlung von Faktenwissen, kommt E-Learning als effizientere Methode in Frage.

Eine besonders einfache Form des E-Learnings sind Online-Tutorials (d.h. Online-Übungen mit Anleitung). Sie stehen auf Websites im Internet zu vielfältigen Themen (z.B. ein HTML-Tutorial unter http://tbns.net/webpages/) kostenlos zur Verfügung.

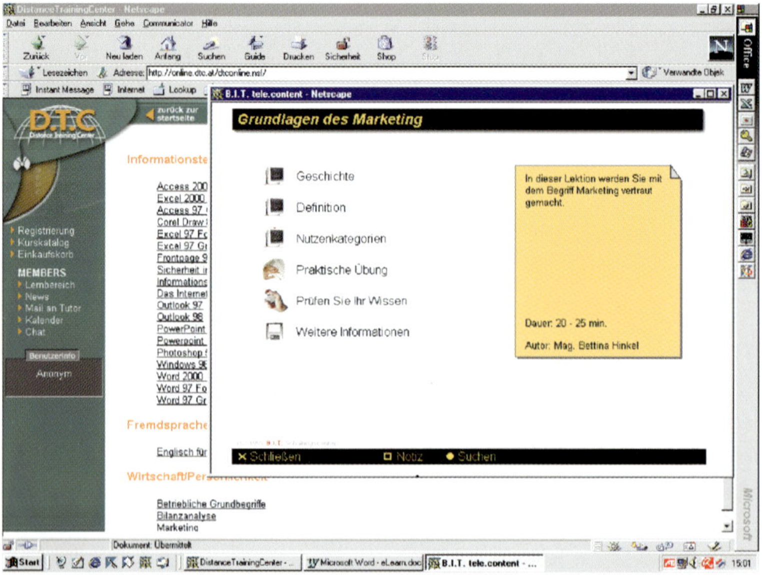

E-Learning-Beispiel

11.2 Leistungsmerkmale technischer Plattformen

Webbasierte Learning-Managementsysteme dienen als technische Plattform für das professionelle E-Learning. Im Rahmen einer Registrierung werden Benutzerdaten abgefragt und Benutzerprofile angelegt. Anschließend können die Benutzer aus einem Katalog Kurse bzw. einzelne Lektionen auswählen und mit der Durcharbeitung beginnen. Darüber hinaus sind folgende Funktionen üblich:

- Einkaufskorb und Abrechnung für kostenpflichtige Lerninhalte,
- E-Mail, Text-Chat und News zur Kommunikation mit Trainern und anderen Kursteilnehmern,
- Kalender mit Informationen über die Anwesenheit von Trainern und zur Vereinbarung von Synchronlerneinheiten,
- Bewertung von Lernfortschritten und Prüfungen,
- Modifizierung von Lernfolgen, indem den Kursteilnehmern zusätzliche Lektionen angeboten oder automatisch Lernpfadänderungen vorgenommen werden,
- Bereitstellung und Verwaltung von Lehrmaterialien, Lernpfaden, Prüfungsinhalten und Prüfungsergebnissen.

Die Aufbereitung der multimedialen Lehrmaterialien erfolgt in der Regel mit Web-Content-Managementsystemen (siehe Abschnitt 6). Die Lernpfade werden mit Texteditoren festgelegt.

11.3 Anbieter von E-Learning-Lösungen

Die nachfolgende Tabelle gibt einen Überblick über aktuell verfügbare E-Learning-Lösungen:

Lernplattform	Anbieter	Webadresse
Brainplus	MIT Newmedia	http://www.brainplus.de/
Clix	IMC	http://www.im-c.de/
DLS	ETS	http://www.ets-online.de/
Docent Enterprise	Docent	http://www.docent.com/
E-Le@rn	E-Teach	http://www.e-learn.de/

Lernplattform	Anbieter	Webadresse
Hyperwave eLearning Suite	Hyperwave	http://www.hyperwave.com/
IBM Mindspan Solutions	IBM	http://www.ibm.com/mindspan/
IBT-Server	Time4You	http://www.time4you.de/
ILF	Trilog	http://www.trilog-net.com/
Ingenium	Click2learn.com	http://www.click2learn.com/
KP 2000	Knowledge Planet	http://www.knowledgeplanet.com/
LearningSpace	Lotus	http://www.lotus.de/
Saba Learning Enterprise	Saba	http://www.saba.com/
Sitos	bit media e-Learning solution	http://www.bitmedia.cc/

Der E-Learning-Analyst Brandon Hall (http://www.brandon-hall.com/) empfiehlt die Lösung der Firma Saba, da sie technologisch führend, zuverlässig und mit allen notwendigen Leistungsmerkmalen ausgestattet ist.

11.4 Beispiele

Unternehmen nutzen das E-Learning immer häufiger für die interne Aus- und Weiterbildung von Mitarbeitern. Die Firma Cisco (http://www.cisco.com/warp/public/10/wwtraining/elearning/) gehört auch hierin zu den Trendsettern. Im Jahr 2000 absolvierten bereits mehr als 80% der Mitarbeiter der Vertriebs- und Technikorganisation Trainingskurse im Intranet, nachdem im Jahr 1999 noch 90% aller Kurse in konventionellen Schulungsräumen stattfanden. Mehr als 500 webbasierte Trainingskurse, Online-Labors, Assessmentprogramme und Lernpläne stehen zur Verfügung. Die mit dem E-Learning erzielten Kosteneinsparungen sind enorm. Vertriebsmitarbeiter benötigen jetzt 40% weniger Zeit für die Teilnahme an Trainingskursen. Aber nicht nur zum Training der Feldorganisation, sondern auch zur Ausbildung von Netzwerkexperten im Rahmen der Cisco Networking Academy setzt Cisco

E-Learning ein. Das dafür entwickelte E-Learning-Programm umfasst vier Semester zu den Prinzipien und Praktiken des Entwurfs, des Aufbaus und der Instandhaltung von Netzen. Mit ihrer E-Learning-Plattform kann die Firma Cisco bis zu 3.000 Teilnehmer weltweit in einer einzigen Online-Session für $250.000 trainieren.

Ein weiteres Anwendungsbeispiel für E-Learning ist der Network-Service-Provider Genuity (http://www.genuity.com/). Nach der Akquisition von GTE im April 1998 mussten in kürzester Zeit sehr viele Mitarbeiter neue Produkte, Dienstleistungen und Vertriebsgebiete kennenlernen. Dazu wurde eine multimediale Weblösung eingesetzt. So benötigte man anstelle der bei konventionellen Training erforderlichen 18 Wochen nur acht Wochen für die Ausbildung. Gleichzeitig konnte eine 25%-ige Reduzierung des Zeitraums von der Einstellung eines Sales-Trainees bis zu seinem ersten Verkaufserfolg erreicht werden.

Auch Hewlett Packard setzt auf E-Learning (http://www.hewlett-packard.de/hpeducation/elearning/). HP Education bietet z.B. Online-Seminare für Windows 2000 an. Unternehmen, die sich den Aufbau einer eigenen E-Learning-Plattform ersparen wollen, können auf die Dienstleistung „HP e-Learning-on-Tap“ zurückgreifen. Im Rahmen dieser Dienstleistung stellt HP einen virtuellen Classroom zur Verfügung, betreibt die notwendige Infrastruktur, bereitet die Lerninhalte auf und berät die Anwender.

Der Ernst-Klett-Verlag betreibt im Internet unter der Webadresse http://www.klett-training.de/ ein deutschsprachiges Lernportal für Schüler und Lehrer. Alle Lerninhalte von der Grundschule bis zum Abitur stehen für Schüler zur Verfügung. Benutzergeführte Aufgabenstellungen mit sofortiger Ergebniskontrolle und Fehlerkorrektur ermöglichen ein unmittelbares Feedback. Lehrer können Aus- und Weiterbildungsangebote zum Umgang mit neuen Medien nutzen.

Von der Tele-Akademie der FH Furtwangen (http://www.tele-ak.fh-furtwangen.de/) werden internet-basierte Weiterbildungskurse angeboten . Dazu gehört u.a. die Ausbildung zum Tele-Tutor, zum Web-Publisher und zum Java-Programmierer.

Darüberhinaus gibt es im Internet noch eine ganze Reihe weiterer E-Learning-Dienstleistungsunternehmen.

Dazu gehören u.a. folgende:

- Distance Trainingscenter (http://online.dtc.at/):
  es verfügt über einen Katalog von Kursen zur Informationstechnologie sowie zu Vertrieb, Marketing, Betriebswirtschaft und Fremdsprachen, die kostenpflichtig nutzbar sind;

- eMind.com (http://www.emind.com/):
  hat eine Bibliothek von ca. 1.200 Kursen zu Versicherungen, Wertpapieren, Abrechnung, Informationstechnologie und Personalentwicklung;
- NETg (http://www.NETg.com/):
  das Portfolio besteht aus mehr als 1.000 Kursen zu IT-, Management- und Persönlichkeitsentwicklungsthemen; damit werden mehr als 4.000 Kunden weltweit bedient;
- SkillSoft (http://www.skillsoft.com/):
  verfügt über 425 Kurse zu den Themen Management, Kommunikation, Projektmanagement, Kundendienst, Finanzwesen, Marketing, Vertrieb und Strategie sowie über 1.000 Online-Job-Hilfsmittel; pro Jahr kommen durchschnittlich 200 neue Kurse dazu;
- SmartForce (http://www.smartforce.com/):
  erzielt einen Jahresumsatz von $200 Millionen mit der Vermietung einer umfangreichen Bibliothek von Online-Kursen zur Informationstechnologie, zur Betriebswirtschaft, zum Marketing, zum Management, etc..

12 E-Recruiting

E-Recruiting unterstützt Unternehmen bei der Gewinnung von Mitarbeitern. Es basiert auf der Internet-Technologie und erlaubt eine Personalsuche, die weniger aufwendig als die über Printmedien ist.

E-Recruiting-Lösungen bieten in der Regel folgende Leistungsmerkmale:

- Browserzugriff;
- Veröffentlichung von Stellenausschreibungen;
- Suchfunktion für Stellenangebote;
- Möglichkeit zur Online-Bewerbung;
- Bereitstellung von Zusatzservices, wie Text-Chats, Newsgroups, Newsletter und Karriereberatung, zur Erhöhung der Attraktivität der Website;
- Erfassung und Verwaltung von Kandidatenprofilen mit ergänzenden Dokumenten, wie Lebensläufen und Bewerbungen;
- Automatische Kandidatenbewertung hinsichtlich ihrer Eignung für bestimmte Aufgabengebiete;
- Präsentation von Bewertungsergebnissen;
- Signalisierung bzw. Zustellung von elektronischen Bewerbungen an Stellenanbieter;
- Automatische Information registrierter Kandidaten über neue Stellenangebote per E-Mail;
- Gewährleistung des Datenschutzes per Verschlüsselung und Authentisierung.

Als technische Plattform kommen normale Web-Server oder speziell zugeschnittene E-Recruiting-Systeme zum Einsatz. Zwei Anbieter zugeschnittener Softwarelösungen sind:

- Intraware mit OCTOHR.recruiting (http://www.intraware.de/octohr/),
- Virtual Village mit V-Recruiter (http://www.virtualvillage.com/).

Im Internet gibt es eine Vielzahl von Dienstleistungsunternehmen zur Online-Jobvermittlung.

Auf der Website der virtuellen Jobmesse „Jobfair24“ (http://www.jobfair24.de/) können Bewerber kostenlos ihre persönliche digitale Bewerbungsmappe erstellen und sich damit auf offene Stellen bewerben. An virtuellen Unternehmensmesseständen sind Informationsmaterialien und Stellenangebote abrufbar. Außerdem können Chats mit Unternehmensvertretern stattfinden. Bewerbungsmappen lassen sich per Mausklick abgeben. Ein abonnierbarer Newsletter informiert Interessenten über Termine und News. Unternehmen erhalten bei Jobfair24 einen kostenpflichtigen Messestand und können Kommunikationstools zur direkten Bewerberansprache sowie zur Durchführung von Gruppenchats nutzen. Alternativ lassen sie aber auch einfach nur Stellenausschreibungen veröffentlichen. Eingehende digitale Bewerbungsunterlagen werden dem jeweiligen Unternehmen automatisch zugestellt.

Der Personalberatungsservice „Futurestep" (http://www.futurestep.de/) hat im Internet eine Datenbank mit qualifizierten Kandidatenprofilen aufgebaut. Dies erleichtert Unternehmen die Identifizierung potentieller Kandidaten für offene Stellen. Kommt ein Kandidat für eine bestimmte Stelle in Frage, dann nehmen die Berater von Futurestep mit ihm Kontakt auf. Die Kandidatenprofile werden im Rahmen einer Registrierung in Online-Fragebögen erfasst und lassen sich vom Kandidaten jederzeit aktualisieren. Basierend auf den erfassten Daten, erhalten die Kandidaten ein persönliches Karriere-Feedback (z.B. welche Firmenstruktur und welche Branche am Besten passt und wieviel sie verdienen könnten).

Website des Stellenmarkts „Jobsintown"

Der regionale Stellenmarkt „Jobsintown“ (http://www.jobsintown.de/) unterstützt die regionale Personal- bzw. Stellensuche mit der Veröffentlichung von Stellenangeboten. Während der Service für Stellensuchende kostenlos ist, müssen Stellenanbieter Gebühren zahlen. Pro Position fielen Anfang 2001 in Abhängigkeit von der Laufzeit und der Anzahl der Stellenanzeigen zwischen 225 und 660 DM an.

Die Manager-Lounge (http://www.managerlounge.com/) richtet sich an Unternehmen, die ihren Bedarf an Führungskräften mit einem Jahreseinkommen ab EUR 75.000 aufwärts abdecken wollen. Zahlende Mitglieder erhalten für EUR 250 pro Jahr einen exklusiven Zugang zur Success-Lounge sowie zu Events und Fachveranstaltungen. Kandidaten, die die Eingangsbedingungen bezüglich Einkommen, Qualifikation und Position erfüllen, werden kostenlos in die Datenbank des MatchManagers aufgenommen und bekommen eine persönliche Infobox, in der sie Unternehmensanfragen bearbeiten können. Unternehmen erhalten gegen einen Jahresbeitrag von EUR 12.000 (EUR 6.000 bei weniger als 500 Mitarbeitern) Zugang zur Profi-Lounge und zum MatchManager mit den Kandidatenprofilen. Bei erfolgreicher Einstellung eines Kandidaten wird eine Placement Fee von 10% der Total Compensation berechnet.

Auch Eignungstests für Nachwuchskräfte lassen sich heute virtuell im Internet durchführen. Dies erfolgt z.B. auf Websites von Cyquest (http://www.cyquest.de/) und Siemens (http://www.challenge-unlimited.de/).

Weitere Stellenvermittler im Internet sind u.a.:

- die Bundesanstalt für Arbeit (http://www.arbeitsamt.de/),
- career-now.com http://www.career-now.de/,
- Hire.com[1] (http://www.hire.com/),
- Jobpilot (http://www.jobpilot.de/),
- Stepstone (http://www.stepstone.com/),
- Worldwidejobs (http://www.worldwidejobs.de/).

In der IT-Branche liegt der Anteil der Online-Bewerbungen laut einer Veröffentlichung in der Zeitschrift „Wirtschaftsinformatik“ bereits deutlich über 50%.

1) arbeitet als Application Service Provider (ASP) für Unternehmen

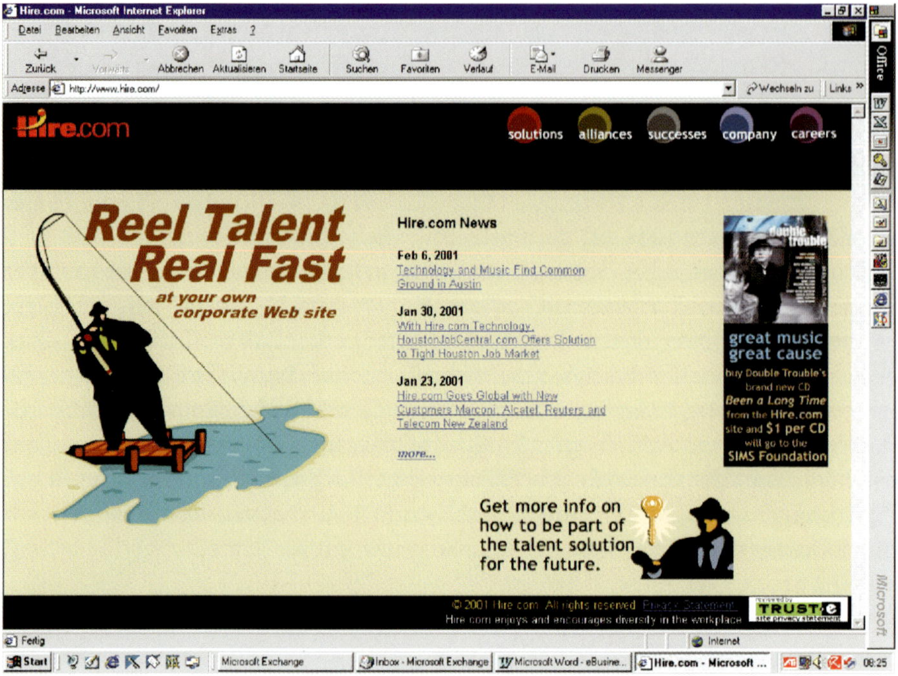

Website des E-Recruiting-ASP „Hire.com“

13 E-Customer-Relationship-Management

Noch nie zuvor waren Unternehmen so interessiert daran, die Kundenzufriedenheit zu erhöhen und langfristige Kundenbindungen aufzubauen. Firmen, die so viel wie möglich über ihre Kunden lernen und dies zur effektiven Erfüllung der Kundenanforderungen nutzen, gewinnen heute nicht nur zusätzliche Marktanteile sondern erreichen auch eine höhere Kundenloyalität als diejenigen, die es nicht tun.

Zur Unterstützung wird in der Regel eine Datenbank eingesetzt, die als einheitliche Wissensbasis über Kunden und die mit ihnen im Zusammenhang stehenden Ereignisse dient. Der Zugriff auf diese Datenbank erfolgt über Customer-Relationship-Management-Software (CRM-Software). Arbeiten die Softwarelösungen webbasiert, spricht man von E-CRM.

E-CRM ermöglicht in Kombination mit mobilen Endgeräten und vernetzten Computern eine qualifizierte Kundenbetreuung zu jeder Zeit und an jedem Ort. Damit lässt sich die Qualität des Kundenkontakts, insbesondere in den Bereichen Vertrieb, Marketing und Service verbessern.

360°-Sicht auf den Kunden

Häufig werden CRM-Lösungen folgendermaßen klassifiziert:

- Operatives CRM: Sales Force Automation, Marketing Tools, Field Service Tools, Customer Care Systems (Contact Center);
- Analytisches CRM: Data Warehouse und Lösungen zur Analyse (Data Mining) gesammelter Daten;
- Kollaboratives CRM: Kommunikationssoftware zur Wechselwirkung mit Kunden wie E-Mail, Text-Chat, Conferencing und personalisierte Veröffentlichungsservices.

Im Rahmen einer durchgehenden Kundenorientierung sind alle möglichen Datenquellen in CRM-Systeme mit einzubeziehen, um eine 360^0-Sicht auf den Kunden zu erhalten.

13.1 Vorteile

Das Massenmarketing über Radio, Fernsehen und Zeitschriften hat Kunden über viele Jahr zu anonymen Wesen gemacht. Mit dem Internet ergab sich erstmalig in einem Massenmarkt die Möglichkeit, mit Millionen von Kunden ohne großen Aufwand individuelle Kundenbeziehungen aufzubauen. Dazu werden Kundenprofile erfasst und zur Grundlage einer 1:1-Kommunikation über Websites oder E-Mails mit individuell zusammengestellten Inhalten gemacht. Diese 1:1-Kommunikation bzw. Personalisierung führt wiederum zu mehr Daten und einer neuen Datenqualität[1)]. Gerade Internet-Firmen vermissen oft den direkten Kundenkontakt und sind beim Aufbau langfristiger Kundenbeziehungen auf CRM-Lösungen zur Personalisierung von Websites und Data Mining zur Analyse des Verhaltens der Website-Besucher, angewiesen.

Im Einzelnen lassen sich mit CRM-Systemen folgende Verbesserungen in Unternehmen erreichen:

- ständig aktueller Überblick über den Markt und die Konkurrenz; Marktchancen und Trends sind früh erkennbar; qualitativ hochwertige Marketingstrategien und Verkaufspläne lassen sich ableiten;
- aus der Historie von Kundenkontakten können Unternehmen lernen, wo sie ihre operativen Prozesse noch verbessern müssen;

1) hinsichtlich Aktualität, Vielfalt und Zuverlässigkeit

- sobald aussagekräftige Informationen über Kunden vorliegen, ist es leichter, ihnen etwas zu verkaufen; außerdem sind Kunden für Kampagnen etc. präziser vorselektierbar;
- die umfassende, einheitliche und aktuelle Sicht auf den Kunden ermöglicht personalisierte Services; dies führt zu einer stärkeren Kundenbindung und Umsatzsteigerung pro Kunde;
- Contact-Center-Agenten sind in der Lage, Kunden optimal betreuen, da sie mehr als nur ihre Namen und Telefonnummern wissen;
- in Vertrieb, Marketing und Service werden die Prozesse aufgrund des Informationspools effizienter (d.h. Zeitgewinn und Kostenreduzierung);
- Personalverluste im Vertrieb bedeutet nicht mehr gleichzeitig den Verlust von Kundendaten.

13.2 Voraussetzungen

Zum erfolgreichen Customer-Relationship-Management sind neben der Anpassung und Einführung eines geeigneten E-CRM-Systems zusätzlich folgende Voraussetzungen zu erfüllen:

- alle Kundenkontaktkanäle (Telefon, Contact Center, E-Mail, Schriftverkehr, Websitebesuche, direkte Besuche) müssen in das E-CRM-System integriert werden, um ein vollständiges Kundenbild zu erhalten;
- Anreize für Mitarbeiter und technische Voraussetzungen sollten sicherstellen, dass jeder Kundenkontakt registriert wird, damit die Kundenhistorie lückenlos ist; Kundeninformationen sind als wichtiges Unternehmensgut zu schätzen;
- alle Datenquellen sind miteinander abzugleichen, um Redundanzen, Widersprüche und veraltete Angaben zu eliminieren;
- erst die Verknüpfung bzw. Integration des E-CRM-Systems mit Back-End-Systemen erlaubt eine vollständige Datensicht[1] bzw. gewährleistet die notwendige Datenkonsistenz;
- die verschiedenen Funktionsbereiche in einem Unternehmen benötigen zum komplikationslosen Umgang mit dem E-CRM-System zugeschnittene Sichten auf die Daten;
- jeder Kundenkontakt muss als eine Möglichkeit gesehen werden, die Kundenzufriedenheit zu erhöhen, Loyalität zu erreichen und neue Ideen zu entwickeln;

1) z.B. auf die in ERP-Systemen verwalteten Kundennummern, Rechnungsanschriften, Zahlungseingänge, Disputes, Seriennummern der installierten Basis, Auftragsdaten und Vertragsinhalte

auf allen Hierarchieebenen und in allen Unternehmensbereichen ist ein kundenorientiertes Handeln erforderlich; dies geht nur mit einer entsprechenden Geschäftsphilosophie und dem Commitment des Top-Managements; die Einführung einer E-CRM-Software ändert die Kundenorientierung eines Unternehmens nicht[1]; sie kann nur unterstützend wirken.

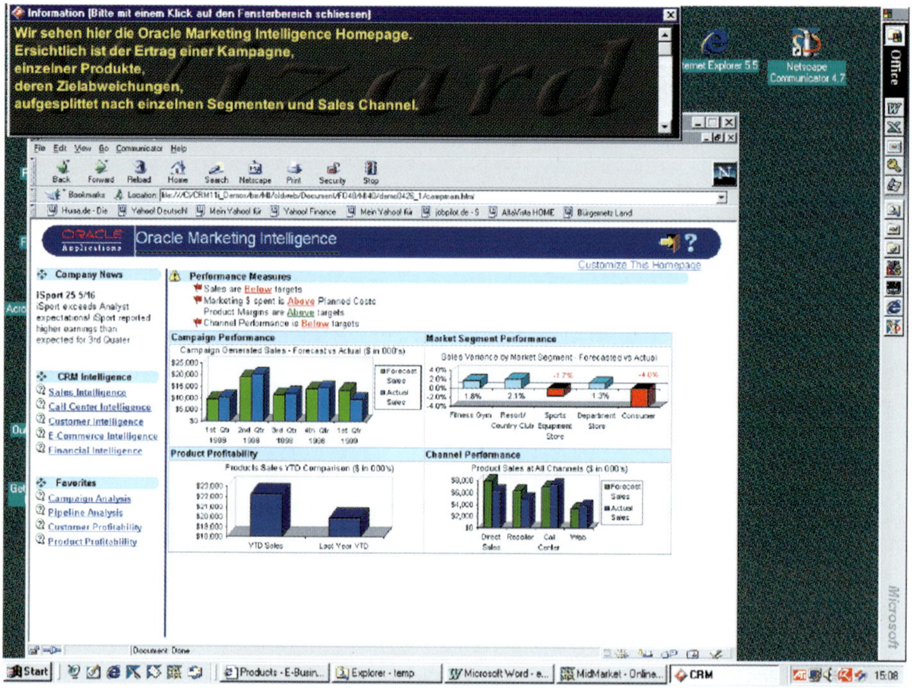

Auswertung einer Marketingkampagne in einer CRM-Lösung

13.3 Leistungsmerkmale von E-CRM-Lösungen

Die technologisch führenden CRM-Lösungen sind heute alle webfähig und unterstützen die Back-End-System-Integration. Darüberhinaus besitzen sie Schnittstellen zu Notebooks, PDA's (z.B. Oracle-CRM) und Mobiltelefonen (z.B. Siebel-CRM), um die Mobilität der Nutzer nicht einzuschränken. Weitere übliche Leistungsmerkmale sind:

1) mit Ausnahme von personalisierten Websites

- Benutzerauthentisierung und -autorisierung;
- Verwaltung von kundenbezogenen Daten[1];
- Kalender und Aktivitätenverwaltung zur Vertriebs- und Servicetechnikersteuerung;
- Unterstützung aller Kundenkontaktkanäle bei der Datenerfassung und -nutzung (insb. Vertrieb, Marketing und Service, inkl. Contact Center);
- Angebotserstellung mit integrierter Produktkonfiguration, kommerzielle Angebotsprüfung und Angebotsverwaltung;
- Kampagnenmanagement[2] (Telemarketing mit Scripting, Mailings);
- Report- und Forecast-Erstellung;
- Ermöglichung von ABC-Analysen und Data Mining;
- Datenlieferant für das One-to-One-Marketing (d.h. für die Personalisierung von E-Mails und Webseiten);
- Unterstützung von Self-Services (d.h. eines authorisierten Zugriffs des Kunden auf seine Daten, um Stati abzufragen oder Daten zu aktualisieren).

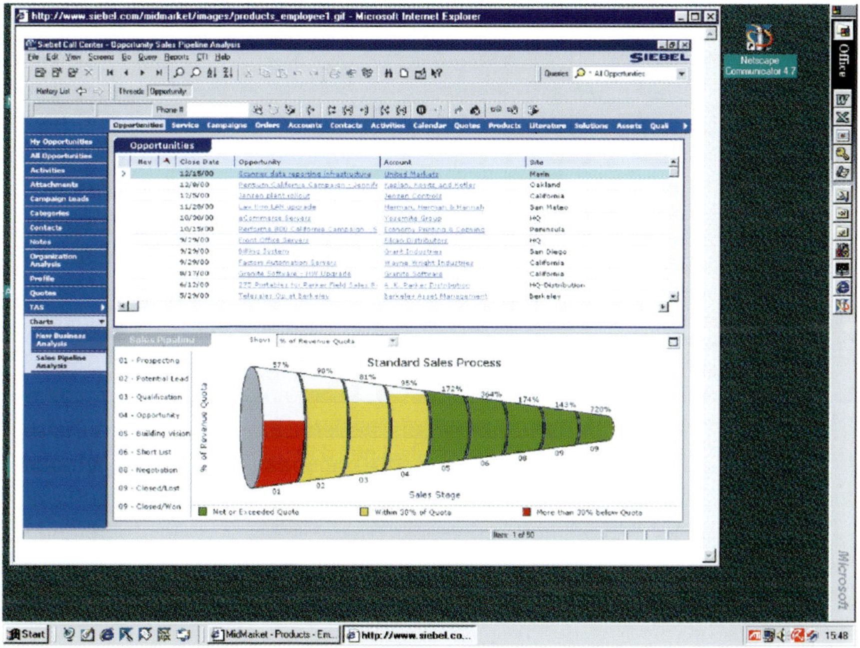

Vertriebsanalyse mit einem Sales Funnel

1) Name, Adresse, Telefonnummer, Faxnummer, gekaufte Produkte, Projekte mit Status, Angebote, Kontakte, geplante Aktivitäten, Interessen, Zahlungsweise, Verträge, Reklamationen etc.

2) Vorbereitung, Durchführung und Nachbereitung verkaufsfördernder Maßnahmen

13.4 Aufgabengebiete

Die nachfolgende Tabelle zeigt, welche Aufgaben CRM-Systeme in verschiedenen Funktionsbereichen beispielsweise lösen können:

Funktion	Aufgaben
Vertriebsmitarbeiter	▪ Bereitstellung von Informationen über Kundenpotentiale, laufende Projekte, verlorene Projekte, Aufträge und Verträge ▪ Unterstützung der Angebotserstellung mit Konfiguratoren, Produkt- und Preiskatalog sowie Standardtexten ▪ Unterstützung von Mailings mittels Ausgabe einer gefilterten Adressdatei für Serienbriefe ▪ Bereitstellung eines Kalenders für die Terminplanung ▪ Terminsignalisierung (inkl. Wiedervorlagen) ▪ Prognosen für Auftragseingang, Umsatz und Bruttoergebnis ▪ Kontrolle der persönlichen Zielerreichung ▪ Erzeugung von Referenzlisten
Vertriebsmanager	▪ Erzeugung von Listen zu Projekten, Aufträgen, Verlusten, Referenzen, Kunden und Interessenten in Branchen ▪ Soll/Ist-Analysen mit Prognosen ▪ Leistungsvergleiche
Mitarbeiter in Contact Centern	▪ Bereitstellung von Kunden- und Vertragsdaten sowie Informationen zur installierten Basis ▪ Aufgabenverwaltung ▪ Scripting (d.h. strukturierte Vorgaben für Kundengespräche und Datenerfassungen), ▪ Screen-Popup bei eingehenden ISDN-Anrufen ▪ Dialer für den Aufbau von Telefonverbindungen ▪ automatische Rückrufe
Field Service	▪ Bereitstellung aktueller, umfassender Informationen zu Kunden, von ihnen gekauften Produkten, vergangenen Serviceeinsätzen und Service-Verträgen
Marketing	▪ Unterstützung von Kampagnenmanagement, Telemarketing und Datenanalysen (z.B. mit Reports zur Kundenstruktur und Zielerreichung sowie Forecasts)

Weitere Informationen zum Einsatz von Softwaretools im Vertrieb enthält [FOT 97].

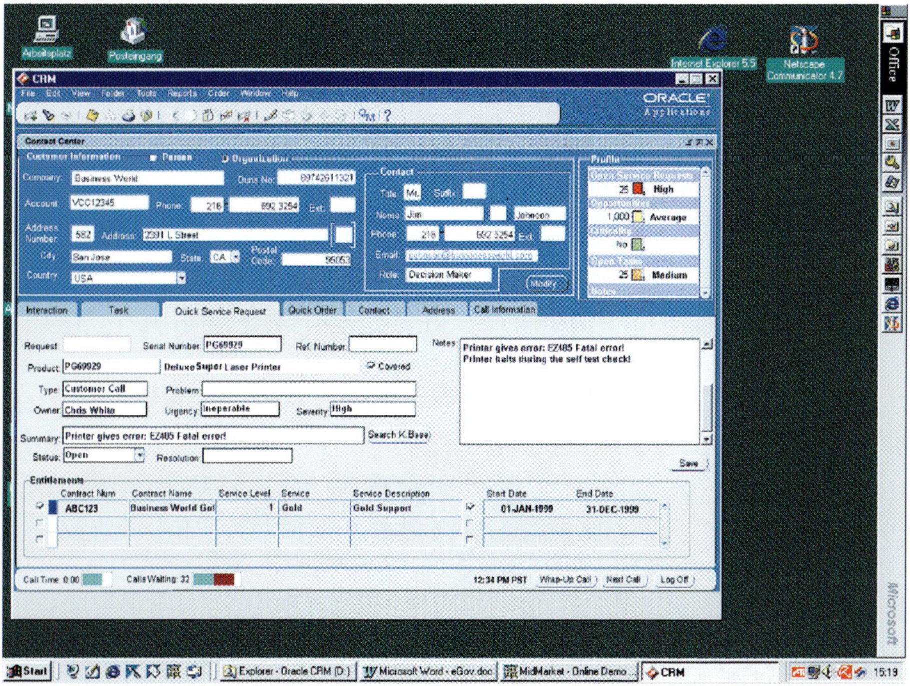

Servicecall-Screen eines Contact Centers

13.5 Anbieter von E-CRM-Lösungen

Anbieter von E-CRM-Lösungen sind unter anderem folgende Firmen:

- Baan[1] (http://www.baan.com/),
- Nortel Networks[2] (http://www.nortelnetworks.com/),
- Onyx[3] (http://www.onyx.com/),
- Oracle[4] (http://www.oracle.com/),
- SAP[5] (http://www.sap.com/) und
- Siebel[6] (http://www.siebel.com/).

Marktführer bei den CRM-Software-Anbietern ist laut AMR Research (http://www.amrresearch.com/) die Firma Siebel. An zweiter Stelle liegt Oracle.

1) Baan übernahm 1996/97 Aurum (Vertriebsinformationssystem), Antalys (Konfigurator) und Viologic (Konfigurator), um eine komplette Front-Office-Lösung in das Portfolio zu bekommen

2) Nortel Networks übernahm dazu im Jahr 2000 die Firma Clarify

3) bei Bedarf kann ein Konfigurator vom Konfigurator-Spezialisten „Trilogy“ (http://www.trilogy.com/) integriert werden

4) Oracle übernahm 1999 den Konfigurator-Spezialisten Concentra

5) SAP übernahm 1998 den CRM-Spezialisten Kiefer & Veittinger (http://www.k-v.de/) und seit 2000 kooperiert SAP mit der Nortel-Networks-Tochter Clarify, insbesondere bezüglich Contact-Center-Lösung

6) Siebel nutzt Konfigurator-Komponenten von ILOG (http://www.ilog.com/)

14 E-Banking

Finanzgeschäfte sind besonders gut für elektronische Märkte geeignet, da sie ohne den Transport von materiellen Gütern auskommen.

Der erste Schritt zum netzbasierten E-Banking für Jedermann wurde 1981 mit der Bereitstellung von BTX (Bildschirmtext) durch die Deutsche Bundespost gemacht. Am Anfang dienten Fernsehgeräte mit BTX-Decodern, die an das Telefonnetz anzuschließen waren, als Endgeräte. Seit 1988 waren auch PCs mit Modem nutzbar. Die meisten großen Banken bieten bis heute ihren Kunden die Möglichkeit, alle Bankgeschäfte über BTX[1)] abzuwickeln.

Aber erst als große Finanzinstitute 1994 begannen, ihre Services im Internet anzubieten, kam es zum wahren Durchbruch des E-Banking. Damit ließen sich erstmalig per Browser komfortabel, kostengünstig, orts- und vor allem providerunabhängig Kontodaten per Computer abfragen und Bankaufträge erteilen. Darüber hinaus bietet kein anderes Medium einen vergleichbaren Umfang an Finanzinformationen.

Heute ist die Akzeptanz des Internet-basierten E-Banking bereits so groß, dass es sich bald keine Bank mehr leisten kann, ihre Services nicht im Internet anzubieten. Laut einer Studie von Booz, Allen & Hamilton aus dem Jahr 2000 sind höchstens noch 20% der Bankkunden mit einem reinen Filialbetrieb zufrieden zu stellen. Alle anderen erwarten für ihre Bankgeschäfte auch Zugänge über das Internet und über Telefone.

Unter „E-Banking“ wird allgemein die Nutzung von Bankdienstleistungen über elektronische Medien, wie das Internet, das Mobilfunknetz, das Telefonnetz und private Kommunikationsnetze, verstanden. Dabei geht es sowohl um die Abwicklung von Finanztransaktionen als auch um den Abruf von Informationen. Hinsichtlich der beteiligten Parteien wird zwischen dem Interbanken-, dem Firmenkunden- und dem Privatkundengeschäft unterschieden.

14.1 Interbankengeschäft

Für die Kommunikation zwischen Banken haben sich international die SWIFT-Standards (Standards der Society for Worldwide Interbank Financial Telecommunication; siehe http://www.swift.com/) durchgesetzt. Sie beschreiben Nachrichten und Formate für bankenspezifische Transaktionen. PKI-basierte Sicherheitsmaßnahmen sorgen für den notwendigen Schutz. Im Februar 2001 waren ca. 7.000 Finanzinstitute in mehr als 190 Ländern an das weltweite SWIFT-Netz angeschlossen.

1) BTX wird inzwischen nicht mehr von der Post, sondern von T-Online, als Grundlage für Homebanking angeboten

Alternativ kommt auch Financial EDI (FEDI) zum Electronic Funds Transfer zwischen Banken zum Einsatz. FEDI basiert auf dem EDIFACT-Format.

Innerhalb von Europa gibt es darüber hinaus u.a. noch folgende Clearing-Systeme (d.h. Verrechnungssysteme zwischen Kreditinstituten):

- TARGET (Trans-European Automated Real-time Gross Settlement Express Transfer System) des European System of Central Banks (ESCB),
- EURO1 der European Banking Association (EBA),
- ELS (Euro Link System) der Deutschen Bundesbank,
- EAF II (Euro-Access Frankfurt) der Deutschen Bundesbank und
- RTGS^{plus} (Real-time Global Settlement System) der Deutschen Bundesbank.

TARGET, EURO1 und RTGS^{plus} nutzen SWIFT-Datenformate. Der Zugang zu den Clearing-Systemen erfolgt über geschlossene Netze (z.B. SWIFT-Netz) bzw. per Remote Access[1)].

14.2 Firmenkundengeschäft

Firmenkunden können ihre Finanzbuchhaltungsapplikation per EDI mit Banken verknüpfen[2)]. So lassen sich jederzeit aktuelle Kontoinformationen abrufen sowie Zahlungsein- und -ausgänge automatisch buchen bzw. beauftragen[3)].

Darüber hinaus bieten Banken meist auch noch eigene Lösungen zur Abwicklung des Zahlungsverkehrs von Firmenkunden per Datenfernübertragung an (z.B. die Commerzbank mit COTEL auf der Basis von FTAM, BTX, ZVDFÜ, MCDFÜ und Etebac3 als Kommunikationsverfahren).

Kleine Unternehmen setzen allerdings häufig noch Offline-Datenträger (z.B. Disketten) ein, um Zahlungsaufträge an Banken zu übermitteln. Dabei nutzen sie das DTA[4)]-Format des deutschen Kreditgewerbes. Eine logische Datei in diesem Format darf jeweils nur Gutschriften oder Lastschriften enthalten. Als leistungsfähige Alternative zu den Offline-Datenträgern kommen für diese Unternehmen aber auch die nachfolgend beschriebenen Online-Banking-Verfahren in Frage.

1) gilt für EAF II

2) eine diesbezügliche Beratung bietet beispielsweise die EFis GmbH (http://www.abk.de/)

3) z.B. die Beauftragung von Überweisungen und Kreditabwicklungen sowie Last- und Gutschriften

4) Datenträgeraustausch

14.3 Privatkundengeschäft

Privatkunden haben grundsätzlich zwei Möglichkeiten zum Online-Banking:

- Homebanking – erfolgt über ein geschlossenes Netz (z.B. Datex-J beim BTX-Service von T-Online); die Einwahlmöglichkeit beschränkt sich auf einen festen Telefonanschluss, an den ein Computer per Modem oder ISDN-Karte anzuschließen ist;
- Internet-Banking – bietet im Vergleich zum Homebanking eine größere Flexibilität, da es mit jedem beliebigen an das Internet angeschlossenen Computer durchführbar ist und der Kunde jedes im Internet vertretene Finanzinstitut erreichen kann.

Zum Schutz der Kommunikation beim Internet-Banking existieren folgende Varianten:

- SSL mit PIN (Personal Identification Number) und TAN[1] (Transaction Number),
- per SSL ladbare JavaApplets[2] zur verschlüsselten Kommunikation,
- HBCI (http://www.hbci.de/) mit persönlicher Diskette oder Kartenleser und Chipkarte,
- OFX (http://www.ofx.net/) mit SSL sowie PIN und TAN.

Das Home Banking Computer Interface (HBCI) basiert auf der digitalen Signatur. Dieses Verfahren gilt bei Einsatz der Chipkarte gegenwärtig als das sicherste. Außerdem ist es komfortabler als das PIN/TAN-Verfahren.

Im Rahmen eines HBCI-Abkommens haben sich 1997 alle im Zentralen Kreditausschuss (ZKA) zusammenarbeitenden deutschen Kreditinstitute zur Einführung von HBCI verpflichtet. Aber trotz der längst abgelaufenen Einführungsfrist setzen viele Institute beim Internet-Banking immer noch ausschließlich auf SSL bzw. Java-Applets in Kombination mit dem PIN/TAN-Verfahren.

Eine Liste aller Banken, die HBCI unterstützen, ist unter http://www.hbci.de/ zu finden. Zu ihnen gehören die Advance Bank, die Bank für Gemeinwirtschaft (BfG), die Commerzbank, die Deutsche Bank 24, die Dresdner Bank und die HypoVereins-

---

1) TANs dienen der Bestätigung der Gültigkeit von Transaktionen, sind 7-stellig und werden nur einmalig verwendet

2) z.B. als Bestandteil der Plattform Twister von der Firma Brokat (http://www.brokat.com/)

bank. Banken, die stattdessen SSL einsetzen, sind u.a. 1822direkt, Allgemeine Deutsche Direktbank, Allianz Vermögensbank, BBBank, Citibank, Comdirect Bank, Net-Bank, Norisbank und Postbank.

International hat OFX (Open Financial Exchange) im Internet-Banking eine große Verbreitung gefunden. Die OFX-Spezifikation wurde 1997 von den Softwarefirmen CheckFree, Intuit und Microsoft entwickelt. Wesentliche Unterschiede zwischen HBCI und OFX sind der nachfolgenden Tabelle zu entnehmen:

Vergleichskategorie	HBCI	OFX
Authentisierung	Digitale Signatur mit Chipkarte oder persönlicher Diskette	PIN/TAN-Verfahren
Integrität	Hashcode, in Signatur enthalten	Hashcode in Nachricht
Geheimhaltung	Starke Verschlüsselung	Starke Verschlüsselung im Rahmen von SSL-Sessions
Akzeptanz bei Banken	Auf Deutschland beschränkt	International vorhanden
Akzeptanz bei Kunden	Eingeschränkt, da die kostengünstigsten Online-Banking-Angebote noch auf SSL basieren	Hoch, da in MS-Money und Quicken von Intuit integriert
Flexibilität	Eingeschränkt auf definierte Geschäftsvorfälle	Hoch aufgrund der XML-Kompatibilität von OFX 2.0

HBCI ist mit Chipkarte zwar sicherer als OFX, aber OFX weist eine größere Flexibilität und Akzeptanz auf.

Die meisten Online-Banken bieten heute für ihre Kunden vergleichbare Leistungen an. Wesentliche Unterschiede gibt es allerdings bei den Preisen und den Haftungsbedingungen.

Die Haftungsbedingungen sind den Allgemeinen Geschäftsbedingungen zu entnehmen. Sie kommen bei Fehlern und Sicherheitsverletzungen zur Anwendung. Am ungünstigsten für den Bankkunden wäre eine verschuldensunabhängige Haftung zu seinen Lasten. Wesentlich kundenfreundlicher ist die verschuldensabhängige Haftung. In Einzelfällen[1] gibt es zusätzlich noch eine Haftungsbegrenzung.

1) z.B. bei der Advance Bank (http://www.advance-bank.de/)

Zu den üblichen Leistungen beim Online-Banking gehören:

- Kontostandsabfrage,
- Dauerauftragsverwaltung (Einrichtung, Änderung, Löschung),
- Überweisungen,
- Bereitstellung von Finanzmarktinformationen (z.B. Aktienkurse, Börsennachrichten),
- Kauf und Verkauf von Wertpapieren (d.h. Online-Brokerage),
- Verwaltung von Aktiendepots mit Bereitstellung von Informationen über Depotwert und -bestand.

Einige Websites unterstützen sogar die Online-Beantragung von Krediten[1]. Eine Kontoeröffnung per PC gibt es allerdings noch nicht. Banken prüfen vor einer Kontoeröffnung erst die Identität des zukünftigen Kontoinhabers per Post-Ident-Verfahren oder fordern sein persönliches Erscheinen in einer Filiale. Außerdem sind Formulare auszufüllen und mit einer Unterschrift versehen einzureichen. Anschließend dauert es meist noch mehrere Tage, bis der Kontoinhaber seine Zugangsdaten erhält. Auch virtuelle Kundenberatungen sind nicht üblich. Stattdessen werden im günstigsten Falle telefonische Beratungen[2] oder Community-Chats[3] angeboten.

Als Spezialisten für das Wertpapiergeschäft gelten in Deutschland vor allem folgende Direktbanken:

- Consors (http://www.consors.de/),
- Comdirect (http://www.comdirect.de/),
- Deutsche Bank 24 (http://www.brokerage24.de/) und
- Direktanlagebank (http://www.diraba.de/).

Sie bieten besonders umfangreiche, aktuelle Finanzmarktdaten, wie Realtime-Aktienkurse, Fondkurse, Statistiken, Unternehmens-News, Unternehmensprofile, Börsenbriefe, Analystenmeinungen und Prognosen. Bei der Direktanlagebank sind Depots sogar kostenlos erhältlich.

Erster deutscher Online-Broker war die Direktanlagebank. Sie begann ihre Geschäftstätigkeit im Mai 1994. Im Juni 1994 folgte Consors und im September 1995 die Bank 24.

1) z.B. die Allgemeine Deutsche Direktbank (http://www.direktbank.de/)

2) z.B. bei der Advance Bank (http://www.advance-bank.de/)

3) z.B. bei der Direktanlagebank (http://www.diraba.de/)

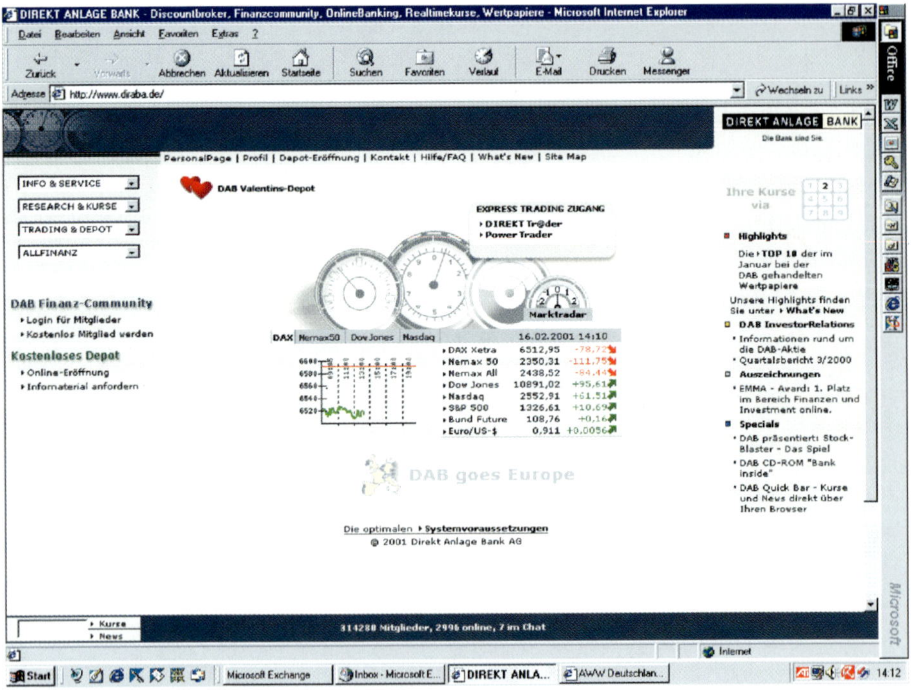

Website der Direktanlagebank

International gehört die kalifornische Investmentservicefirma E*TRADE zu den bedeutendsten Online-Brokern. Sie betreibt seit August 1996 die Website „http://www.etrade.com/". Inzwischen verwaltet E*TRADE über 3 Millionen aktive Konten. Die Kunden stammen aus der ganzen Welt. Per Browser können sie jederzeit von jedem beliebigen Ort auf ihre Konten zugreifen. Neben Aktien und Optionsscheinen stehen auch mehr als 5.000 Investmentfonds für die Kapitalanlage zur Verfügung. E*TRADE erhebt keine Gebühren[1] pro Auftrag, Aktion oder Konto. Stattdessen wird eine Standardprovision pro abgeschlossenem Handel fällig. Seit mehreren Jahren wird die Website von E*TRADE regelmäßig als Nummer-1-Online-U.S.-Investment-Site ausgezeichnet.

Ein neuer Trend unter den Direktbanken ist die Unterstützung des mobilen Handelns (Trading) und des mobilen Informationsabrufs (Kontostände, Depotinhalte, Kurse, Charts, TOP/FLOP-Listen, aktuelle Nachrichten) über WAP per Mobiltelefon oder PDA.

1) mit Ausnahme von $15 pro Quartal, wenn der Kontostand weniger als $5000 beträgt und im letzten halben Jahr nicht mehr als ein Handel stattfand

Damit stehen den Privatkunden heute für ihre Bankgeschäfte folgende Möglichkeiten zur Verfügung:

Ort	Medium
Zuhause	Vernetzter Computer, Telefon, Fax, TV mit Set-Top-Box, Außendienst
Unterwegs	Mobiltelefon, Notebook, PDA, Selbstbedienungsautomat
Bankfiliale	Selbstbedienungsautomat, Mitarbeiter

15 E-Government

Bundeskanzler Gerhard Schröder verkündete unter dem Motto „Die Daten sollen laufen, nicht die Bürger“ auf dem D21-Kongress im September 2000 (siehe http://www.bundesregierung.de/), dass die Bundesregierung alle Internet-fähigen Dienstleistungen der Bundesverwaltung bis zum Jahr 2005 online bereitstellen wird. Auch auf Länder- und Gemeindeebene wird an der Einführung elektronischer Dienstleistungen gearbeitet.

Website der Bundesregierung

Mit dem Online-Angebot von Verwaltungsdienstleistungen und einer an das Informationszeitalter angepassten Gesetzgebung schafft die Bundesregierung günstigere Rahmenbedingungen für den Wirtschaftsstandort Deutschland.

Zu den über das Internet anbietbaren Dienstleistungen gehören beispielsweise:

- Adressummeldungen[1] bei Umzügen,
- Bafög-Abwicklung von der Antragstellung bis zur Rückzahlung,
- Beantragung von Personalausweisen und Führerscheinen,
- Bestellung und Bezahlung einer Geburtsurkunde,
- Buchung und Bezahlung von Volkshochschulkursen,
- Einreichung von Zivilprozessklagen,
- Einsicht in das Handelsregister,
- Einsicht in Grundbücher,
- Einsicht in Bebauungspläne,
- Elektronische Information, dass ein Personalausweis abläuft oder TÜV/ASU fällig ist,
- Elektronische Steuererklärung[2],
- Gewerbean-, um- und -abmeldung,
- Information über öffentliche Baustellen,
- Steuerberechnung[3],
- Zugang zu allen öffentlichen Verwaltungen auf allen Ebenen über ein zentrales Internet-Portal.

Mit Hilfe der elektronischen Signatur wird die elektronische Abwicklung von Verwaltungsprozessen zukünftig sicher und rechtsverbindlich möglich sein. Davon verspricht sich die Bundesregierung folgende positive Effekte:

- Kosteneinsparungen durch effizientere Verwaltungsabläufe,
- erhöhte Bürgerfreundlichkeit aufgrund des Wegfalls von Wartezeiten und Öffnungszeitbegrenzungen sowie wegen dem ortsunabhängigen Zugriff auf die Dienstleistungen der öffentlichen Verwaltungen,
- Standortvorteile für Wirtschaftsunternehmen.

Ein Beispiel für eine elektronische Prozessabwicklung in Behörden ist die vom Bayerischen Landesamt für Statistik und Datenverarbeitung entwickelte Lösung „GEWAN“. Sie dient der elektronischen Gewerbeanmeldung. Die Datenerfassung erfolgt dabei allerdings nicht direkt durch den Antragsteller per Browser im Internet,

---

1) sowohl bei öffentlichen als auch bei privaten Stellen, vom Einwohnermeldeamt bis zu den Stadtwerken

2) ist mit einem unter http://www.elster.de/ kostenlos downloadbaren Programm bereits in allen Bundesländern möglich; aber wegen der rechtlich bei Steuerklärungen noch unwirksamen elektronischen Unterschrift muss bis jetzt noch zusätzlich ein handschriftlich unterzeichnetes Formular gemeinsam mit der Lohnsteuerkarte und Belegen dem Finanzamt per Post zugesandt werden

3) siehe http://www.finanzamt.de/

sondern durch einen Sachbearbeiter am PC im Gewerbeamt der Kommune. Von dort werden die Daten über das Internet oder das Bayerische Behördennetz zu einem Datenbankserver im Landesamt für Statistik und Datenverarbeitung übertragen. Das Landratsamt wird über neu eingehende Gewerbeanmeldungen automatisch informiert, um sie zu prüfen und freizugeben oder abzulehnen. Die Weiterleitung bestätigter Gewerbeanmeldungen an das Finanzamt, die Gewerbeaufsicht, das Arbeitsamt, die IHK, die Handwerkskammer, das Eichamt, die Berufsgenossenschaft und die AOK soll demnächst ebenfalls elektronisch erfolgen. Vertrieb und Support von „GEWAN“ hat in Bayern die LivingData GmbH (http://www.livingdata.de/) übernommen.

Eine weitere Möglichkeit zur Kosteneinsparung in Verwaltungen besteht im E-Procurement. Im Dezember 2000 passte die Bundesregierung deshalb die Vergabeordnung an. Dadurch sind öffentliche Beschaffungsvorgänge jetzt auch über das Internet möglich. Der Deutsche Städte- und Gemeindebund prognostiziert, dass dies bundesweit Einsparungen in Milliardenhöhe bringt.

Lösungsanbieter, die sich auf öffentliche Verwaltungen spezialisiert haben, sind z.B.:

- bol Behörden Online GmbH (http://www.behoerden-online.de/):
  bietet ein Formular-Portal für die öffentliche Verwaltung sowie ein Behörden-Redaktionssystem an,
- Curiavant Internet GmbH (http://www.curiavant.de/):
  entwickelt und vertreibt ein System für die rechtsverbindliche Online-Kommunikation zwischen Bürgern, Unternehmen und Verwaltungen,
- InterSource AG (http://www.intersource.de/):
  Online-Beschaffungsservice für öffentliche Verwaltungen.

16 E-Knowledge-Management

Der Erfolg eines Unternehmens hängt zunehmend mehr von seinen Mitarbeitern ab – ihren Kenntnissen, Ideen und Fähigkeiten.

Wissen ist ein Vermögenswert, der gar nicht hoch genug eingeschätzt werden kann. Viele traditionelle Firmen kümmern sich aber immer noch vorrangig um die materiellen Vermögenswerte und verzichten auf ein systematisches Wissensmanagement. Gerade in Großkonzernen geht dadurch viel Effizienz verloren. Häufig werden Arbeiten mehrfach ausgeführt, weil verstreut vorhandenes Wissen nicht allen Mitarbeitern zur Verfügung steht. Selbst im Management ist oft nicht bekannt, über welches Wissen[1] ihr Unternehmen verfügt.

Mit zunehmendem Wettbewerb und immer schneller voranschreitender technologischer Entwicklung nimmt die Bedeutung des Wissens weiter zu. Die Effizienz der Kerngeschäftsprozesse in Unternehmen hängt immer stärker vom Wissen von immer weniger Mitarbeitern ab.

Knowledge-Management (Wissensmanagement) soll helfen, die vorhandenen Wissensressourcen besser zu nutzen. Es umfasst die Entwicklung, Erfassung, Erhaltung, Publizierung und Nutzung von Wissen innerhalb eines Unternehmens. Dazu ist das vorhandene Wissen erst einmal zu identifizieren und zu analysieren. Außerdem sind Maßnahmen zur Entwicklung von benötigtem fehlenden Wissen einzuleiten.

Mit der Wiederverwendung von Wissen verbessern Unternehmen ihre Wettbewerbsfähigkeit. Es können beispielsweise Prozesse optimiert, Kosten gesenkt und Umsätze gesteigert werden.

16.1 Voraussetzungen

Für ein erfolgreiches Knowledge-Management sind allerdings folgende Voraussetzungen zu schaffen:

- ein unternehmensweites Vokabular, um sicherzustellen, dass sich die Mitarbeiter untereinander korrekt verstehen;
- die Fähigkeit zur Identifikation, Nachbildung und Darstellung von Wissen;
- eine Firmenkultur, die zur Teilung von Wissen anregt;
- die Definition der Wissensbereitstellung als reguläre Arbeitsaufgabe aller Mitarbeiter mit der Festlegung von Zielen und einer Messung der Zielerreichung;

1) z.B. zu Prozessen, Produkten, Technologien, Märkten und Menschen

- der Aufbau der notwendigen Infrastruktur, d.h. der Einführung eines Knowledge-Managementsystems, auf das jeder Mitarbeiter Zugriff hat, sowohl zur Informationsbereitstellung[1)] als auch zum Informationsabruf.

16.2 E-Knowledge-Managementsysteme

Zur Speicherung von Wissen gibt es verschiedene Möglichkeiten. In der Regel befindet es sich verteilt in Datenbanken, Computer-Filesystemen, Aktenschränken und den Köpfen von Menschen. Damit jeder Mitarbeiter schnell und einfach darauf zugreifen kann, ist aber eine elektronische Ablage in Datenkommunikationsnetzen erforderlich. Entsprechende Lösungen werden als E-Knowledge-Managementsysteme bezeichnet. Sie arbeitet heute in der Regel webbasiert und beinhalten folgende Komponenten:

- Dokumenten-Management (inkl. Keyword-Verwaltung);
- Informationsdarstellung;
- intelligente Suchfunktion;
- Benachrichtigungsfunktion (z.B. über neue Dokumente zu bestimmten Interessensgebieten);
- interaktive Tools zur Erleichterung der Kooperation (z.B. mit Experten sowie zwischen Autoren);
- Expertenverzeichnisse, da ihr Wissen nie komplett beschreibbar ist.

Solche Systeme lassen sich mit jedem Web-Server in Verbindung mit einem Web-Content-Managementsystem realisieren, es gibt sie aber auch bereits mit zugeschnittenen Funktionen, wie z.B.:

- Community Engine von der Firma Webfair (http://www.webfair.de/),
- K-Station und Lotus Discovery Server von der IBM-Tochter Lotus (http://www.lotus.com/home.nsf/welcome/km) sowie
- Livelink von der OpenText Corporation (http://www.opentext.com/).

Das größte E-Knowledge-Managementsystem der Welt ist das World Wide Web. Neben Millionen von Websites[2)] und intelligenten Suchmaschinen gibt es News-

1) in der Regel wird nach der Einreichung (Uploading) neuer Inhalte noch eine Freigabe durch einen für die jeweilige Rubrik zuständigen Moderator erforderlich sein, um die Kontrolle nicht völlig aus der Hand zu geben

2) u.a. auch mit Lexikas (siehe http://www.britannica.com/, http://encarta.msn.de/, http://www.wissen.de/, http://www.encyclopedia.com/)

groups, Chatrooms sowie Push-Services, die über Veränderungen von Webseiten informieren. Unternehmen können ihre Intranets auf dieselbe Art und Weise zu einer Wissensplattform ausbauen.

News
- Informationen der Geschäftsführung
- Neueste Nachrichten vom Markt
- Newsgroups

Standards & Regeln

Vertrieb
- Referenzen
- Erfolgs-Stories
- Veranstaltungstermine (Kundenseminare, Messen, etc.)
- E-CRM-System

Produkt/Servicemarketing
- Ausschreibungstexte
- Fallstudien
- Marketinginformationen
- Präsentationen
- Preislisten
- Prospekte
- Vertriebsfreigaben und –stopps
- White Papers

Service
- Dokumentation
- Fehlerdatenbank
- Technische Freigaben
- Technische Mitteilungen

Logistik
- Ablaufbeschreibungen

Qualitätssicherung
- Qualitätsmanagement-Handbuch
- Qualitätsproblem-Follow-Up

Information Technology
- Service Level Agreements und Messergebnisse
- Frequently Asked Questions (FAQs)

Trainingscenter
- Trainingskurspläne
- Trainingskursbeschreibungen

Human Resources
- Stellenausschreibungen
- Organisationscharts
- Personal Skill Registration (mit Freigabe durch den Vorgesetzten)

Auszug aus der Directory-Struktur eines unternehmensinternen Web-Servers

16.3 Wissensbasierte Applikationen

Liegt Wissen in strukturierter Form vor, wie das in Datenbanken und Data Warehouses der Fall ist, lassen sich auch darauf aufbauende wissensbasierte Applikationen realisieren. Dazu gehören beispielsweise:

Atira

- Konfiguratoren (siehe Abschnitt 8.1) zur korrekten Zusammenstellung von komplexen Produkten und Dienstleistungen; sie greifen kontextabhängig auf eine Regeldatenbank und den Artikelkatalog zurück;
- Personalisierte Websites und Empfehlungen, die mittels Recommendation Engine aus Benutzerprofilen abgeleitet werden;
- Virtuelle Beratung durch Avatare mit Hilfe einer Erfahrungsdatenbank und dem Case Base Reasoning (siehe http://www.cbr-web.org/), das regelbasiert, kontextabhängig arbeitet; zum Einsatz kommen Avatare auf den unterschiedlichsten Websites (z.B. Atira unter http://www.shopping24.de/); ein Anbieter entsprechender Software ist beispielsweise die Kölner Firma Vista New Media (http://www.vista.de/).

16.4 Analysetools

Um aus Datenbanken Erkenntnisse in verdichteter Form abzuleiten, gibt es sogenannte Business-Intelligence-Produkte. Dazu gehören Reportgeneratoren sowie Online-Analytical-Processing- (OLAP) und Data-Mining-Tools. Anbieter solcher Produkte sind u.a. die Firmen Hyperion (http://www.hyperion.de/) und Business Objects (http://www.businessobjects.com).

17 Virtuelle Unternehmen

Der verschärfte Wettbewerb erfordert von Unternehmen heute mehr Flexibilität und schnelleres Handeln als noch vor einigen Jahren. Sie müssen oft sehr schnell auf Nachfrageänderungen reagieren und behelfen sich, indem sie kurzfristig Kooperationen mit anderen Unternehmen und Institutionen eingehen. Jeder Kooperationspartner bringt dabei vorrangig seine Kernkompetenz ein. Zur Kommunikation untereinander wird modernste Informations- und Kommunikationstechnologie eingesetzt (z.B. Extranet). So erscheinen diese Kooperationen bei der Leistungserbringung gegenüber Dritten wie ein einheitliches Unternehmen, obwohl es sich um rechtlich selbständige Einheiten handelt. Deshalb bezeichnet man sie auch als virtuelle Unternehmen.

Oft kooperieren heute sogar Wettbewerber in Teilbereichen miteinander. Für dieses Phänomen wurde der Begriff „Coopetition" geprägt.

Mögliche Einsatzgebiete virtueller Unternehmen sind z.B.:

- Projektakquisition und -abwicklung,
- Beschaffungs- und Vertriebsgemeinschaften,
- Komponentenproduktion und -zulieferung.

Aufgrund des Zeitdrucks, der bei der Errichtung eines virtuellen Unternehmens üblich ist, und der starken gegenseitige Abhängigkeit der Kooperationspartner steht Vertrauen im Mittelpunkt der Zusammenarbeit. Verträge regeln meist nur die Rahmenbedingungen (z.B. Service Levels).

Gegenüber anderen Organisationsformen weisen virtuelle Unternehmen folgende Vorteile auf:

- Einsparung von Kosten und Zeit, da sich die Partner jeweils nur mit dem befassen, was sie wirklich beherrschen,
- Senkung von Markteintrittsbarrieren durch die Aufteilung von Markterschließungskosten,
- Minimaler Kapitalbedarf aufgrund der Nutzung vorhandener Ressourcen von Partnern.

Ein Unternehmen, das sehr erfolgreich auf Basis der Internet-Technologie mit vielen anderen Unternehmen zusammenarbeitet, ist die Firma Cisco (siehe auch Abschnitt 10).

18 Application Service Provider

Eine Begleiterscheinung des E-Business ist der enorme Leistungs- und Kostendruck auf viele IT-Organisationen. Neue, unternehmenskritische Anwendungen (z.B. E-Commerce, E-Supply-Chains) müssen in heterogenen, gewachsenen IT-Umgebungen in kurzer Zeit eingeführt werden, ohne dass erheblich mehr Budget oder ausreichend Fachpersonal mit E-Business-Know-How zur Verfügung steht. Sowohl der allgemeine IT-Fachkräftemangel als auch die durch den Wettbewerbsdruck erforderliche Konzentration auf Kernkompetenzen stehen einem weiteren Ausbau unternehmensinterner IT-Organisationen meist entgegen. Gerade mittelständische Unternehmen geraten bei den für das E-Business erforderlichen IT-Nachrüstungen schnell an personelle und finanzielle Grenzen.

Einen Ausweg bietet ein neuer Typ von Dienstleistern mit der Bezeichnung „Application Service Provider". Sie nutzen die Webtechnologie, um an entfernten Standorten Applikationen bereitzustellen. Begünstigend für das Entstehen dieser Dienstleistung wirkten folgende Faktoren:

- die zunehmende Mobilität der Mitarbeiter von Unternehmen erfordert einen orts- und zeitunabhängigen Zugriff auf Applikationen; dies lässt sich am besten mit webbasierten Applikationen und Internetzugängen realisieren;
- aktuelle Network-Produkte (z.B. Gigabit-Ethernet-Switches mit QoS-Funktionen) ermöglichen den Aufbau sehr leistungsfähiger IP-Netze;
- der Preis für Internetzugänge ist in den letzten Jahren stark gefallen und die Performance hat sich so verbessert, dass Applikationen inzwischen sogar über öffentliche WAN-Verbindungen nutzbar sind;
- Web-Browser mit integrierter Java Virtual Machine und ihrer Fähigkeit zur Unterstützung von ActiveX[1)], CGI und Plug-Ins sind gut als Applikations-Client geeignet;
- fast alle bedeutenden Softwarehersteller bieten inzwischen für ihre Applikationen webbasierte Schnittstellen;
- zuverlässige[2)] Security-Lösungen ermöglichen die Absicherung von Applikationen in IP-Netzen;
- vorhandene Applikationen lassen sich schrittweise auf das neue Modell überführen;

---

1) ist bei MS-Internet-Explorer alternativ zu Java einsetzbar

2) bei richtigem Einsatz im Rahmen einer umfassenden Security-Policy

- die Verlagerung von Applikationen von den Clients zum Server reduziert Upgrade-Kosten und erleichtert die Applikationsbetreuung;
- das IT-Outsourcing gewinnt zunehmend an Akzeptanz.

Application Service Provider (ASP) bieten ihren Kunden den Zugriff auf Applikationen sowie dazugehörige Services gegen eine monatliche Gebühr an. Der Zugriff erfolgt über sichere Netzverbindungen wie Virtual Private Networks im Internet, private IP-Netze oder Remote Access. Das WAN übernimmt beim ASP-Modell die frühere Rolle des LAN als Medium für den Zugriff auf Server und Applikationen. Die Applikationen sind per Standard-Browser nutzbar. Als Mietgebühr kommt meist ein Pauschalbetrag pro Nutzer zum Einsatz. Es gibt aber auch Abrechnungsmodelle auf der Basis von Transaktionen, einem übertragenen oder gespeicherten Datenvolumen, der Verbindungsdauer oder dem Umsatz in Online-Shops. Zur Bereitstellung der Applikationen betreiben ASPs ein hochverfügbares Rechenzentrum. In ihm werden auch die mit den Applikationen im Zusammenhang stehenden Kundendaten gespeichert. Die Applikationen basieren vorzugsweise auf Standardsoftware, da sich damit die größte Rentabilität erreichen lässt. Der ASP ist der Eigentümer der Software und verwaltet die Lizenzen. Er kümmert sich um Upgrades, Aktualisierungen, Anpassungen, Verfügbarkeit, Performance und Sicherheit. Zur Abrundung ihres Portfolios arbeiten ASPs eng mit Systemintegratoren (z.B. KPMG), Applikationsherstellern (z.B. SAP) und Netzbetreibern zusammen. Teilweise erbringen sie aber auch deren Leistungen gleich mit (z.B. das Betreiben eines Netzes).

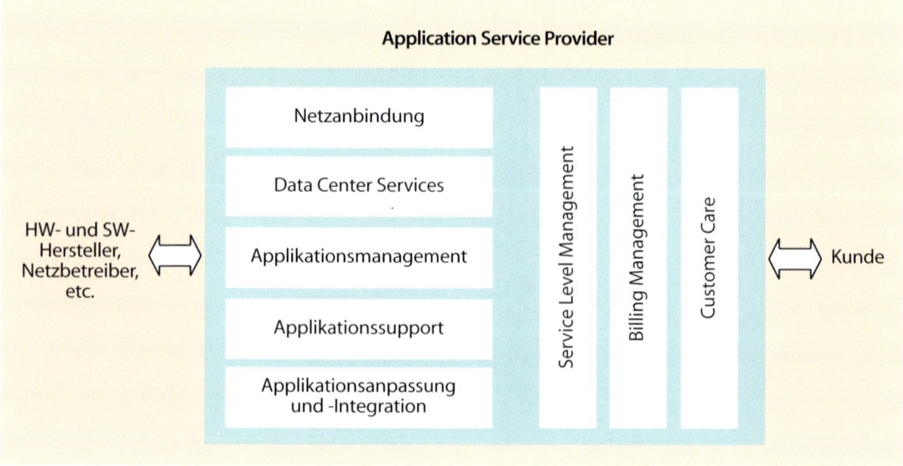

Beispiel zum Umfang eines ASP-Serviceangebotes

Das Dienstleistungsangebot der ASPs zielt heute vorrangig auf Unternehmen des Mittelstands, da Großunternehmen meist sehr komplexe EDV-Systeme und ausreichende finanzielle Ressourcen für eigene IT-Abteilungen haben.

18.1 Vorteile

Für die Kunden der ASPs ergibt sich folgender Nutzen:

- die Ersparnis von Zeit[1] und Geld bei der Einführung neuer Applikationen erhöht ihre Innovationsbereitschaft und Wettbewerbsfähigkeit;
- statt hoher Vorabinvestitionen zur Anschaffung von Hardware, Software und Lizenzen sowie den Kosten eigener IT-Ressourcen fällt für IT-Leistungen eine monatliche, verhältnismäßig geringe Gebühr an; so wird der Zugriff auf anderenfalls eventuell nicht finanzierbare Applikationen und neueste Technologien ermöglicht;
- teure, kaum zu findende IT-Experten und die leistungsfähige Infrastruktur des ASP sind kostengünstig mitnutzbar;
- die Transparenz der IT-Kosten verbessert sich;
- die IT-Leistungen werden mit einer garantierten Qualität erbracht;
- alle Mitarbeiter können mit einheitlichen, aktuellen Anwendungen weitgehend ortsunabhängig arbeiten;
- die Client-Hardware-Anforderungen sinken, da die Applikationen nicht mehr lokal installiert werden müssen[2]; dadurch entfallen auch Client-Computer-Upgrades bei der Einführung neuer Applikationen;
- eine ständige Helpdesk-Verfügbarkeit verbessert die Anwenderunterstützung;
- die Sicherheit, Zuverlässigkeit und Skalierbarkeit des Angebots ist aufgrund des Pooleffekts und der Kernkompetenz bei einem ASP meist besonders hoch;
- die Koordination zwischen verschiedenen Anbietern entfällt, da alle mit den Applikationen im Zusammenhang stehenden Dienste (d.h. Netzzugang, Rechenzentrum und Anwender-Support) aus einer Hand beziehbar sind;
- bedingt durch die Auslagerung der IT-Dienstleistungen können sich die Kunden besser auf ihr Kerngeschäft konzentrieren.

---

1) es ist kein langwieriges Roll-Out im Unternehmen mehr erforderlich, da der Applikationszugriff mit bereits vorhandenen Browsern erfolgt

2) dies ist natürlich auch bei einem unternehmensinternen Einsatz der Web-Technologie für den Applikationszugriff der Fall; mit der Verlagerung der Applikationen von Endgeräten auf Server entlasten Unternehmen die Endgeräte und gewinnen die zentrale Kontrolle über die Kosten und die Verwendung der Applikationen zurück

18.2 Hemmnis

Als Hemmnis für den Schritt zur Auslagerung der Applikationen und Unternehmensdaten gilt heute meist noch ein fehlendes Vertrauen in die langfristige Verfügbarkeit sowie in die Zuverlässigkeit und Sicherheit des Angebots. In diesem frühen Entwicklungsstadium gibt es nur wenige Referenzen und niemand weiß, welche ASPs langfristig überleben werden. Glaubt man jedoch den Analysten, dann wird sich das ASP-Dienstleistungsangebot in den nächsten Jahren bei den meisten mittelständischen Unternehmen durchsetzen. Gegenwärtig gewöhnen sich laut Forrester Research die Unternehmen vor allem über ausgelagerte E-Commerce-Anwendungen (z.B. den Anschluss an elektronische Marktplätze) an diese Outsourcing-Form.

18.3 Applikationsangebot

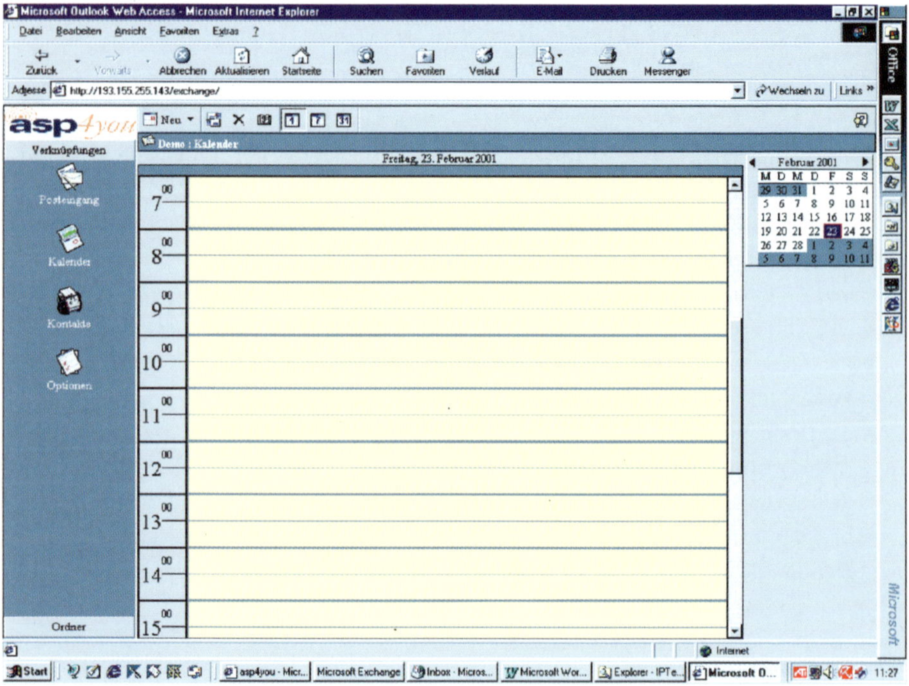

ASP-geeignete E-Mail-Lösung „Outlook Web Access“

Zu den bereits von ASPs angebotenen Applikationen gehören:

- B2B-Marktplätze zum E-Procurement,
- E-Commerce-Shops,
- E-CRM,
- E-Mail,
- E-Payment,
- E-Recruiting,
- ERP-Systeme, wie SAP-R/3,
- E-Security-Lösungen (Firewall, Verschlüsselung, Zertifikatmanagement),
- File-Server zur Datenablage,
- Gehaltsabrechnungssoftware,
- Office-Applikationen,
- Website-Hosting.

18.4 Aufgabenteilung

Die Aufgabenteilung zwischen der IT-Organisation eines Unternehmens und einem ASP könnte beispielsweise folgendermaßen aussehen:

Der ASP übernimmt in seinem Data Center (Rechenzentrum) die Bereitstellung, die Installation und den Upgrade von Applikationen, die Anpassung und Wartung der Applikationen sowie den Betrieb und das Management der Serverhardware und des Zugriffsnetzes.

Beim Kunden verbleibt die Bereitstellung der Client-Computer, die Festlegung von Security-Policies, das Training der Anwender, der Client-Hardware- und Betriebssystem-Support sowie das Betreiben und Verwalten unternehmensinterner LANs mit ihren Routern zum WAN.

18.5 Service Level Agreements

Die Zusammenarbeit zwischen ASPs und ihren Kunden wird formal in auf die Kundenanforderungen individuell ausgerichteten Service Level Agreements (SLAs) geregelt. Im Einzelnen beinhalten SLAs meist folgende Festlegungen:

- die Verantwortungen des Dienstleisters und des Kunden,
- den Dienstleistungsumfang,

- die Dienstleistungsqualität (z.B. Antwortzeiten der Applikationen, Reaktionszeiten bei Störungen),
- die Verfügbarkeit der Applikationen und des Zugangsnetzes,
- die Security-Maßnahmen zum Schutz des Informationsaustauschs und der gespeicherten Daten,
- die Maßnahmen zur Datensicherung (Backup und Recovery),
- die Service-Level-Messmethode,
- die Methode, den Umfang und die Zeitpunkte des Service Level-Reportings,
- die Konsequenzen bei Service-Level-Verstößen[1],
- die Servicegebühren,
- die Regeln zur Vertragsauflösung (inkl. einer Verlagerung der Daten und ggf. der Anwendungen).

18.6 Service Level Management

Zur Überwachung des Service-Levels, das dem Endanwender geboten wird (E2E-Service-Level), gibt es spezielle Softwarelösungen. Diese sogenannten Service-Level-Managementlösungen prüfen kontinuierlich die Nutzbarkeit vernetzter Applikationen am Arbeitsplatz des Anwenders anhand von definierbaren Leistungsgrenzwerten, z.B. bezüglich Verfügbarkeit, Transaktionszeit und Durchsatz. Grundsätzlich ist zwischen aktiver und passiver Messung zu unterscheiden:

Aktiv: Ein vorgegebenes Lastprofil wird durch eine kleine Applikation, die das Verhalten eines Anwenders simuliert, auf einem Client-Computer pro Standort generiert, um mittels Analyse der Antworten des Applikationsservers Aussagen über Verfügbarkeit, Antwortszeit und Durchsatz abzuleiten; dies erfolgt periodisch, z.B. im Minutenbereich;

Passiv: Während der normalen Arbeit von Benutzern mit Applikationen führen Softwareagenten Messungen durch; dieser Ansatz ist komplizierter als die aktive Messung, weil das Anwenderverhalten die Messungen beeinflusst.

Beide Varianten bieten neben dem Service-Qualitäts-Reporting eine neue Möglichkeit zur schnellen Feststellung von Systemausfällen und Leistungseinbrüchen.

1) Verstöße, die der Dienstleister verursacht, werden in der Regel zu Vertragsstrafen oder vorzeitiger Vertragskündigung führen. Verstöße, die der Kunde zu verantworten hat, reduzieren normalerweise die Servicequalität zu seinen Lasten.

Der Implementierungsaufwand ist im Vergleich zu traditionellen System- und Network-Managementlösungen verhältnismäßig gering.

Hersteller von Service-Level-Managementlösungen sind u.a. folgende Firmen:

- BMC Software (http://www.bmc.com/) mit PATROL,
- Compuware (http://www.compuware.com/) mit EcoSYSTEMS,
- HP und Agilent mit Firehunter (http://www.firehunter.com/),
- Lucent Technologies mit Vitalsuite (http://www.ins.com/software/vitalsuite/),
- Micromuse (http://www.micromuse.com/) mit NetCool.
- NetIQ (http://www.netiq.com/) mit Pegasus.

Die Durchführung der Service-Level-Überwachung kann der ASP, der Kunde oder ein unparteiischer Dritter übernehmen. Letzteres ist aus rechtlichen Gründen stets die beste Wahl.

Ein Management Service Provider, der diese Dienstleistung remote über das Internet erbringt, ist die Firma Luminate (http://www.luminate.de/). Ihre kostenlos verfügbare Echtzeit-Überwachungs- und -Alarmierungssoftware „Mamba" für SAP-R/3-, Windows-NT/2000- und Oracle-Datenbank-Server überträgt stündlich im XML-Format Leistungsdaten verschlüsselt über das Internet an das Luminate.Net-Data-Center. Im Data Center werden sie in einem Data Warehouse archiviert, analysiert und zu historischen Daten, benutzerdefinierten Grenzwerten sowie Informationen aus einer Expertensystem-Wissensbasis in Beziehung gesetzt. Einmal täglich erhält jeder Abonnent des Service per E-Mail die Analysergebnisse als Hotlist im HTML-Format zugeschickt. Diese Hotlist enthält konsolidierte Leistungsdaten, Angaben zur Ressourcenauslastung und nach Schweregrad geordnete Schlussfolgerungen. Zu beachten ist allerdings, dass es sich bei dem Serviceangebot der Firma Luminate um eine Service-Level-Überwachung für einzelne Systeme und nicht um die vorangehend beschriebene E2E-Service-Level-Überwachung handelt.

18.7 ASP-Übersicht

Einen kurzen Überblick über einige ASPs gibt die nachfolgende Tabelle:

ASP	Webadresse	Applikationsangebot [1)]
Cable & Wireless	http://www.cw.com/	MS-Office 2000 und MS-Exchange
Corio	http://www.corio.com/	E-CRM, E-Commerce, E-Procurement, E-Mail (MS-Exchange), ERP-System von Peoplesoft
Deutsche Telekom AG	http://www.t-mart.de/	Online-Shops, Web-Server, E-Payment, E-Mail, etc.
Einsteinet GmbH	http://www.einsteinet.de/	MS-Office 2000, iPlanet Mail und Calendering, MS-Exchange 2000, SQL Server 2000, Shop-Systeme, SAP-R/3-Hosting, Dokumenten-Management mit Speicherung und Archivierung
FutureLink	http://www.futurelink.net/	Applikationen auf Basis der Citrix/Microsoft-Plattform, ERP-System von Navision, E-Commerce
Interliant	http://www.interliant.com/	Web-Server, E-CRM, E-Commerce, E-Mail (Lotus Domino und MS-Exchange), ERP-System von Peoplesoft und Oracle
Internet & Service GmbH	http://www.telecommerce.de/	Web-Server und Online-Shops
Ision Internet AG	http://www.ision.de/	Web-Server und Online-Shops
Proheris Daten- und Prozesstechnik GmbH	http://www.proheris.de/	ERP-System „proAlpha"
SAP AG	http://www.sap.com/ saphosting/	mySAP.com
Tecoplan AG	http://www.xbrioso.de/	Engineering-Service zur Produktentwicklung durch Konstrukteure

1) im Februar 2001

ASP	Webadresse	Applikationsangebot[1]
USinterworking	http://www.usi.net/	E-CRM, E-Commerce, E-Procurement, E-Mail (MS-Exchange 2000), ERP-Systeme von Lawson und Peoplesoft
Victorvox AG	http://www.tuul.de/	MS-Office 2000[2], Corel Draw und weitere Windows-PC-Tools

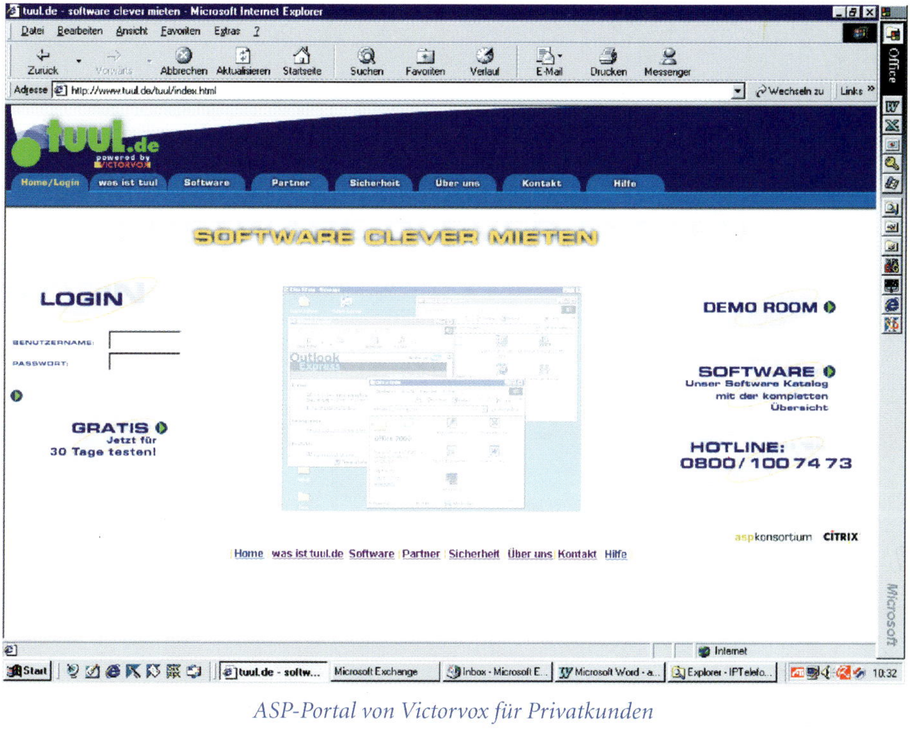

ASP-Portal von Victorvox für Privatkunden

Weitere Infos gibt es bei den ASP-Konsortien (http://www.allaboutasp.org/, http://www.asp-konsortium.de/) und dem ASP-Technologiezentrum (http://www.asp4you.de/).

1) im Februar 2001

2) der entfernte Zugriff auf MS-Office wird durch den Windows Terminal Server mit Citrix Metaframe ermöglicht

19 Einführungsschritte

Die meisten Wirtschaftsbranchen sind heute durch kurze Produktlebenszyklen, schnelle technologische Veränderungen und starken Wettbewerb gekennzeichnet. Diesem Umstand muss mit dynamischen Geschäftsstrategien, ständigen Prozessoptimierungen und dem Einsatz moderner Informationstechnologie Rechnung getragen werden. Viele traditionelle Unternehmen stellen deshalb ihre Prozesse, Organisationsstrukturen und EDV-Systeme schrittweise auf das E-Business um. Dies ist zwar weder einfach, noch billig, aber notwendig, um konkurrenzfähig zu bleiben. Insbesondere amerikanische Unternehmen haben dies erkannt und agieren nach der Formel: „Sei innovativ oder sterbe".

Aufgrund der Komplexität und des Aufwands einer kompletten Umstellung entscheiden sich allerdings nur wenige Geschäftsführungen für einen radikalen Umbruch des kompletten Unternehmens. Erfolgsversprechender ist meist die Konzentration auf wesentliche Kerngeschäftsprozesse und eine schrittweise Umstellung entsprechend festgelegter Prioritäten. Damit lassen sich schnell erste Erfolge erzielen, die zum Weitermachen animieren. Gleichzeitig findet ein Lernprozess statt, der bei der Optimierung nachfolgender Schritte hilft.

19.1 Erfolgsfaktoren

Zu den wesentlichen Erfolgsfaktoren für die Einführung des E-Business gehört das Change Management, d.h. der bewusste Umgang mit den Veränderungen und ihre Gestaltung in wirtschaftlicher und sozialer Hinsicht. Organisationen lassen sich nur dann erfolgreich verändern, wenn die sieben in der nachfolgenden Tabelle aufgeführten Basisprozesse der Organisationsentwicklung ausreichend berücksichtigt werden:

Basisprozess	Erläuterung	Erfolgsfaktor
Diagnoseprozesse	Kennenlernen der Ausgangssituation	Wissen, von welcher Situation man ausgeht
Soll-Entwurfsprozesse	Ziele definieren	Eine genaue Vorstellung davon haben, wo man hin will

(Forts. nächste Seite)

Basisprozess	Erläuterung	Erfolgsfaktor
Psychosoziale Änderungsprozesse	Einstellungen und Verhalten beeinflussen	Spannungen und Unsicherheiten im Veränderungsprozess abbauen
Informationsprozesse	Rechtzeitig Betroffene einbeziehen	Alle Betroffenen kontinuierlich und ausreichend informieren
Lernprozesse	Neues Wissen erwerben und Können aneignen	Raum zum Lernen lassen und Trainingskurse organisieren
Umsetzungsprozesse	Zügige Implementierung der geplanten Veränderungen	Das Neue wirklich einführen und nicht nur darüber reden
Management der Veränderungsprozesse	Verantwortliche Lenkung und Leitung des Veränderungsprozesses	Professionelle Durchführung der Veränderung mittels Projektmanagement und permanenter Erfolgskontrolle

Zu beachten sind weiterhin folgende Punkte:

- die E-Business-Strategie muss mit der Unternehmensplanung korrespondieren;
- der Projektmanager sollte aufgrund der Bedeutung des E-Business zum Top-Management gehören oder zumindest eng an die oberste Entscheidungsebene angebunden sein;
- die Mitarbeiter sind durch die Bildung von Teams aus den Fachbereichen umfassend in das Projekt mit einzubeziehen;
- bei allen Mitarbeitern sollte mittels internem Web und Internet-Zugängen eine „E-Mentalität" entwickelt werden;
- der Aufbau und das Management von Kooperationen ist eine Grundvoraussetzung für E-SCM.

19.2 Aktivitäten

Veränderungsprojekte umfassen stets folgende Aktivitäten:

- Analyse,
- Zieldefinition,
- Aufbau der Projektorganisation,
- Detailplanung des Projekts,
- Projcktdurchführung,
- Projektabschluss.

Die Reihenfolge der ersten beiden Aktivitäten kann allerdings variieren. Sie hängt davon ab, ob das Ziel vor der Analyse bereits feststeht oder nicht.

19.2.1 Analyse

Information sollte die Basis aller unternehmerischen Entscheidungen sein. Deshalb steht am Anfang eines jeden Projekts eine Istzustands-Analyse mit folgenden Teilschritten:

- Bestimmung der Analyseziele und Untersuchungsthemen,
- Festlegung der Analysemethode,
- Erhebung und Verarbeitung der Daten,
- Interpretation und Verdichtung der Daten zu einem Befund,
- Präsentation und Diskussion der Ergebnisse.

Bei ganzheitlichen Analysen von Unternehmen sind folgende Kategorien zu berücksichtigen:

Kategorie	Erläuterung
Identität	Aufgabe der Organisation, Mission, Grundwerte
Strategien	langfristige Programme, Unternehmenspolitik, Leitsätze für Produkt-, Markt-, Finanz-, Preis- und Personalpolitik
Strukturen	Aufbau der Organisation
Menschen	Wissen und Können, Haltungen und Einstellungen, Führungsstile, informelle Gruppen, Konflikte, Betriebsklima
Funktionen	Funktionsbereiche mit Aufgaben, Kompetenzen, Verantwortungen
Abläufe	Arbeitsprozesse, Informationsprozesse, Entscheidungsprozesse, Logistikprozesse, Planungsprozesse, Supportprozesse etc.
Mittel	Physische Mittel, wie Instrumente, Maschinen, Geräte, Material, Transportmittel, Gebäude und Räume, sowie finanzielle Mittel
Ergebnisse	Geschäftsergebnisse, Kundenzufriedenheit, Mitarbeiterzufriedenheit, Image

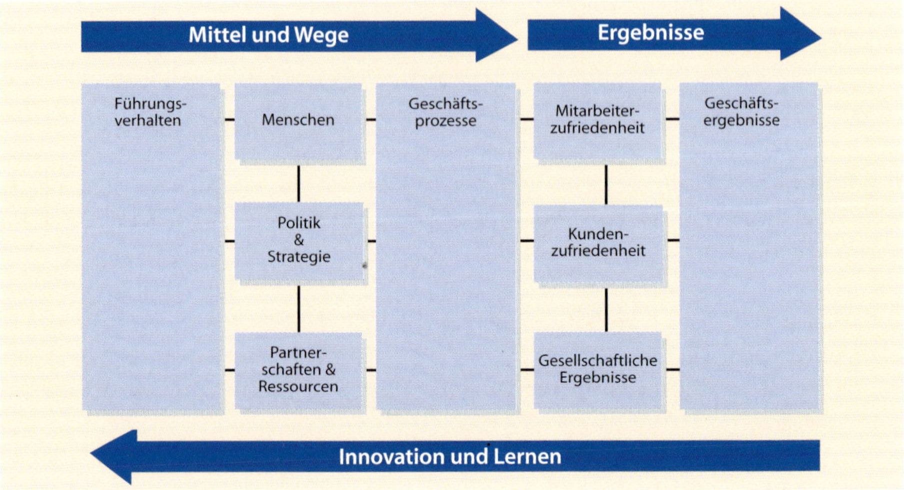

EFQM-Referenzmodell zur Unternehmensbewertung (siehe http://www.efqm.org/)

Im Rahmen von E-Business-Projekten genügt es in der Regel, folgende Faktoren zu analysieren:

unternehmensexterne Faktoren	unternehmensinterne Faktoren
Eigene Marktposition	Prozesse
Marktprognosen	Organisationsstrukturen
Wettbewerber	Tools (insb. EDV-Systeme)
Kunden	

Eine bewährte Methode zur Ableitung von Zielen ist die SWOT-Analyse. Mit ihm wird in Gruppenarbeit herausgearbeitet, wo im Unternehmen besonderer Handlungsbedarf besteht. Sie umfasst die Ermittlung gegenwärtiger Stärken und Schwächen sowie zukünftiger Chancen und Bedrohungen. Den zukunftsorientierten Aussagen liegen aktuelle Trends zugrunde, die in einem Brainstorming zu erfassen sind.

	Gegenwart	Zukunft
positiv	Strength (Stärken)	Opportunities (Chancen)
negativ	Weaknesses (Schwächen)	Threats (Bedrohungen)

Themenbereiche der SWOT-Analyse

Die Durchführung ist entweder formlos mit einer Zusammenstellung und Verdichtung aller von den Analyseteilnehmern gemachten Aussagen oder formal mit einer numerischen Bewertung von vorher zusammengestellten Kriterien möglich. Solche Kriterien können beispielsweise sein:

- Management:
  Führungsstil, Vision, Leitbilder, Strategien, zielorientierte Führung, Prozesssteuerung, Mitarbeitermotivation, Betriebsklima;
- Service:
  Reklamationen, Image, Kundenfreundlichkeit, Bearbeitungszeiten, Termintreue, Kostentransparenz, Ausbildungsstand, Ergebnis.

Ausgehend von dem Istzustand (d.h. den Stärken und Schwächen) ist auch eine Deltaanalyse zu einer vorgegebenen Vision oder eine Potentialanalyse auf der Basis eines Vergleichs mit dem stärksten Wettbewerber durchführbar.

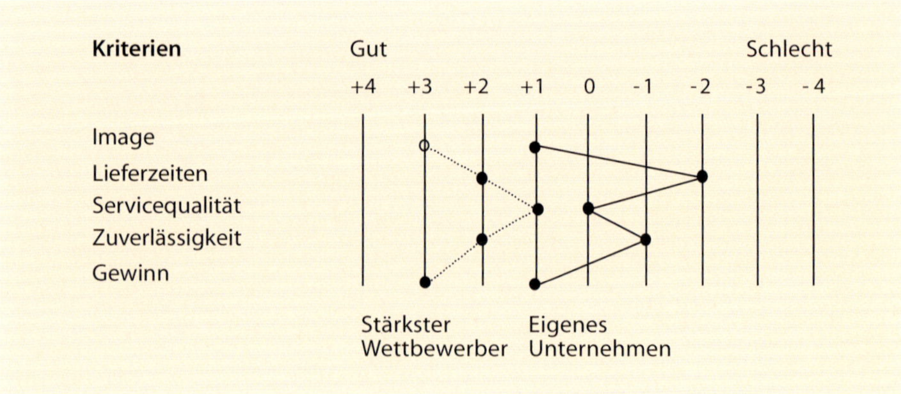

Grafische Auswertung einer Potentialanalyse

Die Einführung des E-Business ist immer mit Geschäftsprozessänderungen verbunden. Dazu muss vorher der Istzustand ermittelt werden. Dies erfolgt im Rahmen einer Prozessanalyse. Folgende Informationen sind zu erfassen:

- Reihenfolge und Abhängigkeiten der Teilschritte,
- Inputs,
- Outputs: Wertschöpfung/Nutzen,
- Verantwortlicher,
- Durchführende,
- Hilfsmittel,
- Aufwände (Zeit, Kosten),
- Messgrößen,
- existierende Richtlinien/Anweisungen.

Anschließend müssen die analysierten Prozesse mit allen Teilschritten und Schnittstellen dargestellt und hinsichtlich Verbesserungsbedarfs bewertet werden. Teilschritte ohne Wertschöpfung für Nachfolgeschritte und uneffektive bzw. unnötige Schnittstellen sind zu identifizieren, um sie später zu eliminieren bzw. zu verbessern.

Step 1: ***Bewertung** (Aufsplittung in Fremd- und Eigenanteil)*

Durchführende:	VB und SB
Input:	Ausschreibung
Output:	Zwei Listen
Dauer:	Abhängig vom Ausschreibungsumfang

Step 2: ***Angebote für Fremdpositionen einholen***

Durchführende:	Einkauf
Input:	Fremdanteil-Liste
Output:	Angebote
Dauer:	Bis zu 1 Tag pro Position und insgesamt einige Wochen

Step 3: ***Erste Kalkulation***

Durchführende:	VID, SB und VA's
Input:	Ausschreibung
Output:	Kalkulation
Dauer:	Mit 2 Personen bis zu 10 Tage

Step 4: ***Bid/NoBid-Antrag stellen***

Durchführender:	VB (nach Vorbereitung durch VID)
Input:	Kalkulation, Projekt-, Kunden- und Produktdaten
Output:	Genehmigter oder abgelehnter Antrag
Dauer:	ca. 3 Tage

Legende:
SB Systemberater
VA Vertriebsassistent
VB Vertriebsbeauftragter
VID Vertriebsinnendienst

Auszug aus der textlichen Beschreibung eines Ausschreibungsbearbeitungsprozesses

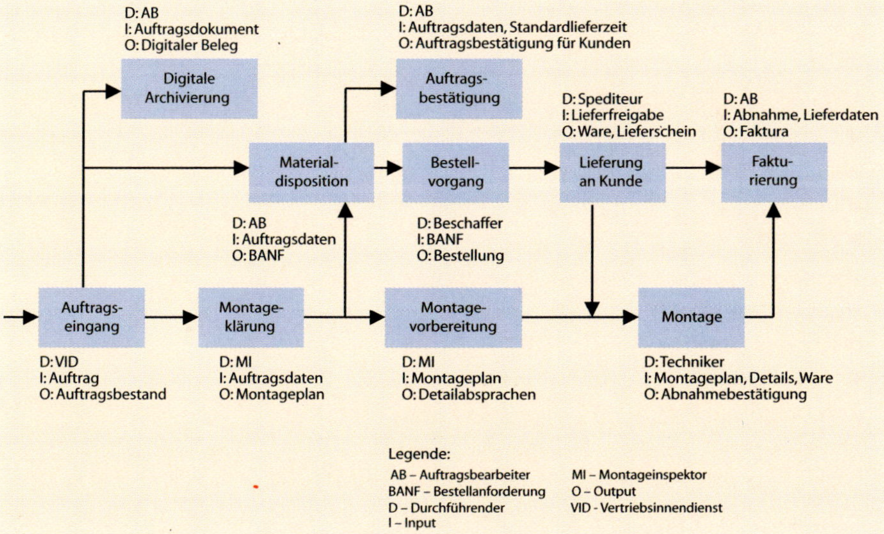

Beispiel einer grafischen Darstellung eines Prozesses

Besondere Aufmerksamkeit ist den Kernprozessen von Unternehmen zu widmen, da dort die direkte Wertschöpfung stattfindet. Zu ihnen gehören die operativen Teilprozesse Akquisition, Produktion, Montage, etc. (siehe auch „Elemente der Wertschöpfungskette“ in Abschnitt 4). Neben den Kernprozessen gibt es die dazugehörigen Management- und Supportprozesse. Letztere beinhalten die internen Dienstleistungen, wie das Rechnungswesen, die IT-Organisation, die Marktforschung, das Personalwesen, die Hausverwaltung, etc..

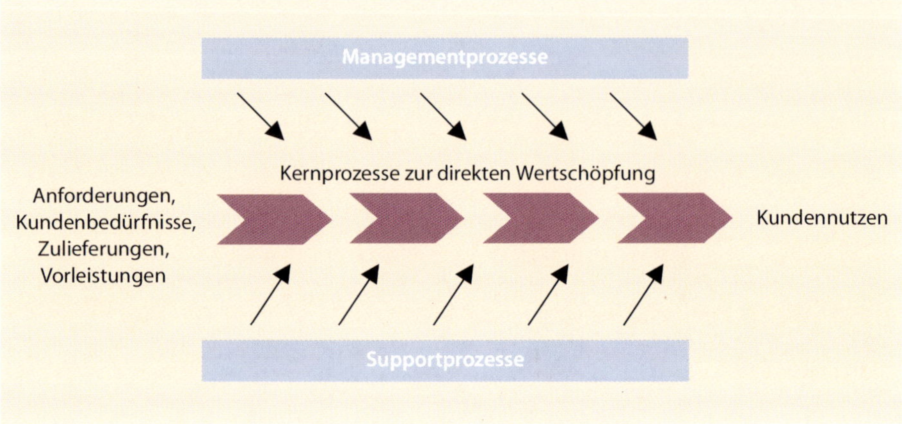

Modell der in einem Unternehmen ablaufenden Prozesse

Für die Prozessanalyse und Prozessüberwachung existieren auch Hilfsmittel. Zu ihnen gehört das ARIS-Toolset der IDS Scheer AG (http://www.ids-scheer.com/). Es unterstützt folgende Tätigkeiten:

- Dokumentation von Prozessen,
- Prozessdefinition mit Modellgenerierung,
- Simulation von Ressourcenauslastungen,
- Prozesskostenrechnung,
- Prozessimplementierung in mySAP.com oder INTERSHOP enfinity,
- Präsentation und Publizierung von Prozessmodellen.

Zur Prozessüberwachung ist beispielsweise der Process Performance Manager (PPM) von IDS Scheer einsetzbar. Er ermittelt und analysiert Leistungsdaten von Prozessen, die er aus Applikationen (z.B. aus ERP-, SCM-, CRM- und E-Commerce-Systemen) gewinnt.

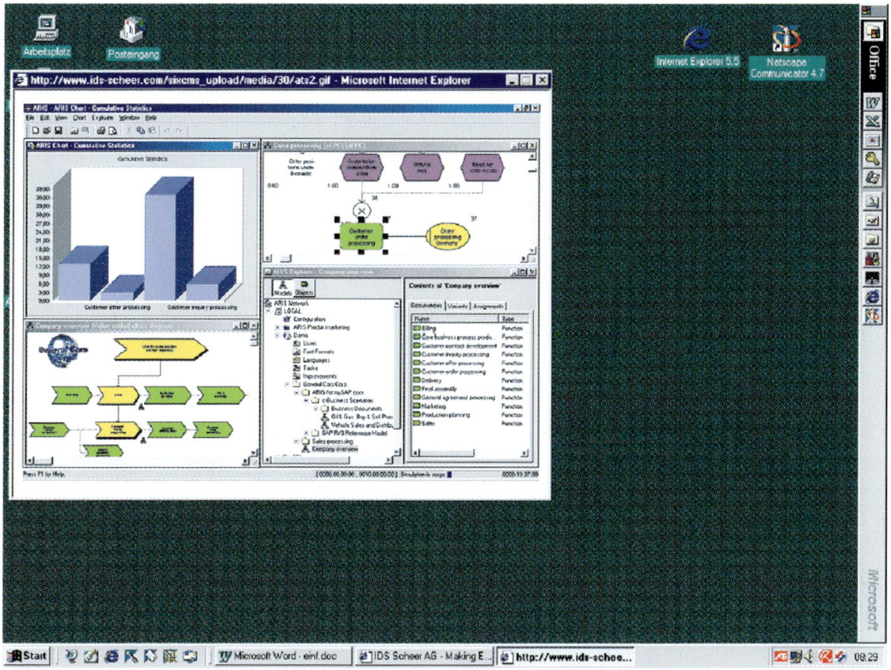

Benutzeroberfläche des ARIS-Toolset von IDS Scheer

Weitere wichtige Analysen sind Wirtschaftlichkeitsanalysen und Risikoanalysen für Investitionen. Diese Analysen lassen sich nach erfolgter Zieldefinition durchführen und basieren auf folgenden Kenngrößen:

ROI (Return on Investment) ist die effektive Zinsrate, die man für eine Investition erhält:

ROI = (Nutzen - Kosten) / Kosten

Mit Hilfe des ROI-Werts kann die Wirtschaftlichkeit einer Investition mit der Wirtschaftlichkeit anderer Geschäftsmöglichkeiten, ebenso wie mit aktuellen Bankzinsen, verglichen werden. Führt beispielsweise eine einmalige Investition von 100 TDM zu einem jährlichen Nutzen von 120 TDM, beträgt der ROI im ersten Jahr 20%.

Die **Amortisationsdauer** ist die Zeit, die benötigt wird, bis das Projekt soviel Nutzen verursacht hat, dass die Investition kompensiert ist:

Amortisationsdauer = Zeit bis ($\sum$ Einnahmen = $\sum$ Ausgaben)

Je kürzer die Amortisationsdauer, umso geringer ist das Risiko einer Investition.

Bezüglich Wirtschaftlichkeitsanalyse muss allerdings beachtet werden, dass sie nur bei einem quantitativ messbaren Nutzen einsetzbar ist. Ein qualitativer Nutzen (z.B. der Erhalt der Wettbewerbsfähigkeit) lässt sich damit nicht bewerten.

19.2.2 Zieldefinition

Ausgehend von den Analyseergebnissen oder einer vorgegebenen Vision (siehe z.B. [FOT 00.1]) ist eindeutig zu definieren, welches Ziel mit welchem Umfang und welcher Priorität in welchem Zeitraum erreicht werden soll.

Die Zieldefinition kann dabei in folgenden Schritten erfolgen:

- Ideensammlung,
- Strukturierung,
- Reviews,
- Verabschiedung.

Ziele müssen stets konkret sein. Deshalb gehören zu einer vollständigen Zielvereinbarung folgende Punkte:

- Inhalt: Was soll erreicht werden?
- Ausmaß: Wie viel soll erreicht werden (überprüfbarer Grad der Zielerreichung)?
- Termin: Bis wann soll das Ziel erreicht werden?
- Verantwortlichkeit: Wer ist für die Umsetzung verantwortlich?

Beim E-Business geht es vor allem um das effiziente Geschäftemachen. Aus diesem Grund sollte bei der Einführung des E-Business der Schwerpunkt auf Themen gelegt werden, die den Marktwert des betroffenen Unternehmens spürbar erhöhen können. Mögliche Module sind u.a.:

- E-Banking,
- E-Commerce-Shop,
- E-CRM,
- E-Knowledge-Management,
- E-Learning,
- E-Marketing,
- E-Procurement,
- E-Recruiting,
- E-SCM.

Die Beantwortung folgender Fragen kann bei der Zieldefinition helfen:

- Welche Vorgänge (z.B. im Service, Marketing, Personalwesen, Vertrieb und in der Logistik) lassen sich elektronisch besser abwickeln als traditionell?
- Welche Prozesse müssen elektronisch ablaufen, damit das Unternehmen wettbewerbsfähig bleibt oder sich von der Konkurrenz differenzieren kann?
- Rechtfertigt der Nutzen der vorgesehenen Maßnahmen den dafür erforderlichen Aufwand?
- Mit welcher Priorität sind die einzelnen Maßnahmen durchzuführen? Was ist besonders geschäftskritisch und muss als Erstes passieren?

Automatisierte Prozessschritte sind manuellen, meist über Papierflüsse koordinierten, in der Regel vorzuziehen. Die Automatisierung bringt beachtliche Vorteile hinsichtlich Geschwindigkeit, Fehlerfreiheit und Kosten. Bei der Solldefinition neuer Geschäftsprozesse ist es allerdings wichtig, sie durchgängig zu gestalten und die organisatorische Auswirkungen zu überprüfen. Dabei kann sich herausstellen, dass sich gewachsene betriebliche Strukturen in klassischen Unternehmen gar nicht mehr mit einem vernünftigen Aufwand verändern lassen, da sie überhaupt nicht zum neuen Geschäftsansatz passen. Sie sind dann entweder zu zerstören oder mit der Gründung einer neuen, flexibleren „dot.com"-Geschäftseinheit zu umgehen. Alle Umstellungsmassnahmen sollten in möglichst kurzer Zeit umsetzbar sein, denn im Internet-Zeitalter gilt die Devise: „Nicht die Großen fressen die Kleinen, sondern die Schnellen die Langsamen". Dies erfordert auch, dass mit der Zieldefinition lediglich ein Rahmen für schnelles, unternehmerisches Handeln vorgegeben wird. Sie darf sich nur auf das Wesentliche konzentrieren.

Für einzelne Mitarbeiter ist zur kontinuierlichen zielorientierten Arbeit die Balanced Scorecard zu empfehlen. Die darauf basierende Zielerreichung sollte Grundlage für eine leistungsabhängige Bezahlung sein. Generell beinhaltet eine Balanced Scorecard vier Perspektiven:

- Finanzen: Wie sollte die Organisation aus Kapitalgebersicht dastehen?
- Kunden: Wie sollte die Organisation dem Kunden gegenüber auftreten?
- Prozesse: Welche Geschäftsprozesse müssen besonders gut beherrscht werden?
- Lernen: Wie werden die Fähigkeiten zur Erreichung des Unternehmensziels aufrechterhalten und weiter verbessert?

Bei der Beantwortung dieser Fragen ist von der Unternehmensstrategie (bzw. Vision) auszugehen. Zu jeder Perspektive sind schriftlich individuelle Teilziele mit Kennzahlen (Bewertungskriterien), zu erreichenden Werten[1] und durchzuführenden Aktivitäten festzulegen.

19.2.3 Aufbau der Projektorganisation

Die zur Einführung des E-Business aufzubauende Projektorganisation besteht immer aus einem Projektleiter und den Projektmitarbeitern. Außerdem gibt es meist noch ein Steering Committee als übergeordnete Kontrollinstanz und oberstes Entscheidungsgremium.

Da es beim E-Business um eine grundlegende Umstrukturierung von Unternehmen geht, sollte der Projektleiter möglichst ein Mitarbeiter der höchsten Führungsebene sein. Er muss allerdings ein ausreichendes Technologieverständnis mitbringen und prozessorientiert arbeiten können. Die Projektmitarbeiter sind aus den verschiedenen Fachbereichen des Unternehmens so auszuwählen, dass sichergestellt ist, dass optimale Prozesslösungen realisiert werden. Neben diesen Mitarbeitern aus den Fachbereichen werden in der Regel auch externe Consulter und Programmierer im Projekt mitarbeiten.

Die Geschäftsleitung hat die Aufgabe, die Projektorganisation mit den notwendigen personellen und materiellen Ressourcen auszustatten. Außerdem sollte sie ein klares Bekenntnis zur Notwendigkeit des Projekts in Form einer offiziellen Projekterklärung abgeben. In dieser Erklärung wird folgendes bekanntgegeben:

- Projektname,
- Ausgangssituation (kurze Beschreibung des zu verändernden Zustands),
- Projektziele mit Zeitrahmen,
- Strategische Priorität des Projekts,
- Vorgesehener Projektverlauf (Teilschritte),
- Projektorganisation (Auftraggeber, Projektleiter, Projektmitarbeiter, Berichtswege).

19.2.4 Detailplanung des Projekts

Vom Projektteam wird als erstes eine Detailplanung zum Projekt erstellt. Sie umfasst:

1) bei qualitativen Zielen ist im Gegensatz zur quantitativen Zielen allerdings nur ein Prozentsatz angebbar

- einen Aktivitätenplan mit Abläufen und Terminen,
- einen Ressourcenplan,
- einen Budgetplan.

Dazu muss der gesamte Projektumfang in Einzelaktivitäten aufgeteilt werden. Zu jeder Aktivität ist der Aufwand hinsichtlich Ressourcen, Zeit und Budget zu schätzen sowie die logische und zeitliche Reihenfolge festzulegen. Für Gruppen zusammengehöriger Aktivitäten wird in der Regel am Ende ein Meilenstein definiert.

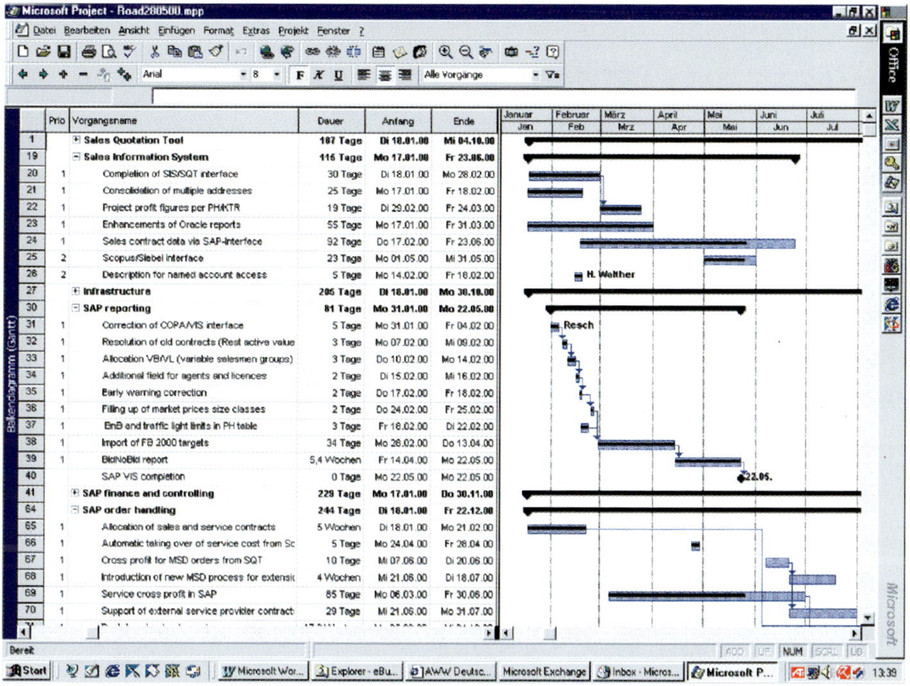

Darstellung einer Projektaktivitätenplanung in einem Balkendiagramm (Gantt-Chart)

Grundlage einer Detailplanung zur Entwicklung oder Anpassung von EDV-Systemen ist in der Regel eine Spezifikation (bzw. ein Pflichtenheft). Abschnitt 8.1 enthält beispielsweise einen Auszug aus solch einer Spezifikation für eine E-Commerce-Lösung. Generell haben Systemspezifikationen folgende Grundbestandteile:

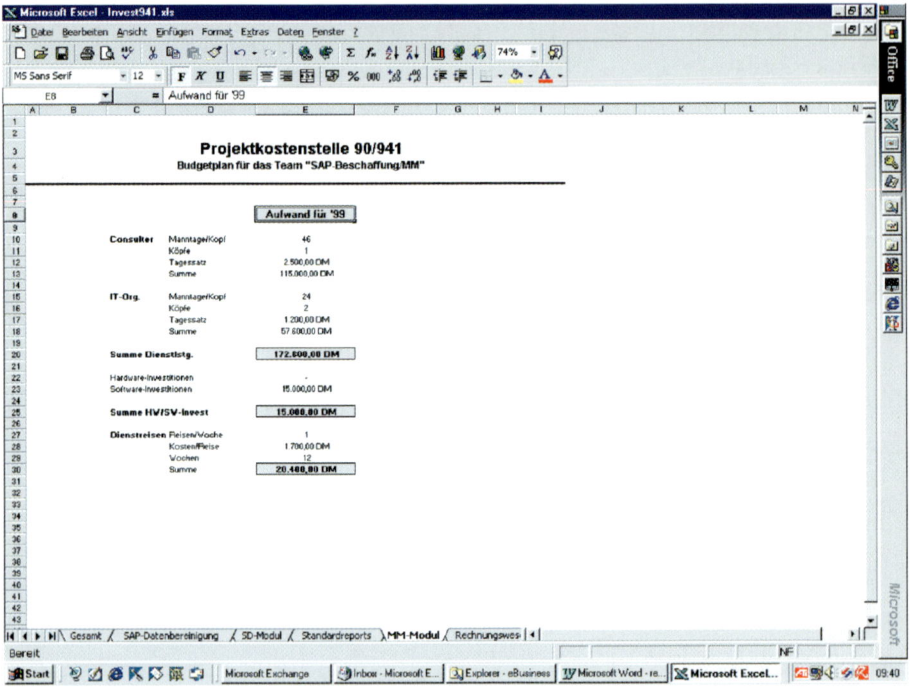

Beispiel eines Projektbudgetplans

- Beschreibung des zu unterstützenden Geschäftsprozesses,
- Prozessschnittstellen,
- Funktionsmodell (Vorgangsketten),
- Funktionsbeschreibung (Input, Output, Verarbeitungsvorschrift),
- Datenmodell (Datentypen, Beziehungen, Attribute, Schlüssel, Integrationsbedingungen),
- Benutzerschnittstelle (Masken-, Listenlayout),
- Dialogstruktur,
- Maßnahmen zum Datenschutz und zur Datensicherung
- Leistungsgrenzwerte (max. Benutzerzahl, Datenmengen, Aktualisierungsintervalle, Geschwindigkeit),
- Testfälle,
- einzuhaltende Standards.

Erst nach dem Vorliegen einer solchen Spezifikation sollten die möglichen IT-Lösungen betrachtet und ausgewählt werden. Anderenfalls kann es passieren, dass sich mit einer vorher ausgewählten Lösung das gewünschte Ziel nicht oder nur mit unangemessenem Aufwand erreichen lässt.

19.2.5 Projektdurchführung

Die nach der Detailplanung folgende Durchführungsphase eines E-Business-Projekts umfasst folgende Aktivitäten:

- Beschaffung und Installation von Hard- und Software;
- ggf. Verhandlung von Outsourcing-[1] und Partnerverträgen;
- Entwicklung und Anpassung von EDV-Systemen;
- Labor- und Feldtests;
- Erstellung von Dokumentationen zu Tools, Prozessen und Regeln;
- kontinuierliche Information der Mitarbeiter des Unternehmens über das Projekt;
- rechtzeitiger Abschluss von Betriebsvereinbarungen;
- Organisation von Trainingsveranstaltungen zu Tools, Prozessen und Richtlinien für Mitarbeiter sowie ggf. Geschäftspartner;
- Aufbau und Betreiben eines Anwender-Help-Desk;
- Prozessanpassungen durch Information, Training, Richtlinien, Tooländerungen und Kontrollen;
- Einrichtung einer permanenten Prozessüberwachung;
- Koordination und Überwachung aller Veränderungsschritte bezüglich Umfang, Qualität, Terminen und Kosten durch die Projektleitung;
- ggf. Einleitung von Korrekturmaßnahmen;
- Reviews zu den verschiedenen Projektaktivitäten;
- Statusreporting.

Der regelmäßig zu erstellende Statusbericht sollte Aussagen zu folgenden Punkten enthalten:

- Einschätzung des Gesamtstatus laut Ablaufplan,
- Soll/Ist-Vergleich für Termine, Ressourcen und Kosten,
- Abweichungsanalyse mit Ursachen und Auswirkungen,

1) z.B. zum Server-Hosting

- Hinweise auf Probleme und Risiken mit Abschätzung der möglichen Folgen,
- eingeleitete Gegenmaßnahmen,
- projektbezogene Kennzahlen

Nicht zu unterschätzen ist die Bedeutung der umfassenden Information aller Mitarbeiter des Unternehmens, um ausreichend Verständnis zu wecken und Motivation zu erreichen. Eine ideale Möglichkeit bietet dafür die Webtechnologie. Alle Projektpläne, Statusberichte, Protokolle, Spezifikationen, Richtlinien und sonstige Dokumente können auf einem Web-Server im Intranet veröffentlicht werden.

19.2.6 Projektabschluss

Projekte enden üblicherweise, wenn alle Ziele eines Projektes erreicht sind. Zum Projektabschluss sind dann noch folgende Aktivitäten auszuführen:

- die Übergabe der Verantwortung für den laufenden Betrieb an geeignete Fachabteilungen; ideal ist, wenn sie bereits vorher im Projekt mitgearbeitet und diese Aufgaben wahrgenommen haben; zur Vermeidung von Kanalkonflikten[1] kann aber auch eine neue Geschäftseinheit für das E-Business gebildet werden;
- das Verfassen eines Abschlussberichts mit Aussagen zur Situation vor dem Projektbeginn, zu den Projektzielen, den eingeleiteten Maßnahmen, der Zielerreichung und den angefallenen Kosten.

Die Umstellung auf das E-Business sollte allerdings nicht als ein einmaliges abgeschlossenes Projekt betrachtet werden, denn die Dynamik des Marktes erfordert ständige Anpassungen.

1) d.h. Widerständen, internem Boykott

20 Rechtliche Rahmenbedingungen

Das Internet ist schon lange kein rechtsfreier Raum mehr. Eine ganze Reihe von Gesetzen regeln den kommerziellen Umgang mit dem Medium. Dabei hat europäisches Recht Vorrang vor nationalem Recht. Es bildet eine gemeinsame Plattform für alle EU-Mitgliedsstaaten.

20.1 Europäisches Recht

In den letzten Jahren wurden von der europäischen Kommission mehrere Direktiven ausgearbeitet, die von den EU-Mitgliedstaaten in die nationale Gesetzgebung einzuarbeiten sind. Dazu gehören[1] u.a.:

- Directive 95/46/EC of the European Parliament and of the Council of 24 October 1995 on the Protection of individuals with regard to the processing of personal data and on the free movement of such data.
- Directive 97/7/EC of the European Parliament and of the Council of 20 May 1997 on the Protection of Consumers in respect of Distance Contracts.
- Directive 97/66/EC of the European Parliament and of the Council of 15 December 1997 concerning the processing of personal data and the protection of privacy in the telecommunications sector.
- Directive 1999/93/EC of the European Parliament and of the Council of 13 December 1999 on a Community framework for electronic signatures.
- Directive 2000/31/EC of the European Parliament and of the Council of 8 June 2000 on certain legal aspects of information society services, in particular electronic commerce, in the Internal Market („Directive on electronic commerce").

Unternehmen finden Erläuterungen, Beispiele und Anwendungsvorschläge zu diesen europäischen Rahmenbedingungen in [SCH 00].

Im wesentlichen enthalten die Direktiven die nachfolgend zusammengestellten Vorgaben.

1) siehe http://europa.eu.int/ISPO/ecommerce/legal/legal.html und http://europa.eu.int/eur-lex/de/lif/reg/de_register_132060.html

20.1.1 Vertragsabschluss

Die nationalen Rechtssysteme müssen den Abschluss von Verträgen mit elektronischen Mitteln erlauben.

20.1.2 B2B-Verträge

Beim elektronischen Handel zwischen Unternehmen sind vor der Auftragserteilung wenigstens folgende Informationen auszutauschen:

- eine Beschreibung der technischen Schritte zum Abschluss eines Vertrags,
- die im Vertrag zu verwendende Sprache,
- eine Beschreibung der technischen Mittel für die Erkennung und Korrektur von Eingabefehlern,
- eine Erläuterung der Art und Weise, in der die Vertragsbestätigung erfolgt,
- die Vertragsbedingungen,
- die Allgemeinen Geschäftsbedingungen sowie
- die Identität, der Handelsstatus und die Anschrift des Verkäufers.

20.1.3 B2C-Verträge

Im elektronischen Handel mit Endverbrauchern müssen Händler folgende Informationen bereitstellen:

- die Identität und Adresse des Händlers,
- eine Beschreibung und den Preis der Produkte oder Dienstleistungen,
- die Lieferkosten und Lieferzeiten,
- die Rückgabebedingungen,
- die Rückgabefrist,
- die Vertragsbedingungen,
- die Allgemeinen Geschäftsbedingungen,
- eine Beschreibung der Verfahren zur Bezahlung und Lieferung,
- einen Hinweis auf das Rücktrittsrecht,
- den Zeitraum, in dem das Angebot oder der Preis gültig bleibt,
- die minimale Vertragsdauer (falls relevant),
- die Kosten der entfernten Kommunikation,
- eine Beschreibung der technischen Schritte zum Abschluss eines Vertrags,

- die für einen Vertragsabschluss verfügbaren Sprachen,
- eine Beschreibung der technischen Mittel für die Erkennung und Korrektur von Eingabefehlern,
- eine Erläuterung der Art und Weise, in der die Vertragsbestätigung erfolgt.

Schriftlich ist dem Verbraucher außerdem folgendes zu übermitteln:

- eine Auftragsbestätigung (elektronisch und unverzögert),
- eine Beschreibung des Verfahrens zur Ausübung des Rücktrittsrechts,
- eine Adresse für Beschwerden,
- Hinweise zum After-Sales-Service und zur Garantie,
- die Bedingungen, unter denen der Vertrag annulliert werden kann.

20.1.4 Rücktrittsrecht

Verbraucher haben beim elektronischen Einkauf[1] ein Rücktrittsrecht von wenigstens sieben Arbeitstagen. Versäumt der Verkäufer es, auf das Rücktrittsrecht hinzuweisen, verlängert sich die Frist automatisch auf drei Monate. Geldrückzahlungen müssen innerhalb von 30 Tagen erfolgen. Außerdem sind Verkäufer verpflichtet, abgeschlossene Kaufverträge innerhalb von 30 Tagen zu erfüllen. Bei Nichteinhaltung ist der Verbraucher zu informieren und das Geld zurückzuzahlen.

20.1.5 Zuständiges Gericht

Die Zuständigkeit eines Gerichts für grenzüberschreitende Rechtsstreitigkeiten ist im Europäischen Gerichtsstands- und Vollstreckungsabkommen (EuGVÜ)[2] geregelt. Dieses Abkommen sieht vor, dass für Zivil- und Handelssachen die Gerichte des Staates zuständig sind, in dem der Beklagte seinen Wohnsitz hat. Bei Verbrauchersachen kann nach § 13 davon abgewichen werden, wenn der Vertragspartner des Verbrauchers vor dem Vertragsabschluss mit einem ausdrücklichen Angebot oder einer Werbung aktiv auf den Verbraucher zugegangen ist. In diesem Fall sind für Klagen gegen den Vertragspartner des Verbrauchers auch die Gerichte des Staates zuständig, in dessen Hoheitsgebiet der Verbraucher seinen Wohnsitz hat.

Im März 2002 ändert sich die Regelung. Ein Verbraucher kann dann nach der Verordnung Nr. 44/2001[3] des Rates vom 22. Dezember 2000 über gerichtliche

1) mit Ausnahme von dafür ungeeigneter Ware, wie Lebensmitteln, Zeitungen und Softwaredownloads

2) siehe http://dejure.org/gesetze/EuGVUE

3) siehe http://europa.eu.int/ISPO/ecommerce/legal/favorite.html

Zuständigkeit und die Anerkennung und Vollstreckung von Entscheidungen in Zivil- und Handelssachen ohne die vorgenannte Einschränkung gegen Vertragspartner aus anderen EU-Mitgliedsstaaten vor dem Gericht des Ortes, an dem der Verbraucher seinen Wohnsitz hat, klagen.

20.1.6 Elektronische Unterschrift

Elektronische Unterschriften gemäß Direktive 1999/93/EC sind handschriftlichen Unterschriften gleichzustellen und vor Gericht anzuerkennen.

20.1.7 Verbraucherschutz

Bezüglich Online-Direktwerbung können die EU-Mitgliedsländer zwischen dem Opt-Out- und dem Opt-In-Modell wählen[1]. Beim Opt-Out-Modell ist das Versenden von Werbemails an alle Personen erlaubt, die sich nicht in einer Robinson-Liste bei einem Preference Service[2] eingetragen haben, während beim Opt-In-Modell von jedem Mailempfänger die ausdrückliche Zustimmung vorliegen muss. Zusätzlich zu beachten sind die Acceptable Use Policies der ISPs, die in der Regel „Spamming", d.h. das unaufgeforderte Versenden von Werbemails, ausdrücklich verbieten.

20.1.8 Datenschutz

Beim Austausch von personenbezogenen Daten sind die Grundrechte und Freiheiten von Individuen zu berücksichtigen. Das Abhören elektronischer Nachrichten durch Dritte ist nicht erlaubt[3]. Außerdem dürfen personenbezogene Daten nicht in Länder mit inadäquatem Datenschutzniveau[4] übertragen werden. Die EU-Mitgliedsstaaten müssen in nationalen Gesetzen festlegen, unter welchen Bedingungen sie die Verarbeitung personenbezogener Daten erlauben.

---

1) nach dem Artikel 10 der Fernabsatz-Direktive sind unaufgeforderte Mitteilungen über E-Mail nur dann zulässig, wenn der Verbraucher dies nicht offenkundig abgelehnt hat (Opt-Out-Modell); einige EU-Mitgliedsstaaten verschärfen diese Regelung in ihrer nationalen Rechtssprechung, indem sie die Einholung der vorherigen Einwilligung des Verbrauchers verlangen (Opt-In-Modell); Artikel 7 der e-Commerce-Direktive fordert, dass diejenigen Mitgliedsstaaten, die nicht angeforderte kommerzielle Kommunikation mittels E-Mail zulassen, sicherstellen, dass solche Kommunikationen bei Eingang beim Nutzer klar und unzweideutig als solche erkennbar sind

2) z.B. http://www.erobinson.de/, http://www.www.de/freitag/, http://www.ddv.de/service/faq_348.html, http://mail-abuse.org/

3) Ausnahme: Beschränkungen durch nationale Rechtsvorschriften, die für die Sicherheit des Staates, die Landesverteidigung, die öffentliche Sicherheit oder die Verhütung, Ermittlung, Feststellung und Verfolgung von Straftaten oder des unzulässigen Gebrauchs von elektronischen Kommunikationssystemen notwendig sind

4) das Datenschutzniveau von Unternehmen mit Sitz in den USA gilt nur bei Einhaltung der mit dem US Department of Commerce vereinbarten „Safe Harbor"-Prinzipien als adäquat

20.1.9 Mehrwertsteuer

Innerhalb der EU ist für alle Geschäfte, die über das Internet abgewickelt werden, eine Mehrwertsteuer zu zahlen. Dies gilt auch bei Geschäften mit Nicht-EU-Staaten, wenn die Auslieferung elektronisch über das Internet erfolgt[1]. Nur beim Verkauf von physisch auszuliefernden Waren in Nicht-EU-Staaten entfällt die Mehrwertsteuer. Zur Vermeidung von Benachteiligungen gegenüber Nicht-EU-Serviceanbietern soll dies demnächst auch für die elektronische Auslieferung in Nicht-EU-Staaten der Fall sein. Dazu hat die europäische Kommission einen Vorschlag[2] ausgearbeitet, der voraussichtlich im Sommer 2001 verabschiedet wird.

Die nachfolgende Tabelle gibt einen Überblick über die Varianten der Mehrwertsteuerberechnung[3]:

Artikelkategorie	Standort des Kunden	Mehrwertsteuerregelung
Physische Ware	Im selben EU-Staat	Der Händler berechnet dem Kunden die lokale Mehrwertsteuer
	B2B in versch. EU-Staaten	Der Geschäftskunde bezahlt in seinem Land Mehrwertsteuer
	B2C in versch. EU-Staaten	Unter einem Schwellwert von 100.000 Euro pro Jahr berechnet der Händler dem Kunden die Mehrwertsteuer des Landes, in dem der Händler seinen Sitz hat; nach Überschreitung des Schwellwertes berechnet er dem Kunden die Mehrwertsteuer des Landes, in dem der Kunde lebt und reicht sie auch dort ein
	Nicht-EU-Staat	Keine Mehrwertsteuer

(Forts. nächste Seite)

1) dies ist beim Softwaredownload oder anderen Online-Services der Fall

2) siehe http://europa.eu.int/comm/taxation_customs/proposals/taxation/com349_2000/com2000_349en.pdf

3) siehe http://europa.eu.int/ISPO/ecommerce/legalguide.html, http://europa.eu.int/eur-lex/de/lif/reg/de_register_093010.html, http://europa.eu.int/comm/taxation_customs/publications/info_doc/taxation/541-97/541-97de.pdf und http://www.europarl.eu.int/factsheets/3_4_5_de.htm

Artikelkategorie	Standort des Kunden	Mehrwertsteuerregelung
Services	Im selben EU-Staat	Der Händler berechnet dem Kunden die lokale Mehrwertsteuer
	B2B in versch. EU-Staaten	Der Geschäftskunde bezahlt in seinem Land Mehrwertsteuer
	B2C in versch. EU-Staaten	Der Händler berechnet dem Kunden die Mehrwertsteuer des Landes, in dem der Händler seinen Sitz hat
	Nicht-EU-Staat	Es ist geplant, dass hierfür die Mehrwertsteuer entfällt; gegenwärtig fällt bei elektronisch ausgelieferten Services noch die Mehrwertsteuer des Landes an, in dem der Service-Provider seinen Geschäftssitz hat

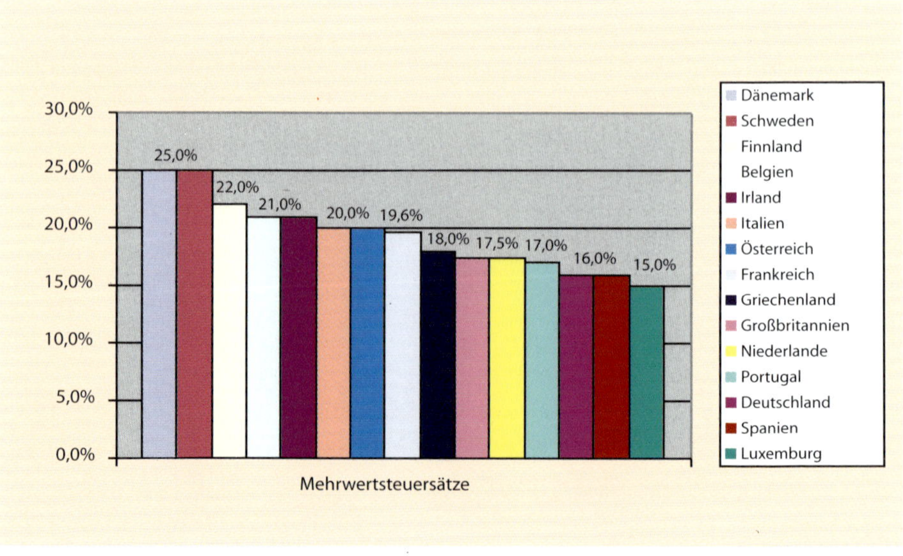

Mehrwertsteuersätze der EU-Staaten (Februar 2001)

20.2 Deutsches Recht

In Deutschland existierten im Februar 2001 die nachfolgend vorgestellten nationalen Regelungen[1].

20.2.1 Fernabsatzgesetz

Am 30. Juni 2000 trat das Fernabsatzgesetz in Kraft. Es kommt u.a. beim E-Commerce zur Anwendung und legt fest, dass Händler ihre Kunden vor dem Abschluss eine Kaufvertrags klar und deutlich informieren müssen über:

1. Identität und Anschrift des Unternehmers,
2. wesentliche Merkmale der Ware oder Dienstleistung,
3. wann der Vertrag zustande kommt,
4. die Mindestlaufzeit des Vertrags, wenn dieser eine dauernde oder regelmäßig wiederkehrende Leistung zum Inhalt hat,
5. einen Vorbehalt, eine in Qualität und Preis gleichwertige Leistung (Ware oder Dienstleistung) zu erbringen, und einen Vorbehalt, die versprochene Leistung im Falle ihrer Nichtverfügbarkeit nicht zu erbringen,
6. den Preis der Ware oder Dienstleistung einschließlich aller Steuern und sonstiger Preisbestandteile,
7. gegebenenfalls zusätzlich anfallende Liefer- und Versandkosten,
8. Einzelheiten hinsichtlich der Zahlung und der Lieferung oder Erfüllung,
9. das Bestehen eines Widerrufs- oder Rückgaberechts nach § 3,
10. Kosten, die dem Verbraucher durch die Nutzung der Fernkommunikationsmittel entstehen, sofern sie über die üblichen Grundtarife, mit denen der Verbraucher rechnen muss, hinausgehen,
11. die Gültigkeitsdauer befristeter Angebote, insbesondere hinsichtlich des Preises.

Der Unternehmer hat sicherzustellen, dass die Informationen Nr. 1 bis 9 dem Kunden spätestens unmittelbar nach Vertragsschluss, bei Waren spätestens bei Lieferung, auf einem dauerhaften Datenträger zur Verfügung stehen. Dabei muss der Verbraucher auf folgende Informationen in einer hervorgehobenen und deutlich gestalteten Form aufmerksam gemacht werden:

---

1) siehe u.a. http://www.bmj.bund.de/, http://www.iid.de/iukdg/, http://www.bmwi.de/ und http://www.fernabsatzgesetz.de/

1. Bedingungen, Einzelheiten der Ausübung und Rechtsfolgen des Widerrufs- oder Rückgaberechts sowie der Ausschluss des Widerrufsrechts, wenn der Unternehmer mit der Ausführung der Dienstleistung mit Zustimmung des Kunden vor Ende der Widerrufsfrist begonnen hat oder der Kunde diese selbst veranlasst hat.
2. Die Anschrift der Niederlassung des Unternehmers, bei der der Verbraucher Beanstandungen vorbringen kann, sowie eine ladungsfähige Anschrift des Unternehmers und bei juristischen Personen, Personenvereinigungen oder -gruppen auch den Namen eines Vertretungsberechtigten.
3. Informationen über Kundendienst und geltende Gewährleistungs- und Garantiebedingungen.
4. Die Kündigungsbedingungen bei Verträgen, die ein Dauerschuldverhältnis betreffen und für eine längere Zeit als ein Jahr oder für unbestimmte Zeit geschlossen werden.

Die Sätze 1 und 2 gelten nicht für Dienstleistungen, die unmittelbar durch Einsatz von Fernkommunikationsmitteln erbracht werden, sofern diese Leistungen in einem Mal erfolgen und über den Betreiber der Fernkommunikationsmittel abgerechnet werden.

Dem Verbraucher steht ein Widerrufsrecht nach § 361a des Bürgerlichen Gesetzbuchs zu. Die Widerrufsfrist beginnt abweichend vom Bürgerlichen Gesetzbuch nicht vor Erfüllung der Informationspflichten, bei der Lieferung von Waren nicht vor dem Tag ihres Eingangs beim Empfänger und bei Dienstleistungen nicht vor dem Tag des Vertragsabschlusses. Werden die Informationspflichten nicht erfüllt, beträgt die Widerrufsfrist vier Monate, ansonsten sind es zwei Wochen. Der Widerruf muss keine Begründung enthalten und schriftlich auf einem dauerhaften Datenträger oder durch Rücksendung der Sache innerhalb der vorgenannten Frist erfolgen. Zur Fristwahrung genügt die rechtzeitige Absendung.

Das Widerrufsrecht besteht nicht bei folgenden Fernabsatzverträgen:

1. Lieferung von Waren, die nach Kundenspezifikation angefertigt werden oder eindeutig auf die persönlichen Bedürfnisse zugeschnitten sind oder die aufgrund ihrer Beschaffenheit nicht für eine Rücksendung geeignet sind oder schnell verderben können oder deren Verfallsdatum überschritten würde,
2. Lieferung von Audio- oder Videoaufzeichnungen oder von Software, sofern die gelieferten Datenträger vom Verbraucher entsiegelt worden sind,

3. Lieferung von Zeitungen, Zeitschriften und Illustrierten,
4. Erbringung von Wett- und Lotteriedienstleistungen,
5. Verträge, die in Form von Versteigerungen (§ 156 des Bürgerlichen Gesetzbuchs) geschlossen werden.

Wird der Preis, den der Kunde zu entrichten hat, ganz oder teilweise durch einen Kredit des Unternehmers finanziert, so ist der Kunde an seine auf Abschluss des Kreditvertrags gerichtete Willenserklärung nicht gebunden, wenn er von einem Widerrufs- oder Rückgaberecht fristgerecht Gebrauch gemacht hat.

Dem Kunden dürfen bei einer Bestellung bis zu einem Betrag von 40 Euro die Kosten der Rücksendung vertraglich auferlegt werden, es sei denn, dass die gelieferte Ware nicht der bestellten entspricht. Höhere Rücksendekosten als 40 Euro muss generell der Unternehmer tragen.

20.2.2 Informations- und Kommunikationsdienste-Gesetz

Das am 1. August 1997 in Kraft getretenen Informations- und Kommunikationsdienstegesetz (IuKDG) umfasst elf Artikel:

- Art. 1: Teledienstegesetz
- Art. 2: Teledienstedatenschutzgesetz
- Art. 3: Gesetz zur digitalen Signatur
- Art. 4: Änderung des Strafgesetzbuchs
- Art. 5: Änderung des Gesetzes über Ordnungswidrigkeiten
- Art. 6: Änderung des Gesetzes über die Verbreitung jugendgefährdender Schriften
- Art. 7: Änderung des Urheberrechtsgesetzes
- Art. 8: Änderung des Preisangabengesetzes
- Art. 9: Änderung der Preisangabenverordnung
- Art. 10: Rückkehr zum einheitlichen Verordnungsrang
- Art. 11: Inkrafttreten

Das Teledienstegesetz (TDG) regelt die Rahmenbedingungen für das Angebot und die Nutzung von Telediensten durch die Sicherstellung der Zugangsfreiheit, die Klarstellung von Verantwortlichkeiten der Diensteanbieter und die Verpflichtung zur Anbieterkennzeichnung mit Name und Anschrift. Es definiert Teledienste als elektronische Informations- und Kommunikationsdienste, die für eine individuelle Nutzung von kombinierbaren Daten, wie Zeichen, Bilder oder Töne, bestimmt sind und denen eine Übermittlung mittels Telekommunikation zugrunde liegt.

Dies umfasst:

- Angebote im Bereich der Individualkommunikation (z.B. Telebanking, Datenaustausch),
- Angebote zur Information oder Kommunikation (z.B. Datendienste mit Verkehrs-, Wetter-, Umwelt- und Börsendaten, Verbreitung von Informationen über Waren und Dienstleistungsangebote),
- Angebote zur Nutzung des Internet (z.B. Navigationshilfen),
- Angebote zur Nutzung von Telespielen,
- Angebote von Waren und Dienstleistungen in elektronisch abrufbaren Datenbanken mit interaktivem Zugriff und unmittelbarer Bestellmöglichkeit.

Das Gesetz gilt dagegen nicht für massenkommunikativ gestaltete Dienste wie Teleshopping in Form von Fernsehveranstaltungen, Rundfunk, elektronische Presseinformation, Fernsehtext sowie Telekommunikationsdienstleistungen und -dienste nach § 3 des Telekommunikationsgesetzes.

Alle Teledienste im Rahmen des Gesetzes sind zulassungs- und anmeldungsfrei.

Zur Verantwortlichkeit der Diensteanbieter wird im TDG folgendes geregelt:

1. Diensteanbieter sind für eigene Inhalte, die sie zur Nutzung bereithalten, nach den allgemeinen Gesetzen verantwortlich.
2. Diensteanbieter sind für fremde Inhalte, die sie zur Nutzung bereithalten, nur dann verantwortlich, wenn sie von diesen Inhalten Kenntnis haben und es ihnen technisch möglich und zumutbar ist, deren Nutzung zu verhindern.
3. Diensteanbieter sind für fremde Inhalte, zu denen sie lediglich den Zugang zur Nutzung vermitteln, nicht verantwortlich. Eine automatische und kurzzeitige Vorhaltung fremder Inhalte auf Grund einer Nutzerabfrage gilt als Zugangsvermittlung.
4. Verpflichtungen zur Sperrung der Nutzung rechtswidriger Inhalte nach den allgemeinen Gesetzen bleiben unberührt, wenn der Diensteanbieter unter Wahrung des Fernmeldegeheimnisses gemäß § 85 des Telekommunikationsgesetzes von diesen Inhalten Kenntnis erlangt und eine Sperrung technisch möglich und zumutbar ist.

Das Teledienste-Datenschutzgesetz (TDDSG) enthält Regelungen zum Schutz personenbezogener Daten bei Telediensten. Als bereichsspezifische Neukonzeption des Datenschutzes ermöglicht dieses Gesetz, ausgehend von den Grundsätzen der Datenvermeidung und des Systemdatenschutzes sowie mit einem Transparenzgebot, einen wirksamen Schutz personenbezogener Daten.

Nach dem Gesetz darf ein Diensteanbieter personenbezogene Daten über die Inanspruchnahme von Telediensten nur erheben, verarbeiten und nutzen, soweit dies erforderlich ist, um dem Nutzer die Inanspruchnahme von Telediensten zu ermöglichen (Nutzungsdaten) oder um die Nutzung von Telediensten abzurechnen (Abrechnungsdaten). Eine Nutzung personenbezogener Daten für Zwecke der Beratung, der Werbung, der Marktforschung oder zur bedarfsgerechten Gestaltung der Teledienste ist lediglich dann zulässig, wenn der Nutzer dem ausdrücklich zugestimmt hat. Der Nutzer muss vor Erklärung seiner Einwilligung auf sein Recht auf jederzeitigen Widerruf mit Wirkung für die Zukunft hingewiesen werden.

Vor der Erhebung von Daten ist der Nutzer über Art, Umfang, Ort und Zweck der Erhebung sowie Verarbeitung und Nutzung der personenbezogenen Daten zu unterrichten. Bei automatisierten Verfahren, die eine spätere Identifizierung des Nutzers ermöglichen und eine Erhebung, Verarbeitung oder Nutzung personenbezogener Daten vorbereiten, ist der Nutzer vor Beginn dieses Verfahrens zu unterrichten. Der Inhalt der Unterrichtung muss für den Nutzer jederzeit abrufbar sein.

Der Diensteanbieter hat durch technische und organisatorische Vorkehrungen außerdem sicherzustellen, dass

1. der Nutzer seine Verbindung mit dem Diensteanbieter jederzeit abbrechen kann,
2. die anfallenden personenbezogenen Daten über den Ablauf des Abrufs oder Zugriffs oder der sonstigen Nutzung unmittelbar nach deren Beendigung gelöscht werden, soweit nicht eine längere Speicherung für Abrechnungszwecke erforderlich ist,
3. der Nutzer Teledienste gegen Kenntnisnahme Dritter geschützt in Anspruch nehmen kann,
4. die personenbezogenen Daten über die Inanspruchnahme verschiedener Teledienste durch einen Nutzer getrennt verarbeitet werden; eine Zusammenführung dieser Daten ist unzulässig, soweit dies nicht für Abrechnungszwecke erforderlich ist.

Die nachfolgende Tabelle gibt einen Überblick über vorgeschriebene Löschzeitpunkte für personenbezogene Daten:

Datentyp	Vorgeschriebener Löschzeitpunkt
Nutzungsdaten	frühestmöglich, jedoch spätestens unmittelbar nach dem Ende der jeweiligen Nutzung, soweit es sich nicht um Abrechnungsdaten handelt
Abrechnungsdaten	sobald sie für Zwecke der Abrechnung nicht mehr erforderlich sind; nutzerbezogene Abrechnungsdaten, die für die Erstellung von Einzelnachweisen über die Inanspruchnahme bestimmter Angebote auf Verlangen des Nutzers gemäß Absatz 4 gespeichert werden, sind spätestens 80 Tage nach Versendung des Einzelnachweises zu löschen, es sei denn, die Entgeltforderung wird innerhalb dieser Frist bestritten oder trotz Zahlungsaufforderung nicht beglichen

Der Nutzer ist berechtigt, jederzeit die zu seiner Person oder zu seinem Pseudonym gespeicherten Daten unentgeltlich beim Diensteanbieter einzusehen. Die Auskunft ist auf Verlangen des Nutzers auch elektronisch zu erteilen.

Das Signaturgesetz (SigG) schuf 1997 erstmalig Rahmenbedingungen für sichere digitale Signaturen. Es wurde im Mai 2001 durch das Gesetz über Rahmenbedingungen für elektronische Signaturen abgelöst.

20.2.3 Gesetz über rechtliche Rahmenbedingungen für den elektronischen Geschäftsverkehr

Kern des am 14.02.2001 vom Bundeskabinett beschlossenen Entwurfs[1] zum „Gesetz über rechtliche Rahmenbedingungen für den elektronischen Geschäftsverkehr (Elektronischer Geschäftsverkehr-Gesetz – EGG)" ist die Einführung des Herkunftslandsprinzips im Teledienstegesetz. Dies bedeutet, dass für in Deutschland niedergelassene Anbieter von Internet-Diensten in weiten Bereichen allein das deutsche Recht maßgeblich ist, und zwar auch dann, wenn sie ihre elektronischen Dienste anderswo in Europa anbieten oder erbringen. Sie brauchen sich daher nicht mehr mit den unterschiedlichen Rechtsordnungen der Zielländer befassen. Für den Verbraucher bleibt auch bei Rechtstreitigkeiten im Zusammenhang mit Lieferungen aus

1) Bundesrat und Bundestag müssen noch zustimmen, um den Entwurf zum Gesetz zu machen

dem europäischen Ausland der eigene Wohnort Gerichtsstand[1]. Deutsche Gerichte werden in diesen Fällen laut Bundesjustizministerin Herta Däubler-Gmelin ausländisches Recht anwenden.

Darüber hinaus bringt der Gesetzentwurf eine Erweiterung der Informationspflichten von Diensteanbietern und eine Neuregelung ihrer Verantwortlichkeit.

Zu den erweiterten Informationspflichten gehört, dass Diensteanbieter für geschäftsmäßige Teledienste mindestens folgende Informationen leicht erkennbar, unmittelbar erreichbar und ständig verfügbar halten müssen:

1. den Namen und die Anschrift, unter der sie niedergelassen sind, bei juristischen Personen zusätzlich den Vertretungsberechtigten,
2. Angaben, die eine schnelle elektronische Kontaktaufnahme und unmittelbare Kommunikation mit ihnen ermöglichen, einschließlich der Adresse der elektronischen Post,
3. soweit der Teledienst im Rahmen einer Tätigkeit angeboten oder erbracht wird, die der behördlichen Zulassung bedarf, Angaben zur zuständigen Aufsichtsbehörde,
4. das Handelsregister, Vereinsregister, Partnerschaftsregister oder Genossenschaftsregister, in das sie eingetragen sind, und die entsprechende Registernummer,
5. soweit der Teledienst in Ausübung eines Berufs im Sinne von Artikel 1 Buchstabe d oder der Richtlinie 89/48/EWG des Rates vom 21. Dezember 1988 über die allgemeine Regelung zur Anerkennung der Hochschuldiplome, die eine mindestens 3-jährige Berufsausbildung abschließen, oder im Sinne von Artikel 1 Buchstabe f der Richtlinie 92/51/EWG des Rates vom 18. Juni 1992 über eine zweite allgemeine Regelung zur Anerkennung beruflicher Befähigungsnachweise in Ergänzung zur Richtlinie 89/48/EWG, die zuletzt durch die Richtlinie 97/38/EG der Kommission vom 20. Juni 1997 geändert worden ist, angeboten oder erbracht wird, Angaben über
   a) die Kammer, der die Diensteanbieter angehören,
   b) die gesetzliche Berufsbezeichnung und den Staat, in dem die Berufsbezeichnung verliehen worden ist,
   c) die Bezeichnung der berufsrechtlichen Regelungen und dazu, wie diese zugänglich sind,

1) siehe auch die Verordnung Nr. 44/2001 des Rates vom 22. Dezember 2000 über gerichtliche Zuständigkeit und die Anerkennung und Vollstreckung von Entscheidungen in Zivil- und Handelssachen (http://europa.eu.int/ISPO/ecommerce/legal/favorite.html)

6. in Fällen, in denen sie eine Umsatzsteueridentifikationsnummer nach § 27a des Umsatzsteuergesetzes besitzen, die Angabe dieser Nummer.

Weitergehende Informationspflichten, insbesondere nach dem Fernabsatzgesetz, dem Fernunterrichtsgesetz, dem Teilzeit-Wohnrechtegesetz oder dem Preisangaben- und Preisklauselgesetz und der Preisangabenverordnung sowie nach handelsrechtlichen Bestimmungen, bleiben unberührt.

Bei kommerziellen Kommunikationen, die Bestandteil eines Teledienstes sind oder die einen solchen Dienst darstellen, haben Diensteanbieter mindestens die nachfolgenden Voraussetzungen zu beachten:

1. Kommerzielle Kommunikationen müssen klar als solche zu erkennen sein.
2. Die natürliche oder juristische Person, in deren Auftrag kommerzielle Kommunikationen erfolgen, muss klar identifizierbar sein.
3. Angebote zur Verkaufsförderung, wie Preisnachlässe, Zugaben und Geschenke, müssen klar als solche erkennbar sein, und die Bedingungen für ihre Inanspruchnahme müssen leicht zugänglich sein sowie klar und unzweideutig angegeben werden.
4. Preisausschreiben oder Gewinnspiele mit Werbecharakter haben als solche deutlich erkennbar zu sein. Die Teilnahmebedingungen müssen leicht zugänglich sein und klar und unzweideutig angegeben werden.

Die Vorschriften des Gesetzes gegen den unlauteren Wettbewerb bleiben unberührt.

Zur Verantwortlichkeit wurden folgende Grundsätze aufgestellt:

1. Diensteanbieter sind für eigene Informationen, die sie zur Nutzung bereithalten, nach den allgemeinen Gesetzen verantwortlich.
2. Diensteanbieter im Sinne der §§ 9 bis 11 sind nicht verpflichtet, die von ihnen übermittelten oder gespeicherten Informationen zu überwachen oder nach Umständen zu forschen, die auf eine rechtswidrige Tätigkeit hinweisen. Verpflichtungen zur Entfernung oder Sperrung der Nutzung von Informationen nach den allgemeinen Gesetzen bleiben auch im Falle der Nichtverantwortlichkeit des Diensteanbieters nach den §§ 9 bis 11 unberührt. Das Fernmeldegeheimnis nach § 85 des Telekommunikationsgesetzes ist zu wahren.

§ 9 Durchleitung von Informationen

1. Diensteanbieter sind für fremde Informationen, die sie in einem Kommunikationsnetz übermitteln oder zu denen sie den Zugang zur Nutzung vermitteln, nicht verantwortlich, sofern sie

- die Übermittlung nicht veranlasst,
- den Adressaten der übermittelten Informationen nicht ausgewählt und
- die übermittelten Informationen nicht ausgewählt oder verändert haben.

2. Die Übermittlung von Informationen nach Absatz 1 und die Vermittlung des Zugangs zu ihnen umfasst auch die automatische kurzzeitige Zwischenspeicherung dieser Informationen, soweit dies nur zur Durchführung der Übermittlung im Kommunikationsnetz geschieht und die Informationen nicht länger gespeichert werden als für die Übermittlung üblicherweise erforderlich ist.

§ 10 Zwischenspeicherung zur beschleunigten Übermittlung von Informationen
Diensteanbieter sind für eine automatische, zeitlich begrenzte Zwischenspeicherung, die allein dem Zweck dient, die Übermittlung der fremden Information an andere Nutzer auf deren Anfrage effizienter zu gestalten, nicht verantwortlich, sofern sie

1. die Information nicht verändern,
2. die Bedingungen für den Zugang zu den Informationen beachten,
3. die Regeln für die Aktualisierung der Information, die in weithin anerkannten und verwendeten Industriestandards festgelegt sind, beachten,
4. die erlaubte Anwendung von Technologien zur Sammlung von Daten über die Nutzung der Information, die in weithin anerkannten und verwendeten Industriestandards festgelegt sind, nicht beeinträchtigen und
5. unverzüglich handeln, um im Sinne dieser Vorschrift gespeicherte Informationen zu entfernen oder den Zugang zu ihnen zu sperren, sobald sie Kenntnis davon erhalten haben, dass die Informationen am ursprünglichen Ausgangsort der Übertragung im Netz entfernt wurden oder der Zugang zu ihnen gesperrt wurde oder ein Gericht oder eine Verwaltungsbehörde die Entfernung oder Sperrung angeordnet hat.

§ 11 Speicherung von Informationen
Diensteanbieter sind für fremde Informationen, die sie für einen Nutzer speichern, nicht verantwortlich, sofern

1. sie keine Kenntnis von der rechtswidrigen Handlung oder der Information haben und ihnen im Falle von Schadensersatzansprüchen auch keine Tatsachen oder Umstände bekannt sind, aus denen die rechtswidrige Handlung oder die Information offensichtlich wird, oder
2. sie unverzüglich tätig geworden sind, um die Information zu entfernen oder den Zugang zu ihr zu sperren, sobald sie diese Kenntnis erlangt haben.

Satz 1 findet keine Anwendung, wenn der Nutzer dem Diensteanbieter untersteht oder von ihm beaufsichtigt wird.

20.2.4 Gesetz über Rahmenbedingungen für elektronische Signaturen

Am 15. Februar 2001 beschloss der Deutsche Bundestag das „Gesetz über Rahmenbedingungen für elektronische Signaturen“ und im Mai 2001 trat es in Kraft. Dieses Gesetz löst das „Gesetz zur digitalen Signatur“ aus dem Jahr 1997 ab. Es setzt die Richtlinie des Europäischen Parlaments und des Rates über gemeinschaftliche Rahmenbedingungen für elektronische Signaturen aus dem Jahr 1999 um. Die Rechtsfolgen, die sich aus der Verwendung der gesetzlich definierten elektronischen Signatur ergeben[1)], werden durch das „Gesetz zur Anpassung der Formvorschriften des Privatrechts und anderer Vorschriften an den modernen Rechtsgeschäftsverkehr“ festgelegt.

Im Gesetz über Rahmenbedingungen für elektronische Signaturen gibt es drei Klassen von Signaturen:

- die elektronische Signatur:
  Daten in elektronischer Form, die anderen elektronischen Daten beigefügt oder mit ihnen logisch verknüpft werden und zur Authentisierung dienen,
- die fortgeschrittene elektronische Signatur:
  Daten in elektronischer Form, die eine Authentisierung und Integritätsprüfung verknüpfter Daten ermöglichen,
- die qualifizierte elektronische Signatur[2)]:
  Daten in elektronischer Form, die eine Authentisierung und Integritätsprüfung verknüpfter Daten ermöglichen, zum Zeitpunkt der Erzeugung auf einem gültigen qualifizierten Zertifikat basieren und von einer sicheren Signaturerstellungseinheit erzeugt wurden.

1) d.h., die Gleichstellung der qualifizierten elektronischen Signatur mit der handschriftlichen Unterschrift in den verschiedenen Vorschriften des nationalen Rechts

2) wird in der EU-Richtlinie als fortgeschrittene elektronische Signatur bezeichnet, die zusätzliche Anforderungen erfüllt

Die qualifizierte elektronische Signatur hat im Rechtsverkehr die gleiche Wirkung wie eine eigenhändige Unterschrift, wenn durch Gesetz nicht etwas anderes bestimmt wird. Ihre Sicherheit gilt als nachgewiesen, wenn sie auf einem qualifizierten Zertifikat eines akkreditierten Zertifizierungsdiensteanbieters basiert.

Wer den Betrieb eines Zertifizierungsdienstes aufnimmt, hat dies der zuständigen Behörde, d.h. der Regulierungsbehörde für Post und Telekommunikation, spätestens mit Betriebsaufnahme anzuzeigen. Er muss die notwendige Zuverlässigkeit, Fachkunde und Deckungsvorsorge nachweisen können.

Ein Zertifikatsanbieter hat Personen, die ein qualifiziertes Zertifikat beantragen, zuverlässig zu identifizieren. Er bestätigt die Zuordnung eines Signaturschlüssels zu einer identifizierten Person durch ein qualifiziertes Zertifikat mit folgendem Inhalt:

1. den Namen des Signaturschlüssel-Inhabers, der im Falle einer Verwechslungsmöglichkeit mit einem Zusatz zu versehen ist, oder ein dem Signaturschlüsselinhaber zugeordnetes unverwechselbares Pseudonym, das als solches kenntlich sein muss,
2. den zugeordneten Signaturprüfschlüssel,
3. die Bezeichnung der Algorithmen, mit denen der Signaturprüfschlüssel des Signaturschlüsselinhabers sowie der Signaturprüfschlüssel des Zertifizierungsdiensteanbieters benutzt werden kann,
4. die laufende Nummer des Zertifikats,
5. Beginn und Ende der Gültigkeit des Zertifikats,
6. den Namen des Zertifizierungsdiensteanbieters und des Staates, in dem er niedergelassen ist,
7. Angaben darüber, ob die Nutzung des Signaturschlüssels auf bestimmte Anwendungen nach Art oder Umfang beschränkt ist,
8. Angaben, dass es sich um ein qualifiziertes Zertifikat handelt,
9. nach Bedarf Attribute des Signaturschlüsselinhabers,
10. die qualifizierte elektronische Signatur des Zertifizierungsdiensteanbieters.

Ein qualifiziertes Zertifikat ist vom Zertifizierungsdiensteanbieter unverzüglich zu sperren, wenn ein Signaturschlüsselinhaber oder sein Vertreter es verlangt, das Zertifikat aufgrund falscher Angaben ausgestellt wurde, der Zertifizierungsdiensteanbieter seine Tätigkeit beendet und diese nicht von einem anderen Zertifizierungsdiensteanbieter fortgeführt wird oder die zuständige Behörde eine Sperrung anordnet. Die Sperrung muss den Zeitpunkt enthalten, von dem an sie gilt.

Verletzt ein Zertifizierungsdiensteanbieter die Anforderungen des Gesetzes oder der Rechtsverordnung nach § 24 oder versagen seine Produkte für qualifizierte elektronische Signaturen oder sonstige technische Sicherungseinrichtungen, so hat er einem Dritten den Schaden zu ersetzen, den dieser dadurch erleidet, dass er auf die Angaben in einem qualifizierten Zertifikat, einem qualifizierten Zeitstempel oder einer Auskunft nach § 5 Abs. 1 Satz 2 (d.h. der Bestätigung der Zuordnung eines Signaturprüfschlüssels zu einer identifizierten Person durch ein qualifiziertes Zertifikat) vertraut.

Zertifizierungsanbieter können sich auf Antrag von der zuständigen Behörde akkreditieren lassen. Die Akkreditierung ist zu erteilen, wenn der Zertifizierungsdiensteanbieter nachweist, dass die Vorschriften nach dem Gesetz und der Rechtsverordnung nach § 24 erfüllt sind. Akkreditierte Zertifizierungsdiensteanbieter erhalten ein Gütezeichen der zuständigen Behörde.

Der § 17 des Gesetzes definiert die Anforderungen an Produkte für qualifizierte elektronische Signaturen. Signaturschlüssel können entweder direkt auf einer sicheren Signaturerstellungseinheit[1] oder in einer sicheren Umgebung beim Zertifizierungsdiensteanbieter erzeugt und anschließend auf die Signaturerstellungseinheit geladen werden.

Mit der Aufnahme des Betriebes unterliegt ein Zertifizierungsdiensteanbieter der Aufsicht der zuständigen Behörde.

Elektronische Signaturen, für die ein ausländisches qualifiziertes Zertifikat aus einem anderen Mitgliedsstaat der Europäischen Union oder aus einem anderen Vertragsstaat des Abkommens über den Europäischen Wirtschaftsraum vorliegt, sind, soweit sie Artikel 5 Abs. 1 der Richtlinie 1999/93/RG des Europäischen Parlaments und des Rates vom 13. Dezember 1999 über gemeinschaftliche Rahmenbedingungen für elektronische Signaturen in der jeweils geltenden Fassung entsprechen, qualifizierten elektronischen Signaturen gleichgestellt.

Im wesentlichen fanden mit dem „Gesetz über Rahmenbedingungen für elektronische Signaturen“ folgende Anpassungen der deutschen Signaturgesetzgebung statt:

- Schaffung von EU-weit einheitlichen rechtlichen Rahmenbedingungen für elektronische Signaturen,
- Angleichung der allgemeinen Sicherheitsanforderungen an Zertifizierungsstellen und technische Signaturkomponenten entsprechend der europäischen Signaturrichtlinie,

1) Smartcard

- Wegfall der Genehmigungspflicht für Zertifizierungsstellen,
- Einführung eines Aufsichtssystems über Zertifizierungseinrichtungen,
- Beibehaltung des Sicherheitsniveaus nach geltendem Signaturgesetz bei der Prüfung von Zertifizierungsstellen und technischen Signaturkomponenten über die Einführung einer freiwilligen Akkreditierung für Zertifizierungsdiensteanbieter,
- Aufnahme einer Regelung zur Haftung von Zertifizierungsdiensteanbietern, verbunden mit der Verpflichtung zur ausreichenden Deckungsvorsorge.

20.2.5 Gesetz zur Anpassung der Formvorschriften des Privatrechts und anderer Vorschriften an den modernen Rechtsgeschäftsverkehr

Das Bundeskabinett hat am 6. September 2000 dem Gesetzesentwurf des Bundesjustizministeriums zur Anpassung der Formvorschriften des Privatrechts und anderer Vorschriften an den modernen Rechtsgeschäftsverkehr zugestimmt. Der Entwurf wurde anschließend dem Bundesrat und dem Deutschen Bundestag zugeleitet. Dieses „Formgesetz" (FormG-E) soll in der ersten Hälfte des Jahres 2001 in Kraft treten, damit keine zeitliche Lücke für die Rechtswirkung elektronischer Signaturen entsteht.

Es beinhaltet Änderungen des Bürgerlichen Gesetzbuches (BGB), der Zivilprozessordnung, des Sozialgerichtsgesetzes, des Handelsgesetzbuchs etc., um elektronische Dokumente mit qualifizierter elektronischer Signatur den schriftlichen Dokumenten mit handschriftlicher Unterschrift (Urkunden) gleichzustellen.

Das BGB erhält eine Ergänzung, die besagt, dass die schriftliche Form durch die elektronische Form ersetzt werden kann, wenn sich nicht aus dem Gesetz etwas anderes ergibt. Ausnahmen, die weiterhin die schriftliche Form mit handschriftlicher Unterschrift erfordern, sind:

- die Kündigung des Arbeitsvertrags gemäß § 623 BGB,
- das Zeugnis gemäß § 630 BGB,
- die Bürgschaftserklärung gemäß § 766 BGB,
- das Schuldversprechen gemäß § 780 BGB und
- das Schuldanerkenntnis gemäß § 781 Satz 1 BGB.

In allen anderen Fällen gilt:

> „Soll die gesetzlich vorgeschriebene schriftliche Form durch die elektronische Form ersetzt werden, so muss der Aussteller der Erklärung dieser seinen Namen hinzufügen und das elektronische Dokument mit einer qualifizierten elektronischen Signatur nach dem Signaturgesetz versehen.“

Bei einem Vertrag müssen die Parteien jeweils ein gleichlautendes Dokument in der vorangehend beschriebenen Weise elektronisch signieren.

20.2.6 Sonstiges

In der deutschen Rechtsprechung wird allgemein davon ausgegangen, dass für das unaufgeforderte Versenden von Werbemails das ausdrückliche Einverständnis des Empfängers vorliegen muss. Dies ist darauf zurückzuführen, dass deutsche Verbraucher in der Regel die Verwendung der E-Mail als Werbemittel ablehnen, weil sie mit den Kosten für die E-Mail-Werbung belastet werden und die Blockade ihrer Mailbox befürchten müssen.

Beim Einkaufen im Internet ist zu beachten, dass es im deutschen Recht zum Verbraucherschutz in Bezug auf die Adressweitergabe eine Schwachstelle gibt. Während für das Bestellen von Waren im Internet das Teledienstedatenschutzgesetz gilt, das die Weitergabe von Adressen ohne Zustimmung verbietet, erfolgt der Schutz der für das Zusenden von Waren und die dazugehörige Abrechnung benötigten Daten, wie Name und Adresse, nur nach dem weniger strengen Bundesdatenschutzgesetz. Dieses sieht im § 28 vor, dass der Verbraucher der Verwendung seiner Daten für Werbezwecke sowie für die Markt- und Meinungsforschung ausdrücklich widersprechen muss, um sich vor einer Weitergabe im Adressenhandel zu schützen.

Für Unternehmen, die ihren Online-Shop gesetzeskonform einrichten wollen, gibt es ein von den Rechtsanwälten Graefe & Partner geschaffenes Beispiel. Sie zeigen auf ihrer Website unter http://www.graefe-partner.de/mustershop/ wie sich die gültigen Rechtsvorschriften praktisch umsetzen lassen. Auch ein Vorschlag zu den Allgemeinen Geschäftsbedingungen wird gemacht.

Weitere Informationen zum Deutschen Recht im Zusammenhang mit dem E-Business sind u.a. unter folgenden Webadressen zu finden:

http://www.datenschutz-berlin.de/,
http://www.ecin.de/recht/,
http://www.graefe-partner.de/,
http://www.iid.de/iukdg/,
http://www.ivo-geis.de/.

21 Prognosen

Trotz der stets voneinander abweichenden Umsatzprognosen stimmen alle Analysten darin überein, dass das E-Business sehr hohe Wachstumsraten aufweist. Die Deutsche Bundesregierung erwartet deshalb, dass der Internetmarkt in den kommenden Jahren zur größten Wirtschaftsbranche in Deutschland wird.

Einen Überblick über verschiedene im Internet und in der Presse publizierte Prognosen geben die nachfolgenden Tabellen und Abbildungen:

Kategorie	Quelle	Jahr	Prognose
E-Business, allgemein	Gartner Group[1]	2000	Mit einem E-Business-Umsatzvolumen von $26 Milliarden liegt Deutschland momentan an der Spitze in Europa. Im Jahr 2004 wird mit jährlichen Wachstumsraten von 88% ein Volumen von $344 Milliarden in Deutschland erreicht. Europas Internet-Wirtschaft durchbricht dann mit einer Wachstumsrate von 87% die $1Billion-Grenze. Im Jahr 2000 hatte der europäische E-Business-Markt eine Größe von $93 Milliarden.
	KPMG[2]	2001	98% aller deutschen Unternehmen sind online. Mit E-Business wurden 1999 weltweit Umsätze in Höhe von 180 Milliarden Euro getätigt. Für das Jahr 2004 wird ein weltweiter Online-Umsatz von $6,8 Billionen erwartet. Auf Europa entfällt dabei ein Anteil von $1,5 Billionen.
	Mediamit	2000	19% der deutschen Firmen werden 2001 in B2B-Anwendungen investieren und 52% in Informationstechnik und Internet.

(Forts. nächste Seite)

1) siehe http://www.cisco.com/go/gartner/

2) siehe http://www.kpmg.de/library/surveys/satellit/eBus_BDA_Studie.pdf

Kategorie	Quelle	Jahr	Prognose
E-Commerce	AMR Research	2000	Das B2B-E-Commerce-Handelsvolumen lag 1999 weltweit bei $215 Milliarden und wird in 2002 $1 Billion erreichen. Bis 2004 erfolgt ein Anstieg auf $5,7 Billionen.
	BITKOM	2001	2004 wird ein E-Commerce-Umsatz von $6,9 Billionen weltweit, $1,5 Billionen in Europa und 800 Milliarden DM in Deutschland erwartet. Im Jahr 2000 waren es 2,5 Milliarden DM in Deutschland.
	Boston Consulting	2000	2003 wird in Deutschland 14% des Handels elektronisch abgewickelt. Das Gesamtvolumen des deutschen B2B-E-Commerce steigt von 177 Milliarden Euro im Jahr 2000 auf 422 Milliarden Euro im Jahr 2003.
	Emnid	2000	9,4 Millionen Deutsche shoppen im Netz und die Zahl der E-Commerce-Interessierten wächst sprunghaft. 24 Millionen Verbraucher stehen Online-Einkäufen aufgeschlossen gegenüber.
	Empirica[1]	2000	Im Jahr 2000 haben 6 Millionen Bundesbürger regelmäßig und 8 Millionen gelegentlich im Web eingekauft. Im Jahr 2001 werden in Deutschland 13 Millionen neue Käufer dazukommen. 2003 kaufen bereits 54% der europäischen Bevölkerung mit einem Alter über 14 Jahre regelmäßig im Internet ein.
	Forrester Research	2000	80% der E-Commerce-Einkünfte in Europa werden in den nächsten 4 Jahren aus dem B2B-Geschäft stammen. Der deutsche B2B-E-Commerce-Markt wird in 2003 eine Größe von $460 Milliarden erreichen.
	Forrester Research	2001	Der B2B-E-Commerce-Handel in Nordamerika wird 2004 ein Volumen von $2,7 Billionen überschreiten.
	IDC	2000	In 2001 werden mehr als $272 Milliarden weltweit im E-Commerce umgesetzt, 78% davon mit B2B-Transaktionen.

1) siehe http://ecatt.com/ecatt/

Kategorie	Quelle	Jahr	Prognose
E-Payment	BITKOM	2000	Dieser Teilmarkt der Sicherheitstechnologie wächst von 500 Millionen DM im Jahr 1999 auf 1 Milliarde DM im Jahr 2003.
E-Procurement	Electronic Commerce Infonet[1]	2000	66% der mittleren und großen Unternehmen der USA kaufen heute online ein. 45% bieten selbst Produkte und Dienstleistungen auf E-Märkten an.
	Forit (jetzt Forrester)	2000	In Deutschland nutzen im Jahr 2001 bereits 75% aller Einkäufer das Internet als Informationsquelle. In zunehmendem Maße wird hierüber auch der komplette Einkauf abgewickelt.
	Forrester Research	2000	In Europa wird im Jahr 2002 ein Volumen von 1,5 Billionen Euro per EDI und Web-EDI gehandelt. Anschließend geht das EDI-Handelsvolumen zugunsten offener, netzbasierter Lösungen zurück. Auf E-Marktplätzen wurde im Jahr 2000 ein Umsatz von 500 Millionen Euro erwirtschaftet. Bis 2005 wird er auf 900 Milliarden Euro ansteigen. Ende 2001 existieren ca. 1000 E-Marktplätze.
	Gartner Group	2000	Bis 2004 wird mehr als ein Drittel des E-Commerce-Umsatzes auf E-Marktplätzen stattfinden.
	IDC	2000	Im Jahr 2003 wird es weltweit 250 Millionen Nutzer von E-Procurement-Lösungen geben.
	Infratest Burke	2000	37,6% der deutschen Unternehmen setzt bereits E-Procurement ein und 22,4% planen die Einführung in 2001.
E-CRM	Meta Group	2000	Die weltweiten Umsätze mit Hardware, Software und Services werden 2001 bei \$4,7 Milliarden liegen und bis 2003 die \$10-Milliarden-Grenze überschreiten.
	PAC Group	2000	Der deutsche CRM-Markt wächst von 1,7 Milliarden DM im Jahr 2000 auf 4,8 Milliarden DM im Jahr 2003.

1) siehe http://www.ecin.de/marktbarometer/

Kategorie	Quelle	Jahr	Prognose
E-SCM	AMR Research	1999	Die Umsätze im SCM-Markt mit Software und Services werden von $5,8 Milliarden im Jahr 2000 auf $18,6 Milliarden im Jahr 2003 ansteigen.
	Diebold	2000	80% der deutschen 500 Topunternehmen bezogen in 2000 einen statischen Kreis von Handelspartnern per EDI in ihre Prozesse mit ein. 1/3 dieser Unternehmen nutzte das Internet zum SCM. 2004 sollen es 2/3 sein. Aber auch dann werden sie vorrangig noch mit einem festen Kreis von Partnern zusammenarbeiten. Einen dynamischen Kreis an Geschäftspartnern haben in 2004 erst 15%.
E-Learning	Gartner Group	1999	Bis 2003 werden mit 70% Wahrscheinlichkeit mindestens 60% aller Unternehmen E-Learning einsetzen.
	IDC	2000	Mit einer jährlichen Wachstumsrate von 83% wird der Corporate-Markt für E-Learning in 2003 eine Größe von $11 Milliarden erreichen.
E-Recruiting	ABN Amro	2000	Der europäische Branchenumsatz wird sich von 264 Millionen Euro in 1999 auf 4,5 Milliarden Euro in 2005 erhöhen.
E-Knowledge-Management	IDC	2000	Ausgehend von einem Marktvolumen von $1,3 Milliarden im Jahr 1999 werden $8 Milliarden bis 2003 erreicht.
E-Banking	Angus Reid Group	2000	Weltweit existieren 50 Millionen Nutzer von Online-Banking-Angeboten. In den USA gehören 21% und in Deutschland 42% der Internet-Benutzer dazu. Dieser Anteil bleibt mindestens bis Mitte 2001 so erhalten.
	Gartner Group	2000	27,5 Millionen Menschen in den USA nutzen das Online-Banking. Die entspricht einem Anstieg von 350% zwischen 1998 und 2000. Bis 2005 steigt die Nutzerzahl in den USA auf 55 Millionen.

Kategorie	Quelle	Jahr	Prognose
ASP	Forrester Research	2000	Bis 2003 liegt der Umsatz weltweit bei $11,3 Milliarden.
	Gartner Group	2000	Der weltweite ASP-Markt wächst von $1 Milliarde im Jahr 2000 auf $21 Milliarde im Jahr 2004.
	Meta Group	2000	Der deutsche ASP-Markt wird 2004 eine Größe von $1,2 Milliarden erreichen.
	Ovum	2000	Der globale ASP-Umsatz lag im Jahr 2000 bei $2 Milliarden und wird bis 2004 auf $57 Milliarden ansteigen.

Im Zusammenhang mit der weiteren Verbreitung des E-Business wird es auch im Alltag der Verbraucher zu einer starken Automatisierung routinemäßiger Beschaffungsvorgänge kommen. Die Marktforscher von Deloitte Research (http://www.dc. com/research/) prognostizieren, dass die wichtigsten E-Business-Kunden der nächsten Generation Maschinen sein werden. Da alle Geräte zukünftig über das Internet vernetzt sind, tritt bereits im Jahr 2004 die menschliche Kommunikation gegenüber der Maschine-zu-Maschine-Kommunikation in den Hintergrund. Der Kühlschrank wird fehlende Bestände gemäß programmiertem Wunsch nachbestellen, Küchengeräte melden selbständig Defekte an Servicecenter, intelligente Einkaufsroboter (siehe http://www.bizbots.com/) kaufen Produkte gemäß Preis-, Mengen- und Qualitätsvorgaben selbständig ein etc..

Weitere Prognosen zum E-Business sind auch unter http://www.ecin.de/marktbarometer/, http://www.iplanet.de/center/ecnews/markettrends.html und http://www.cisco.com/warp/public/750/iq/ zu finden.

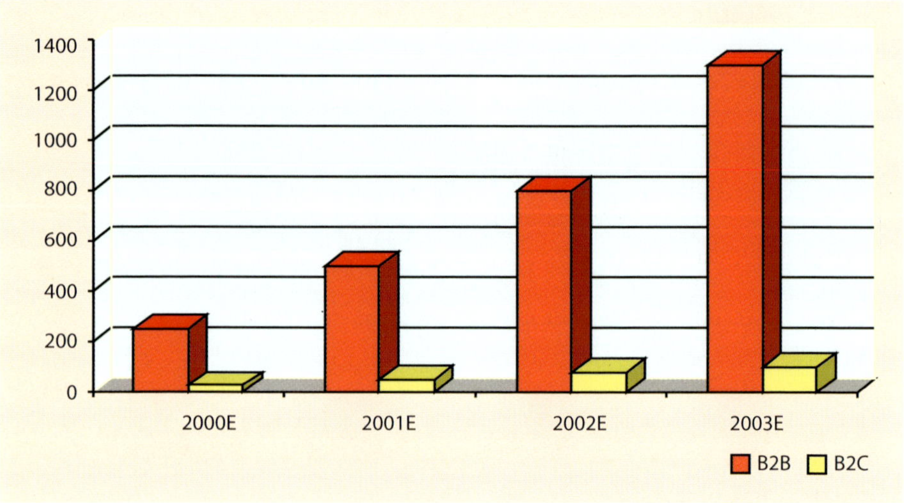

Weltweite E-Commerce-Umsätze in Milliarden US-$ (Deloitte Consulting, 2000)

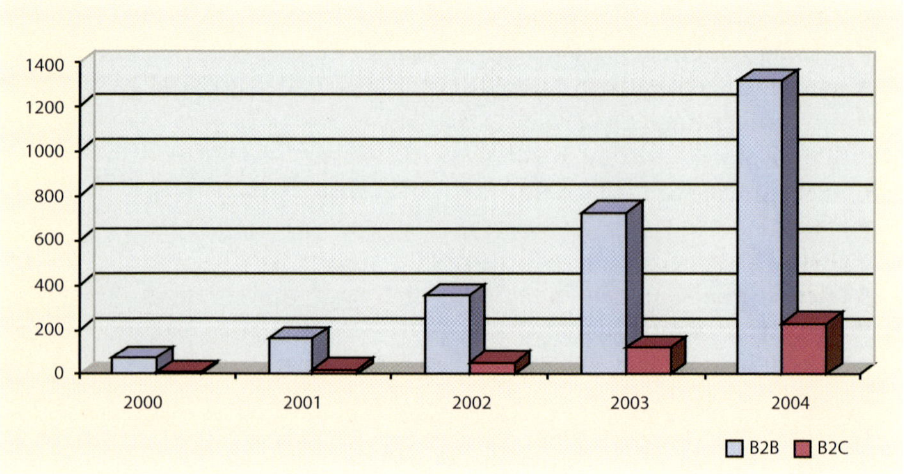

Europäische E-Commerce-Umsätze in Milliarden Euro (Forrester Research, 2000)

22 Consulting

Mit erfahrenen, kompetenten Partnern ist der Einstieg in das E-Business erheblich leichter. Deshalb nutzen viele Unternehmen die Beratungsangebote von Management- und Technologie-Consultants folgender Firmen bzw. Organisationen:

- A.T. Kearney (http://www.atkearney.com/),
- Accenture[1] (http://www.accenture.com/),
- AnswerThink (http://www.answerthink.com/),
- Arthur Andersen (http://www.andersen.com/),
- Booz-Allen & Hamilton (http://www.bah.com/e-business/),
- Boston Consulting Group (http://www.bcg.com/),
- Cambridge Technology Partners (http://www.ctp.com/),
- Cap Gemini Ernst & Young (http://www.de.cgey.com/),
- cogito Informationssysteme GmbH (http://www.cogito.de/),
- Compaq Professional Services (http://www.compaq.de/service/uebersicht/),
- CSC Ploenzke (http://www.cscploenzke.de/),
- Deloitte Consulting (http://www.dc.com/),
- Diamond Cluster International (http://www.diamondcluster.com/),
- Diebold Unternehmensberatung (http://www.diebold.de/),
- EDS (http://www.eds.com/),
- emb AG (http://www.emb.de/german/emb.html),
- Hewlett-Packard (http://www.hewlett-packard.de/consulting/),
- IBM Global Services (http://www.ibm.com/services/),
- KPMG (http://www.kpmg.de/),
- Materna GmbH (http://www.materna.de/),
- Oracle Consulting (http://www.oracle.com/consulting/),
- PricewaterhouseCoopers (http://www.pricewaterhousecoopers.com/),
- Scient (http://www.scient.com/),
- Siemens Business Services (http://www.sbs.de/),
- T-Systems (http://www.t-systems.de/) mit dem Debis Systemhaus,
- Viant (http://www.viant.com/),
- Zefer (http://www.zefer.com/).

1) früher: Andersen Consulting

Einige Anbieter decken sogar sämtliche Aspekte von der E-Business-Beratung (z.B. Strategieentwurf, Prozessmodellierung) über die Realisierung (z.B. Anwendungsentwicklung, Systemintegration, Projektmanagement) bis zum Betrieb (z.B. Hosting) ab.

23 Fragen & Antworten

Warum ist das E-Business so populär?

Stellen Sie sich folgendes vor:

- die Kosten in Vertrieb, Beschaffung und Verwaltung gehen zurück und der Gewinn steigt,
- die Durchlaufzeiten von Bestellungen sinken so drastisch, dass eine Just-in-Time-Fertigung möglich wird,
- Kunden können jederzeit und von überall her Bestellungen aufgeben und deren Status abfragen,
- neue Markttrends und die Vorlieben jedes Kunden sind stets bekannt,
- alle Unternehmensmitarbeiter betreuen die Kunden gleichermaßen kompetent,
- Zulieferer sorgen automatisch dafür, dass sich im Fertigungslager immer die gerade benötigten Materialmengen befinden,
- Spediteure holen Waren zum mit dem Kunden vereinbarten Liefertermin automatisch ab,
- Lieferanten unterbieten sich gegenseitig im Rahmen einer Beschaffung neuer Geräte,
- alle Geschäftsprozesse sind jederzeit transparent und befinden sich unter ständiger Kontrolle.

All dies lässt sich durch das E-Business erreichen. Es reduziert die Eintrittsbarrieren in Märkte, verändert industrielle Wettbewerbsstrukturen, definiert mit elektronischen Wertschöpfungsketten Geschäfte neu, erschließt neue Einkunftsquellen, verteilt Gewinne um und schafft neue, häufig konsortienbasierte Wettbewerber. Unternehmen, die die Möglichkeiten des E-Business nicht ausschöpfen, werden zukünftig nicht mehr wettbewerbsfähig sein.

Welche Änderungen sind erforderlich, um in einem Unternehmen ein E-Business zu betreiben?

Die Kerngeschäftsprozesse sind schrittweise auf elektronische Abläufe umzustellen. Gleichzeitig müssen organisatorische Anpassungen stattfinden. Traditionelle Organisationseinheiten von Unternehmen werden teilweise überflüssig bzw. erhalten andere Aufgaben.

Große Bedeutung kommt auch der Ausbildung der Mitarbeiter zu, damit sie die neuen elektronischen Geschäftsprozesse verstehen, überwachen und bei Bedarf steuernd eingreifen können.

Eine Grundvoraussetzung für das E-Business ist der Aufbau einer hochverfügbaren, leistungsfähigen IT-Infrastruktur, die mit zuverlässigen Security-Massnahmen vor unbefugten Eingriffen geschützt wird.

Wie ist das E-Business einzuführen und welche kritischen Erfolgsfaktoren gibt es?

Die Einführung erfordert folgende Schritte:

- Istzustandsanalyse von Prozessen, Organisationsstrukturen, Tools etc.,
- Zieldefinition,
- Aufbau einer Projektorganisation,
- Detailplanung des Projektes,
- Projektdurchführung und
- Projektabschluss mit Übergabe der Verantwortung für den laufenden Betrieb an geeignete Fachabteilungen oder neue Geschäftseinheiten.

Kritische Erfolgsfaktoren sind dabei:

- die Kenntnis der Ausgangssituation,
- eine genaue Zielvorstellung,
- der Abbau von Spannungen und Unsicherheiten im Veränderungsprozess,
- die kontinuierliche und ausreichende Information aller Betroffenen,
- die Organisation von Lernprozessen,
- eine zügige, schrittweise Implementierung,
- ein professionelles Projektmanagement mit Steuerung durch das Top-Management,
- die direkte Einbeziehung von Mitarbeitern betroffener Fachbereiche in die Projektorganisation,
- der Aufbau und das Management von elektronischen Kooperationen mit Geschäftspartnern und
- eine permanente Erfolgskontrolle.

Gibt es Beispiele für erfolgreiche E-Business-Unternehmen?

Zu den besonders bedeutenden, profitablen E-Business-Unternehmen gehören ohne Zweifel die Firmen Cisco, Dell und eBay.

Die Firma Cisco betreibt die größte E-Commerce-Website der Welt und erhält ca. 90% aller Aufträge[1)] über das Internet. Der Online-Tagesumsatz liegt bei durchschnittlich $60 Millionen. Mit der Website und der dahinterliegenden virtuellen Supply Chain erzielte Cisco im Finanzjahr 2000 eine Kostenersparnis von $1,4 Milliarden.

Die Computerfirma Dell wurde mit Hilfe von E-Commerce zum zweitgrößten PC-Hersteller der Welt. Sie betreibt seit 1996 einen Internet-Direktvertrieb. Anfang 2001 lag der Tagesumsatz der Website bei $40 Millionen. Dies entspricht 50% vom Gesamtumsatz[2)]. Auch 50% aller Aktivitäten des technischen Supports und 76% aller Auftragsstatus-Transaktionen finden online statt.

Das Online-Auktionhaus eBay hat im Jahr 2000 über das Internet Waren im Wert von $5 Milliarden versteigert. Täglich finden mehr als 4,1 Millionen Auktionen statt und kommen bis zu 600.000 neue Artikel hinzu. Seit September 1999 erhebt eBay eine Erfolgsgebühr zwischen 1,25 und 5%. Weltweit hat eBay 18,9 Millionen registrierte Kunden. Länderspezifische Websites gibt es für Australien, Frankreich, Großbritannien, Italien, Japan, Kanada, Österreich und die USA.

Viele andere E-Business-Unternehmen sahen ihren Erfolg bisher vorrangig im Wachstum. Zu ihnen gehört auch die Firma Amazon. Sie ist der weltgrößte Buchhändler[3)] und verkauft nur über das Internet. Auf der Website kann man Bücher nach Autor, Titel, Bestellnummer und Interessensgebiet suchen. Bei wiederholten Website-Besuchen werden entsprechend den bisherigen Interessensgebieten Neuerscheinungen angeboten. Heute hat Amazon 29 Millionen Kunden in mehr als 160 Ländern und bietet 18 Millionen Artikel (Bücher, CDs, DVDs, Videos, Computer-Hard- und Software, elektronische Geräte, Spielzeug, Haushaltswaren, Werkzeuge etc.) an. Neben der globalen Website werden für Frankreich, England, Japan und Deutschland Websites in der jeweiligen Landessprache betrieben.

Zwei der erfolgreichsten deutschen Unternehmen mit E-Business-Aktivitäten sind der Otto-Versand und Bertelsmann Online. Bertelsmanns Online (BOL) erreicht einen Jahresumsatz von über 100 Millionen DM. In einem einzigen Monat besuchen bis zu 12 Millionen Kunden die in 12 Sprachen verfügbaren BOL-Shops.

---

1) der Gesamtumsatz im Finanzjahr 2000 betrug $18,9 Milliarden

2) in den vorhergehenden 4 Quartalen erzielte Dell einen Gesamtumsatz von $30 Milliarden

3) sowie die Nummer 1 unter den Händlern für Musik-CDs, DVDs und Videos im Internet

Der Otto-Versand erzielte beim Verkauf über das Internet im Geschäftsjahr 1999/2000[1] einen Umsatz von 450 Millionen DM und überschritt im nachfolgenden Geschäftsjahr 2000/2001 bereits deutlich die Milliardengrenze.

1) das Geschäftsjahr endet beim Otto-Versand am 29. Februar

24 Schlusswort

Das Internet verändert die Geschäftswelt. Es ermöglicht eine elektronische Geschäftsabwicklung, die der traditionellen durch die schnellere Anpassung an Marktveränderungen, schnellere Reaktionen auf Kundenanforderungen, geringere Betriebskosten und eine größere Flexibilität beim Aufbau von Marktbeziehungen überlegen ist. Dies beeinflusst jede Dimension des Geschäfts, vom Kundenkontakt über die internen Abläufe bis hin zur Zusammenarbeit mit Lieferanten und anderen externen Parteien.

In wenigen Jahren wird das E-Business die Wirtschaft so umgekrempelt haben, dass es zur Geschäftsgrundlage der überwiegenden Mehrheit aller Unternehmen geworden ist. Viele Unternehmen, die eine eigene Website mit Online-Shop betreiben, stehen allerdings erst am Anfang. Neben den E-Commerce-Shops gehören auch E-CRM, E-SCM, E-Fulfillment, E-Procurement, E-Marktplätze, E-Marketing, E-Banking, E-Recruiting, E-Learning sowie E-Knowledge-Management zum E-Business. Das größte Potential liegt dabei im elektronischen Supply Chain Management (E-SCM), das eine kontinuierliche Optimierung der wertschöpfenden Geschäftsprozesse mit Hilfe des Einsatzes von Computernetzen beinhaltet.

Gegenwärtig befinden wir uns in einer Zeit des Wandels, die geeignete Reaktionen erfordert. Alle Unternehmen stehen vor der großen Herausforderung, schnell genug auf die Veränderungen der Geschäftswelt und des Marktes zu reagieren. Einige verhalten sich jedoch noch abwartend. Auf den ersten Blick mag dies durchaus sinnvoll erscheinen, denn mit ausgereiften, vielfach eingesetzten Lösungsangeboten lässt sich der eigene Aufwand reduzieren. Problematisch ist daran aber, dass mögliche Wettbewerbsvorteile vergeben werden und das Risiko besteht, plötzlich dem Wettbewerb nicht nur hinterherzulaufen, sondern sogar die Existenz zu gefährden. Mehrere Analysten prognostizieren bereits, dass viele große Topunternehmen nicht die geeignete Antwort auf die Herausforderungen des E-Business finden werden und schon in wenigen Jahren nicht mehr wettbewerbsfähig sind.

Den Weg zum E-Business gilt es jetzt zu beschreiten. Dabei empfiehlt es sich, so vorzugehen, dass sich die Ergebnisse Schritt für Schritt ergeben. Ausgehend von einer Vision sind Istzustände zu analysieren, detaillierte Planungen aufzustellen und schrittweise Anpassungen vorzunehmen. Wie auch immer, der Übergang zu einem vollständigen E-Business-Geschäftsmodell ist kompliziert. Die Umstellung eines Unternehmens mit seinen Organisationsstrukturen, Prozessen und EDV-Systemen erfordert einen beachtlichen Aufwand. Hinzu kommt, dass dies nur mit einer direkten Steuerung durch die Geschäftsführung, aufbauend auf einer hochverfügbaren

IT-Infrastruktur mit ausreichenden Security-Maßnahmen, erfolgreich möglich ist. Ungeachtet dieser zu überwindenden Hürden investieren[1] deutsche Unternehmen heute bereits durchschnittlich 2% ihres Umsatzes in die Entwicklung des E-Business, insbesondere in Marketing, Vertrieb und Service. Der Großteil dieser Investitionen hat sie sich bereits nach zwei Jahren amortisiert. Zu den innovativsten Branchen gehören dabei die Medien, die Informationstechnologie und die Telekommunikation.

Das Internet verändert aber nicht nur Geschäftsprozesse, sondern auch die Gesellschaft und damit das tägliche Leben jedes Einzelnen. Schon jetzt dient es vielen Menschen nicht nur als Informationsmedium sondern auch, um Bankgeschäfte abzuwickeln, Reisen zu buchen etc.. In Rheinland-Pfalz gibt es mit Oberhambach sogar ein Internet-Dorf. Jeder Haushalt in Oberhambach erhielt Ende 2000 einen PC mit Internet-Anschluss zum Shopping und zur Inanspruchnahme von Behördendienstleistungen. Im Rahmen dieses Pilotprojekts will das Land Erfahrungen bei der Unterstützung strukturschwacher Regionen sammeln.

Weltweit gibt es nur wenige Länder, in denen die Infrastrukturvoraussetzungen für das E-Business gegenwärtig besser sind als in Deutschland. Ein vollständig digitalisiertes Telefonnetz, die weltweit größte Dichte an ISDN-Anschlüssen[2] sowie eine hervorragende Position bei breitbandigen DSL-Anschlüssen[3] und im Mobilfunk[4] gehören zu den Vorzügen des Wirtschaftsstandortes Deutschland. Fast jeder vierte Haushalt hat bereits einen Internetanschluss und ca. 20 Millionen Bundesbürger nutzen regelmäßig das Internet.

Die Euphorie der letzten Jahre im Milliardenmarkt „Internet“ ist inzwischen einer realistischeren Sicht auf die wahren Möglichkeiten gewichen. Im Jahr 2000 mussten viele Internet-Start-Up-Unternehmen[5] durch Kurseinbrüche schmerzlich erfahren, dass auch in der New Economy noch die Grundregeln der Old Economy gelten. Profitabilität, Kunden- und Mitarbeiterbindung[6], exzellenter Service und eine funktionierende Logistik bleiben auch im digitalen Zeitalter wichtige Erfolgs-

1) laut Unternehmensberatung Putz & Partner (http://www.putzundpartner.de/)

2) im Jahr 2000 befand sich jeder vierte ISDN-Anschluss weltweit in Deutschland

3) Deutschland hat in Europa bei den DSL-Anschlüssen die Spitzenposition eingenommen und bis 2003 wird zumindest mit einer jährlichen Verdoppelung der DSL-Anschlusszahlen in Deutschland gerechnet

4) Ende 2000 kommunizierten 48 von 82 Millionen Deutschen mobil; dies ist insofern wichtig, weil Mobiltelefone zunehmend häufiger auch zum Internet-Zugriff dienen und es spätestens im Jahr 2005 mehr mobile als stationäre Internet-Nutzer geben soll

5) sogenannte „dot.com“-Unternehmen

6) in der elektronischen Geschäftswelt wird der Erfolg maßgeblich davon bestimmt, wie innovativ, motiviert und smart die Mitarbeiter der Unternehmen sind; ihr Wissen über Arbeitsweisen, Märkte etc. und ihre Ideen fließen direkt in die elektronisch unterstützten Geschäftsabläufe ein

kriterien für Unternehmen. Diese Aspekte hatten neue Unternehmer und Börsianer zuvor teilweise völlig aus den Augen verloren. Jetzt besinnen sie sich darauf zurück. Dies ist die Chance für etablierte Unternehmen in klassischen Wirtschaftsbranchen, das Online- und das Offline-Business sinnvoll miteinander zu verknüpfen, um ihre Wettbewerbsposition zu verbessern. Gerade die Old Economy ist mit leistungsfähigen Logistik- und Serviceorganisationen hierfür gut gerüstet.

Trotz des Rückgangs des Wirtschaftswachstums in den USA werden auch dort die meisten Unternehmen fortfahren, in das E-Business zu investieren. Gerade in schwierigen Zeiten sind Produktivitätsgewinne, wie sie das E-Business verspricht, dringend erforderlich.

Das Internet ist zum Motor des Wirtschaftswachstums geworden. Die europäische E-Business-Wachstumsrate von 87%[1] und Wachstumsprognosen von bis zu 200%[2] pro Jahr beim mobilen elektronischen Handel verdeutlichen, welches Potential im E-Business steckt. Markführer von Morgen verwenden das Internet als Sprungbrett, um ihre Unternehmensstrategie zu erneuern und erfolgreiche Organisationen für das digitale Zeitalter zu bauen.

1) Prognose der Gartner Group

2) Prognose des Bundesverbandes Informationstechnik, Telekommunikation und neue Medien (BITKOM; http://www.bitkom.org/)

Glossar

ABC-Analyse Analysetechnik zur wertmäßigen Klassifikation; sie unterteilt beispielsweise die in der Materialwirtschaft verwendeten Teile (bzw. Artikel) in A-, B- und C-Teile; so haben erfahrungsgemäß ca. 10% der Teile einen 65%-igen Anteil am Gesamtwert (A-Teile); weitere 20% repräsentieren einen 25%-igen Wertanteil (B-Teile) und 70%, also die überwiegende Mehrheit aller Teile, erreichen lediglich einen Gesamtwert von ca. 10%; dies sind die sogenannten C-Teile.

ActiveX Microsoft-Standard für das Einfügen von Objekten (d.h. Softwarekomponenten); ActiveX entstand aus dem Object Linking and Embedding (OLE) und ermöglicht es, für Client-Programme wiederverwendbare Softwarekomponenten in binärer Form mit standardisierten Interfaces bereitzustellen; diese Softwarekomponenten müssen dem sogenannten COM-Standard (Component Object Model) entsprechen; dabei ist es egal, in welcher Programmiersprache sie geschrieben wurden; kleine ActiveX-Programme, die sich mit Hilfe eines Web-Browser ausführen lassen, werden als ActiveX Control bezeichnet; diese Controls können in VisualBasic, C oder sogar Java geschrieben sein; ActiveX Controls werden innerhalb einer HTML-Seite durch ein OBJECT-Tag gekennzeichnet; falls sie nicht bereits auf dem Computer vorhanden sind, werden sie beim Aufruf einer Webseite automatisch heruntergeladen; für die Ausführung von ActiveX Controls ist der Microsoft Internet Explorer erforderlich.

Applets Kleine Programme, die mit Java für das Internet oder für Intranets entwickelt wurden und sich in Webpages integrieren lassen; sie werden nach ihrem Aufruf über das Netz geladen, einer Integritätsprüfung unterzogen und automatisch gestartet.

ASP (1) Active Server Pages; Technologie von Microsoft für die Erstellung von dynamischen Webseiten mittels Einbindung von serverseitigen Scripts; diese Scripts werden vor der Übertragung der Webseiten vom Web-Server abgearbeitet; als Scriptsprachen sind VBScript, JavaScript und Perl einsetzbar; zur Kennzeichnung erhalten Active Server Pages die Endung „.asp".

ASP (2) Application Service Provider; sie bieten ihren Kunden den Zugriff auf Applikationen sowie dazugehörige Services gegen eine monatliche Gebühr an; dies erfolgt über sichere Netzverbindungen, wie Virtual Private Networks im Internet, private IP-Netze oder per Remote Access; das WAN übernimmt beim ASP-Modell die frühere Rolle des LAN als Medium für den Zugriff auf Server und Applikationen; die Applikationen sind per Standard-Browser nutzbar; als Mietgebühr kommt meist ein Pauschalbetrag pro Nutzer zum Einsatz; es gibt aber auch Abrechnungsmodelle auf der Basis von Transaktionen, einem übertragenen oder gespeicherten Datenvolumen, der Verbindungsdauer oder dem Umsatz in Online-Shops; zur Bereitstellung der Applikationen betreiben ASPs ein hochverfügbares Rechenzentrum; in ihm werden auch die mit den Applikationen im Zusammenhang stehenden Kundendaten gespeichert; die Applikationen basieren vorzugsweise auf Standardsoftware, da sich damit die größte Rentabilität erreichen lässt; der ASP ist der Eigentümer der Software und verwaltet die Lizenzen; er kümmert sich um Upgrades, Aktualisierungen, Anpassungen, Verfügbarkeit, Performance und Sicherheit; die Zusammenarbeit zwischen ASPs und ihren Kunden wird formal in auf die Kundenanforderungen individuell ausgerichteten Service Level Agreements (SLAs) geregelt; das Dienstleistungsangebot der ASPs zielt heute vorrangig auf Unternehmen des Mittelstands, da Großunternehmen meist sehr komplexe EDV-Systeme und ausreichende finanzielle Ressourcen für eigene IT-Abteilungen haben.

Authentication Authentisierung; Personenidentifizierung im Zusammenhang mit einer digitalen Signatur oder als Voraussetzung für eine nachfolgende Autorisierung; Authentisierung und Autorisierung dienen der Verhinderung unberechtigter Zugriffe auf Ressourcen.

Authorization Autorisierung; Prozess der Gewährung oder Ablehnung des Zugriffs auf Ressourcen, wie z.B. Netze, Server, Applikationen und Dateien, entsprechend voreingestellter Zugriffsrechte.

Banner Grafik, die am Anfang einer Website steht und diese Website besonders kennzeichnet (z.B. durch einen eindeutigen Namen oder ein Logo).

Business Plan Geschäftsplan; Erläuterung des Ablaufs, der Steuerung, der Vermarktung und der Finanzierung eines Geschäfts; der Geschäftsplan ist eine unentbehrliche Grundlage für die Kapitalbeschaffung; den Gesellschaftern und der Geschäftsführung eines Unternehmens dient er als Führungs-, Planungs- und Controllinginstrument; zu den erforderlichen Bestandteilen gehören die Beschreibungen von Geschäftsidee, Unternehmensstrategie[1)], Produkten und Dienstleistungen, Marktchancen und Risiken, Wettbewerbssituation, Management- und Organisationsstruktur, Rechts- und Beteiligungsstruktur, finanzieller Situation und Unternehmensgeschichte.

B2B Business-to-Business (d.h. Unternehmen zu Unternehmen).

B2C Business-to-Consumer (d.h. Unternehmen zu Endkunden).

CA Certificate Authority; Zertifizierungsstelle, von der Schlüssel zur gesicherten Übermittlung vertraulicher Informationen, zum Schutz vor Manipulationen sowie zur Identitätsprüfung des Urhebers vergeben und mittels Zertifikat Personen zugeordnet werden; siehe auch „Trustcenter“.

1) insbesondere bezüglich Vertrieb, Marketing, Fertigung und Logistik

CGI Common Gateway Interface; Schnittstelle für die Interaktion zwischen Web-Clients und auf Web-Servern vorliegenden Programmen und Scripts; die Spezifikation der Schnittstelle wird gegenwärtig von der NCSA Software Development Group gepflegt (siehe auch http://www.w3.org/CGI/); CGI-Programme können in jeder beliebigen Sprache geschrieben werden (z.B. C, Fortran); CGI-Scripts (z.B. in Perl) haben im Vergleich zu CGI-Programmen den Vorteil, dass sie ohne Übersetzung direkt ausführbar sind; im Internet stehen viele fertige CGI-Scripts (z.B. für Gästebücher, Login-Prozeduren und Besucherzähler) zum Download zur Verfügung; Hauptanwendung von CGI ist die Verarbeitung von Daten, die in Web-Formulare eingegeben werden, um in Abhängigkeit von dem Ergebnis dynamisch Webseiten zu generieren; alternativ zu CGI-Scripts können auch die clientseitig auszuführenden Java-Applets und ActiveX-Controls oder die serverseitig laufenden Java-Servlets bzw. über Application Programming Interfaces (ISAPI, NSAPI) aufrufbare Programme eingesetzt werden.

CHAP Challenge Handshake Authentication Protocol (RFC 1994); Methode zur Authentisierung über Point-to-Point- (PPP-) Verbindungen; sie basiert auf einem dreistufigen Algorithmus, der durch die Verwendung von Einmal-Passwörtern nach MD5 und eine ständige Reauthentisierung unter Serversteuerung sicherer als das PAP (Password Authentication Protocol) ist; zur Authentisierung sendet der Authentisierungsserver eine Aufforderung mit einer Identifikationsnummer (ID) und einem zufällig generierten Nachrichteninhalt (Challenge Message) an den Client; der Client berechnet daraus mit dem Benutzerpasswort (Shared Secret) einen Hashwert und schickt ihn gemeinsam mit dem Benutzernamen und der Aufforderungs-ID an den Server zurück; stimmt der Hashwert, ist die Authentisierung gültig; zusätzlich sendet der Server während bestehender Verbindungen in zufälligen Abständen erneut Authentisierungsaufforderungen.

Chipkarte Plastikkarte, die einen oder mehrere Integrated Circuits (ICs) enthält und Daten mit einem Lesegerät austauschen kann.

Client Allgemeiner Begriff für ein Programm (z.B. Web-Browser) oder einen Computer, der sich die Dienste eines Server zunutze macht.

CMC Certificate Management Protocol using CMS (RFC 2797); Spezifikation eines Interface für Public-Key-Zertifizierungsprodukte und -Services sowie eines auf S/MIME basierendes Zertifikat-Registrierungsprotokolls für DSA-signierte Zertifikate mit Diffie-Hellman-Public-Key.

CMS Cryptographic Message Syntax (RFC 2630); abgeleitet von PKCS #7 wurde diese Syntax für die digitale Unterzeichnung, Verarbeitung (im Sinne einer Hashwert-Berechnung), Authentisierung und Verschlüsselung von rechtlich relevanten Nachrichten entwickelt.

Community Virtueller Treffpunkt im Internet für Personen mit gleichen Interessensgebieten; technisch handelt es sich um Web-Server mit zugeschnittenem Content und interaktiven Funktionen, wie Text-Chat, Diskussionsforen und Messageboards.

Content Inhalt; im Web besteht der Content aus Texten, Bildern, Audiodateien, Videos und interaktiven Elementen.

Coopetition Das gleichzeitige Wirken von Wettbewerb und Kooperation.

Cookie Kleine Textdatei, die ein Web-Server auf einem Client-System ablegt, um es zu identifizieren; Web-Browser senden Cookie-Kopien zurück zum Web-Server, wenn die Website, von der ein Cookie stammt, erneut besucht wird; Cookies werden oft dazu benutzt, um angepasste Webseiten zu präsentieren (z.B. eine individuelle Begrüßungsseite); dies erspart Abfragen von Namen und Passwörtern; da Cookies allerdings nicht direkt Personen sondern Computern zugeordnet werden, ermöglichen sie keine sichere Authentisierung.

CSS Cascading Style Sheet; Anweisungen, die festlegen, wie jedes Element einer HTML-Seite auf dem Bildschirm dargestellt werden soll; sie definieren u.a. Schrifttypen, Farben, Größen und Abstände.

C-Teile Güter, die nach ABC-Klassifikation 70% des Beschaffungsvolumens und 10% des Beschaffungswertes ausmachen; sie fließen nicht in Endprodukte ein, haben einen niedrigen Bestellwert und einen hohen Standardisierungsgrad bezüglich Spezifikation und Qualität; ihr Beschaffungsrisiko und ihre Erklärungsbedürftigkeit sind gering; sie werden in der Regel von vielen unterschiedlichen Produzenten hergestellt; ein typisches Beispiel ist das Büromaterial.

Debitor Kunde

DES Data Encryption Standard (ANSI X3.92-1981); DES ist das wahrscheinlich am häufigsten eingesetzte symmetrische[1)] Verschlüsselungsverfahren; es wurde 1974 von der Firma IBM entwickelt und dient seit 1977 der US-Regierung als offizielles Datenverschlüsselungsverfahren; im Sommer 2001 wird die US-Regierung DES voraussichtlich durch ein neues Verschlüsselungsverfahren mit der Bezeichnung AES (Advanced Encryption Standard) ablösen; DES arbeitet mit 64-Bit-Blöcken und einer festen Schlüssellänge von 56 Bit.

Disposition Logistikprozess von der Mengenplanung bis zur Auslösung einer konkreten Bestellung.

DNS Domain Name Service (RFC 1034, RFC 1035, RFC 2219); Dienst zur Namensauflösung in IP-Netzen; Grundlage ist eine hierarchisch organisierte, verteilte Datenbank, in der eine Zuordnung von Host-Namen zu IP-Adressen

1) d.h. zur Kodierung und Dekodierung wird derselbe Schlüssel verwendet

erfolgt; sie liefert auf Anfrage die zu Host-Namen dazugehörigen IP-Adressen; gleiche Host-Namen in unterschiedlichen Domains sind möglich; Resource Records enthalten darüber hinaus weitere Informationen.

DoD U.S. Department of Defense; Verteidigungsministerium der USA.

Domain Gruppe von Computern in einem IP-Netz, deren IP-Adresse einen identischen Teil hat, dem ein eindeutiger Domain Name, wie „alcatel.de", zugeordnet wurde; Domain-Namen bestehen immer aus mindestens zwei Teilen, die voneinander mit einem Punkt getrennt sind; der letzte Teil ist der Top-Level-Domain-Name wie zum Beispiel:

ch	=	Switzerland
com	=	commercial
de	=	Deutschland
edu	=	schools and educational facilities
gov	=	government
jp	=	Japan
mil	=	military agencies
net	=	user with no affiliation
nl	=	Niederlande
org	=	organization
uk	=	United Kingdom
us	=	USA

DSA Digital Signature Algorithm; es handelt sich um einen Public-Key-Signatur-Algorithmus, den das NIST (National Institute of Standards and Technology) vorgeschlagen hat; er wurde in den Standards FIPS 186 (siehe auch http://csrc.nist.gov/cryptval/dss.htm) und ANSI X9.30 spezifiziert.

EAP Extensible Authentication Protocol (RFC 2284); allgemeines Protokoll zur PPP-Authentisierung, das vielfältige Authentisierungsmechanismen (z.B. Kerberos, Public Key, One Time Passwords, Smart Cards, Token Cards) unterstützt; ein spezifischer Authentisierungsmechanismus wird erst in der Authentisierungsphase der PPP-Verbindung ausgewählt, so dass vorher noch Zusatzinformationen angefordert werden können.

E-Banking Angebot von Bankdienstleistungen über elektronische Medien, wie das Internet, das Mobilfunknetz, das Telefonnetz und private Kommunikationsnetze; dabei geht es sowohl um die Abwicklung von Finanztransaktionen als auch um den Abruf von Informationen; hinsichtlich der beteiligten Parteien wird zwischen dem Interbanken-, dem Firmenkunden- und dem Privatkundengeschäft unterschieden.

E-Business Geschäfte eines Unternehmens, dessen Kernprozesse über Computernetze abgewickelt werden; dabei profitieren solche Unternehmen vor allem von den Standards, der Einfachheit, der Flexibilität und den Verbindungsmöglichkeiten des Internet; folgende Funktionen verbessern z.B. die Wettbewerbsfähigkeit:

- Interaktive Website: Informationsbereitstellung für Kunden, Partner und Mitarbeiter sowie Annahme und Beantwortung von Anfragen (beispielsweise per Web Call Center).
- E-Commerce: elektronischer Handel über das Web.
- E-Customer Relationship Management (E-CRM): webbasierte Kundendatenbank als Basis einer zielgerichteten Kundenbetreuung durch Vertrieb, Marketing und Service, wobei ein Customer Self Service die Datenpflege erleichtern und zusätzliches Vertrauen schaffen kann.
- E-Supply-Chain-Management (E-SCM): Internet-basierte Prozessoptimierung vom Lieferanten bis zum Kunden; die Prozesse der Beschaffung, des Forecasting, der Lagerverwaltung und der Logistik lassen sich über elektronische Transaktionen zwischen Geschäftspartnern (B2B) sowie zwischen Geschäftspartnern und Kunden (B2C) hin optimieren; dazu sind EDV-Systeme miteinander zu verknüpfen oder wenigstens mit einem Web-Interface zu versehen.
- E-Knowledge Management (E-KM): webbasierte Wissensdatenbank.

E-Care Untermenge der E-Services, die personenbezogene Dienstleistungen im Rahmen von bereits bestehenden Beziehungen umfasst; Unternehmen erbringen solche Dienstleistungen beispielsweise mit webbasierten Contact Centern im Kundendienst sowie mit Online-Lieferstatus-Abfrage-Services und Mitarbeiterinformationssystemen; im Gesundheitswesen hat der Begriff „E-Care" allerdings eine spezielle Bedeutung; hier versteht man darunter webbasierte Gesundheitsvorsorgesysteme, die medizinische Informationen, Gesundheitstipps, Beratungen und teilweise sogar elektronische Patientenakten bieten.

E-Commerce Elektronischer Handel (d.h. Ein- und Verkauf) im Internet; dies umfasst jede Art von kommerziellen Transaktionen, bei denen die Beteiligten auf elektronischem Weg miteinander verkehren und nicht durch physischen Austausch oder in direktem physischen Kontakt; je nach Zielgruppe wird zwischen Business-to-Consumer (B2C Handel mit Endkunden) und Business-to-Business (B2B Handel mit Geschäftspartner) unterschieden; weitere Infos sind u.a. unter http://www.e-business.pwcglobal.com/ und http://www.electronic-commerce.org/ zu finden.

E-CRM Elektronisches Customer Relationship Management; webbasierte Softwarelösung für die Unterstützung von Vertrieb, Marketing und Service durch die Bereitstellung einer einheitlichen Wissensbasis über Kunden; E-CRM ermöglicht in Kombination mit mobilen Endgeräten und vernetzten Computern eine qualifizierte Kundenbetreuung zu jeder Zeit und an jedem Ort; häufig wird eine weitere Unterteilung der CRM-Lösungen in folgende Kategorien vorgenommen:

Operatives CRM:	Sales Force Automation, Marketing Tools, Field Service Tools, Customer Care Systems (Contact Center);
Analytisches CRM:	Data Warehouse und Lösungen zur Analyse (Data Mining) gesammelter Daten;
Kollaboratives CRM:	Kommunikationssoftware zur Wechselwirkung mit Kunden, wie E-Mail, Text-Chat, Conferencing und personalisierte Veröffentlichungsservices.

EDGE Enhanced Data for GSM Evolution; schnelles Datenübertragungsverfahren für GSM-basierte Mobilfunknetze; es wird vom ETSI standardisiert und verwendet neue Modulationstechniken, um Übertragungsraten von bis zu 384 Kbit/s auf Basis der bestehenden GSM-Infrastruktur zu erreichen.

EDI Electronic Data Interchange; Standard für den elektronischen Austausch strukturierter Daten, dessen Ursprünge bereits aus den 70er Jahren stammen; er unterstützt die Übertragung von Geschäftsdokumenten, wie Bestellungen, Rechnungen und Lieferscheinen; aber hohe Implementierungsaufwände beschränken den EDI-Einsatz bisher vor allem auf Großunternehmen; Internet und XML sollen die Aufwände reduzieren und die weitere Verbreitung fördern; im Laufe der Zeit hat sich eine Vielzahl von EDI-Standards entwickelt, von denen die meisten für die Anforderungen bestimmter Branchen entworfen wurden; der am weitesten verbreitete EDI-Standard ist EDIFACT (EDI for Administration, Commerce und Transport); er wird ständig über die zuständigen UNO-Gremien aktualisiert und dann in nationale Normen übernommen (wie z.B. DIN); zu den wichtigsten EDIFACT-Nachrichten gehören: orders = Bestellungen, slsrpt = Salesreports, invoic = Rechnungen und Gutschriften, desadv = Lieferschein; EDI-Weiterentwicklungen (z.B. Open-EDI, EDIINT) umfassen auch die Modellierung von Geschäftsbeziehungen, die Ablaufsteuerung von Handelstransaktionen sowie die Integration in die Unternehmenssoftware.

EDV Elektronische Datenverarbeitung.

E-Fulfillment Logistikprozesse zur fristgerechten Lieferung von online bestellten Waren; dies umfasst folgende Aufgaben:

- Auftragsbearbeitung (inkl. Disposition),
- Lagerhaltung,
- Kommissionierung,
- Verpackung,
- Versand,

- Tracking und Tracing,
- Debitorenmanagement,
- Kundendienst,
- Retouren- und Garantieabwicklung;

Kundenfreundliche Online-Shops enthalten bereits einige integrierte Logistikfunktionen wie:

- Warenverfügbarkeitsanzeige vor der Bestellung,
- Verbindliche Lieferterminangabe bei der Bestellung,
- Unterstützung von Online-Statusabfragen nach der Bestellung;

Dies erfordert eine Anbindung der Online-Shops an ERP-Systeme.

E-Government Nutzung des Internet für die elektronische Abwicklung von Verwaltungsprozessen; dies umfasst u.a. die Online-Bereitstellung von Verwaltungsdienstleistungen für Bürger und Unternehmen sowie öffentliche Beschaffungsvorgänge über das Internet.

E-Knowledge-Management Elektronisches Wissensmanagement; es umfasst die elektronisch unterstützte Entwicklung, Erfassung, Erhaltung, Publizierung und Nutzung von Wissen innerhalb eines Unternehmens; die technische Realisierung erfolgt heute in der Regel mit webbasierten E-Knowledge-Managementlösungen.

E-Learning Lernmethode, die auf der Nutzung der Internet-Technologie basiert; Kursinhalte werden in Form von Texten, Grafiken, Sounds und Videos auf Web-Servern bereitgestellt und von den Kursteilnehmern per Browser abgerufen; Audiokonferenzen, Videokonferenzen, Whiteboard, Text-Chat, E-Mail und Newsgroups ergänzen oft das Lernangebot, damit Fragen gestellt und Kommentare abgegeben werden können; Tele-Tutoren (Online-Trainer) sind jederzeit in der Lage festzustellen, wer sich gerade in einer virtuellen Klasse befindet; außerdem können sie Teilnehmer gezielt ansprechen, Lernfortschritte kontrollieren und individuelle Hilfestellung geben; Online-Prüfungen schließen wichtige Lernabschnitte ab.

E-Marketing Marketingkomponente, die auf der Nutzung des Internet basiert; dabei kommt vor allem die Web-Technologie unter Einbeziehung von Messagingfunktionen zum Einsatz; übliche E-Marketingaktivitäten sind:

- Werbung,
- Verkaufsförderung,
- Imagepflege,
- Kundenbeziehungspflege,
- Marktanalyse,
- Preisfindung,
- Ergebnisanalyse;

Mit dem Web ergab sich erstmals die Möglichkeit zur exakten Messung der Wirksamkeit von Marketingmaßnahmen; sowohl die Wahrnehmung der Marketingaktivitäten als auch die Interessen der Konsumenten lassen sich aus den Zugriffsstatistiken von Websites ableiten.

E-Marktplatz Elektronischer Handelsplatz (z.B. http://www.webtradecenter.de/, http://www.paperexchange.com/, http://www.commerceone.net/), dessen Kernstück eine Datenbank ist, die die Artikel- und Dienstleistungsangebote mehrerer Anbieter enthält; über ein webbasiertes Zugangsportal können alle Handelsteilnehmer auf sämtliche Daten (Produkt- und Leistungsbeschreibungen, Konditionen, Verfügbarkeitsaussagen, Adressen, Ansprechpartner) zugreifen und Anfragen, Bestellungen oder Angebote aufgeben; im Rahmen von elektronischen Ausschreibungen werden Kundenanfragen mit den gebündelten Angeboten aller potentiellen Anbieter beantwortet; die Anbieter bekommen ihre Aufträge elektronisch zugestellt; zum Erreichen einer größeren Kundennähe sind Marktplätze in der Regel mit Communities verknüpft; Diskussionsforen und Messageboards ermöglichen den Erfahrungsaustausch und liefern Feedback zu Angeboten.

E-Procurement Elektronische Beschaffung von Produkten und Dienstleistungen; dabei geht es nicht nur um die technische Abwicklung des Einkaufs über das Internet[1)], sondern auch um die Automatisierung der damit verbundenen Prozessschritte, wie z.B. die Bereitstellung aktueller Artikelkataloge, die erforderlichen Genehmigungsschritte für Bestellungen und die Abwicklung von Zahlungsvorgängen; selbst Aufgaben des strategischen Einkaufs, wie Ausschreibungen, Auktionen und Marktanalysen lassen sich mit elektronischer Unterstützung durchführen; neben elektronischen Marktplätzen sind webbasierte, unternehmensinterne E-Procurement-Systeme für die direkte Bestellung von Büromaterial durch Mitarbeiter besonders gefragt; sie vermeiden aufwendige manuelle Bearbeitungen, telefonische Nachfragen, mehrfache Medienbrüche sowie unnötige Streuungen der Bestellungen und daraus resultierende ungünstige Konditionen.

E-Recruiting Online-Anwerbung, -Verwaltung und -Suche von Kandidaten für zu besetzende Stellen; dies erfolgt mittels Web-Servern, die beispielsweise folgende Funktionen beinhalten:

- Veröffentlichung von Stellenausschreibungen,
- Suche von Stellenangeboten,
- Unterstützung von Online-Bewerbungen,
- Erfassung und Verwaltung von Kandidatenprofilen,
- Automatische Kandidatenbewertung,
- Automatische Information registrierter Kandidaten über neue Stellenangebote per E-Mail.

1) oder andere Datenkommunikationsnetze bei Einsatz von EDI

ERP-System Enterprise Resource Planning System; komplexes Softwarepaket zur Planung und Steuerung aller Ressourcen[1] der verschiedenen Geschäftsbereiche von Unternehmen; zu diesen Geschäftsbereichen gehören der Vertrieb, der Einkauf, die Logistik, die Serviceorganisation, der Versand, die Fertigung, die Buchhaltung und die Personalwirtschaft; ERP-Systemhersteller sind u.a. die Firmen SAP, Baan, Oracle und PeopleSoft.

E-Sales E-Commerce-Komponente zum elektronischen Verkauf von Produkten und Dienstleistungen; die technische Realisierung erfolgt mit Online-Shops und E-Marktplätzen.

E-SCM Elektronisches Supply Chain Management ist die Planung, Steuerung und Integration sämtlicher Waren-, Informations- und Finanzflüsse entlang der Wertschöpfungskette auf der Basis moderner Informations- und Kommunikationstechnologien; elektronische Transaktionen dienen dabei dem Informationsaustausch.

E-Services Oberbegriff für alle Dienstleistungen, die im Internet erbracht werden.

E-Shop Siehe „Online-Shop".

Extranet Erweiterung eines Intranets über das Internet zum gesicherten externen Zugriff auf Intranet-Ressourcen; Benutzerauthentisierung, Autorisierung und Verschlüsselung sorgen für die notwendige Sicherheit; die Realisierung erfolgt mit digitalen Zertifikaten bzw. Passwörtern, Firewalls und Virtual Private Networks (VPNs); im Einzelnen werden Extranets für folgende Zwecke eingesetzt:

- Austausch von Daten (z.B. Bestellungen, Liefertermine, Kataloge),
- Informationszugriff (z.B. Produktbeschreibungen, Servicemitteilungen News, Trainingspläne, Projektpläne),
- Applikationszugriff (z.B. Datenbanken, SAP-R/3);

Seit der Prägung des Begriffs im Jahre 1996 sind Extranets zu einem populären Mittel für den Informationsaustausch mit Geschäftspartnern geworden; heute verwendet man jedoch anstelle des Begriffs „Extranet" meist anwendungsbezogene Begriffe, wie B2B-E-Commerce, E-Procurement, E-SCM und E-Collaboration.

Firewall Einrichtung zur Verhinderung unautorisierter Zugriffe von und zu privaten Netzen (d.h. Sicherheitsdomänen); damit ein Firewall seinen Zweck erfüllen kann, ist sicherzustellen, dass ihn alle ein- und ausgehenden Daten passieren; Firewalls lassen sich in Form von Hard- und/oder Software realisieren; sie werden vor allem an der Schnittstelle zwischen Intranets und dem Internet eingesetzt; generell sind folgende Firewall-Typen zu unterscheiden:

1) Personal, Finanzen, Maschinen, Produkte etc.

- Paketfilter: einfachster Filter, der auf IP-Ebene anhand von Adressen und gewünschten Diensten entscheidet, welche Pakete er durchlässt; er ist sehr schnell und wird üblicherweise auf Routern installiert;
- Circuit Level Gateway: arbeitet auf OSI-Layer 4 und erhöht mittels Zuordnung der IP-Pakete zu bestehenden TCP-Verbindungen die Sicherheit gegenüber Paketfiltern; heute gibt es bereits eine Reihe von Switches, die integrierte Circuit Level Gateways zur Analyse von Sessions (d.h. Verbindungen) enthalten;
- Application Level Gateway: Firewall-Typ, der die höchste Sicherheit bietet, da er über den Funktionsumfang einfacherer Firewalls hinaus auch die Daten auf Anwendungsebene prüft; häufig erfolgt dies mit einem protokollspezifischen Proxy, der die direkte Verbindung auftrennt und Daten zwischenspeichert; darüberhinaus kann er mittels Adressumsetzung (Network Address Translation bzw. IP Masquerading) interne Adressstrukturen verbergen; Application Level Gateways arbeiten in Abhängigkeit vom Status und Kontext einer Verbindung dynamisch und werden in der Regel auf Unix- oder NT-Servern installiert; zu beachten ist, dass Application Level Gateways nur die Inhalte vordefinierter Anwendungen kontrollieren können, da sie deren Kommunikationsprotokolle (z.B. HTTP, FTP, SMTP) kennen müssen.

Freeware Kostenlos nutzbare Software, die in der Regel über das Internet verteilt wird.

Geschäftsmodell Methode, mit der eine Firma Geschäfte macht und Einkünfte in einer Höhe erzielt, die den Fortbestand der Firma gewährleistet; das Geschäftsmodell umfasst eine Beschreibung der Architektur für Produkt-, Service- und Informationsflüsse, der Akteure mit ihren Rollen, des Nutzens für die Akteure und der Einkunftsquellen.

GPRS General Packet Radio Service (http://www.gprsworld.com/); GSM-Service für die paketbasierte Datenübertragung mit anfänglich 50 Kbit/s und später 115 Kbit/s; in Deutschland wird GPRS seit Januar 2001 angeboten.

GSM Global System for Mobile Communication; Standard für den digitalen Mobilfunk (http://www.gsmworld.com/), der im Januar 2001 weltweit in 147 Ländern genutzt wurde und mit mehr als 456 Millionen Nutzern 2/3 des Mobilfunkmarktes abdeckte[1)]; da GSM aber bei der Datenübertragung nur 9,6 Kbit/s unterstützt, arbeitet die Special Mobile Group des ETSI (http://www.etsi.org/) an Weiterentwicklungen (siehe „GPRS“, „EDGE“, „UMTS“).

H.323 Rahmenempfehlung der ITU-T zur paketbasierten Multimedia-Kommunikation; sie verweist bezüglich Sprachkodierung auf die Standards G.711, G.722, G.723.1, G.728 und G.729, wobei die Unterstützung von G.711 Pflicht ist und G.723.1 mit einer Bitrate von 6,3 Kbit/s für die IP-Telefonie favorisiert wird; der

1) siehe http://www.gsmworld.com/membership/mem_stats.html

Verbindungsaufbau erfolgt nach H.225, die Aushandlung von Parametern und die Verbindungskontrolle nach H.245; zur Echtzeitübertragung der Sprachdaten dient RTP/RTCP und für das Application Sharing T.120.

Hash-Algorithmus Verfahren zur Erzeugung einer verhältnismäßig kurzen Zahlenfolge, auch Hashwert, Fingerprint oder Message Digest genannt, die aus einer Eingabe (z.B. einer Textnachricht) so berechnet wird, dass jede Veränderung der Eingabe zu einem anderen Wert führt; dies ermöglicht eine spätere Überprüfung der Integrität der Eingabe; irreversible Hash-Algorithmen, bei denen es rechnerisch unmöglich ist, aus dem Hashwert auf die Eingabe zu schließen, werden auch als Einweg-Hash-Funktionen bezeichnet; zu den am häufigsten eingesetzten irreversiblen Hash-Algorithmen gehören die Message-Digest-Algorithmen MD2 (RFC 1319), MD4 (RFC 1320) und MD5 (RFC 1321), die einen 128-Bit-Hashwert erzeugen; alternativ steht auch der vom NIST im Secure Hash Standard (FIPS 180-1; http://csrc.nist.gov/publications/fips/) spezifizierte Secure-Hash-Algorithmus SHA-1 zur Verfügung; er liefert 160-Bit-Hashwerte; ein wichtiges Einsatzgebiet von Hash-Algorithmen ist die Erzeugung und Überprüfung von digitalen Signaturen.

Hashwert Digitaler Fingerabdruck einer elektronischen Nachricht bzw. eines elektronischen Dokuments, der mit einem Hash-Algorithmus erzeugt wird; er ist eindeutig (d.h., dass zwei unterschiedliche Eingaben nicht zum selben Hashwert führen) und in der Regel kürzer als die Nachricht bzw. das Dokument.

HBCI Das Home Banking Computer Interface (http://www.hbci.de/) ist ein Standard des deutschen Bankgewerbes; er wurde vom Zentralen Kreditausschuss (ZKA) verabschiedet und definiert eine multibankfähige Kommunikationsschnittstelle für sichere elektronische Transaktionen zwischen Banken und ihren Kunden; neben den Fachfunktionen (Protokoll, Nachrichtenformate, Geschäftsvorfälle) umfasst der Standard auch die zum Online-Banking notwendigen Sicherheitsfunktionen, d.h. Verschlüsselungs- und Authentisierungsverfahren; die aktuelle Version 2.2 des HBCI-Standards sieht dafür zwei Varianten vor:

- DDV (DES-DES-Verfahren): ein symmetrisches Verfahren, bei dem der Nachrichtenschlüssel und die Nachricht mittels Triple-DES verschlüsselt werden; zur Authentisierung[1] dient der Message Authentication Code (MAC); der geheime Schlüssel befindet sich auf einer ZKA-Chipkarte;
- RDH (RSA-DES-Hybridverfahren): ein asymmetrisches Verfahren, bei dem die Verschlüsselung des Nachrichtenschlüssels und die Authentisierung per digitale Signatur mit einem privaten RSA-Schlüssel erfolgen; für die

1) im Standard wird zwar von Signatur gesprochen, korrekter ist jedoch der Begriff „Nachrichtenauthentisierung“, da es sich um eine Hashwert-Bildung mit einem geheimen, symmetrischen Schlüssel handelt; digitale Signaturen erfordern gemäß allgemein anerkannter und in die Gesetzgebung übernommener Definition aber eine Hashwert-Verschlüsselung mit einem privaten Schlüssel

Nachrichtenverschlüsselung kommt Triple-DES zum Einsatz; als Sicherheitsmedium für den privaten Schlüssel kann eine RSA-Chipkarte oder eine Datei auf Diskette bzw. Festplatte verwendet werden; zum Schutz vor unberechtigtem Zugriff wird ein Passwort benutzt.

Beide Varianten sollen mit der Version 3.0 des HBCI-Standards in eine signaturgesetzkonforme RSA-Chipkartenlösung überführt werden; leider fehlt dem Standard eine internationale Ausrichtung; weitere Informationen zu HBCI gibt es unter http://www.hbci.de/ und http://www.hbci-kernel.de/.

Host Jeder Computer, der direkt mit einem Kommunikationsnetz verbunden ist und der als Quelle für Services (z.B. E-Mail, Newsgroups, File Transfer, Web, Datenspeicherung) dient, die von anderen Computern im Netz genutzt werden können; heute ist es üblich, jeden an ein IP-Netz angeschlossenen Computer als Host zu bezeichnen.

HSCSD High Speed Circuit Switched Data; durchschaltevermittelnder Datenübertragungsdienst in GSM-basierten Mobilfunknetzen; mittels Kombination mehrerer GSM-Zeitschlitze werden Übertragungsraten von bis zu 57,6 Kbit/s erreicht.

HTML Hypertext Markup Language; dient der Formatierung von Web-Dokumenten und der Navigation zwischen ihnen per Hyperlinks; unter http://www.netzwelt.com/selfhtml/ gibt es einen kostenlosen HTML-Lehrgang zum Download.

HTTP Hypertext Transfer Protocol; HTTP definiert, wie im Web Nachrichten formatiert und übertragen werden, sowie, wie HTTP-Kommandos von Web-Servern und Browsern zu behandeln sind; wird beispielsweise ein URL (Universal Resource Locator) in einen Browser eingegeben, dann sendet der Browser ein HTTP-Kommando an den adressierten Web-Server, um die angeforderte HTML-Seite zu laden; HTTP ist ein zustandsloses Protokoll, da jedes Kommando unabhängig von den vorherigen ausgeführt wird; weitere Informationen sind unter http://www.w3.org/Protocols/ zu finden.

ICANN Die Internet Corporation for Assigned Names and Numbers (http://www.icann.org/) ist eine nichtkommerzielle Vereinigung, die 1998 gegründet wurde, um die Verantwortung für die IP-Adressraumvergabe, die Protocol-Parameterzuweisung, das DNS- (Domain Name System-) Management und das DNS-Root-Server-Systemmanagement zu übernehmen; ihr Headquarter befindet sich in Kalifornien; mit der Ablösung der von der US-Regierung beauftragten IANA durch die internationale ICANN wurde der wachsenden internationalen Bedeutung des Internet und der Vielfalt der Internet-Community Rechnung getragen; die ICANN hat mit der Akkreditierung von konkurrierenden

Registratoren (z.B. AOL, CORE, France Telecom) einen offenen Wettbewerb bei der Domain-Namen-Registrierung ermöglicht; für den Verbraucher führte dies zu Preisreduzierungen.

IDEA International Data Encryption Algorithm; dieses symmetrische Verschlüsselungsverfahren arbeitet mit 64-Bit-Datenblöcken, benutzt einen 128-Bit-Schlüssel und wurde 1990 am Swiss Federal Institute of Technology entwickelt; es unterlag, aufgrund seiner Herkunft, nicht den bis Januar 2000 geltenden US-Export-Restriktionen für starke Kryptografie.

IETF Internet Engineering Task Force; es handelt sich um eine lockere selbstorganisierte Gruppe, die technische und andere Beiträge für die Weiterentwicklung des Internet und seiner Technologie leistet; die Beiträge werden in Form von RFCs veröffentlicht; das IETF-Sekretariat befindet sich bei der Corporation of National Research Initiatives (CNRI) in den USA; die IETF-Website hat die Adresse http://www.ietf.org/ .

Internet Weltweites, dezentrales Computernetz, das auf IP basiert und dessen Teilnetze vielen verschiedenen Organisationen und Unternehmen gehören; Gebühren fallen, im Gegensatz zum Telefonnetz, in der Regel nur für den Zugang zum Internet an; die Entfernung zum genutzten Service oder Kommunikationspartner spielt keine Rolle.

Intranet Unternehmensinternes IP-Netz, das Services auf Basis von Internet-Standardprotokollen anbietet.

IOTP Internet Open Trading Protocol (RFC 2801, 2802, 2935); Protokoll für den elektronischen Handel, das den E-Commerce unabhängig von einem einheitlichen Zahlungssystem bei allen Beteiligten macht; es unterstützt SET, Secure Channel Credit/Debit, MasterCard Credit, Visa Credit, Mondex Cash, Visa Cash, GeldKarte, eCash, CyberCoin, Millicent, Proton etc.; alle IOTP-Nachrichten sind XML-Dokumente.

IP Internet Protocol; IP ist ein Bestandteil der TCP/IP-Suite, die vom U.S. Department of Defense (DoD) entwickelt wurde und in der heutigen Form etwa seit 1978 existiert; das IP entspricht der Network Layer (Schicht 3) des ISO-OSI-Referenzmodells; in der Version 4 (RFC 791) beträgt die Adresslänge 32 Bit und in der Version 6 (RFC 2460) 128 Bit; bis jetzt fand die Version 6 allerdings keine nennenswerte Verbreitung.

IP-Adresse Die IP-Adresse ist ein numerischer Code, der Computer im Internet und in Intranets eindeutig kennzeichnet; sie definiert zum einen das Netzwerk-Interface des Computers und zum anderen, in welchem Netzwerk es sich befindet; die IP-Adresse besteht also aus der Netzadresse (netid) und der Host- bzw. Interface-Adresse (hostid); in der IP-Version 4 (RFC 791) beträgt die Adresslänge

32 Bit; als man 1992 erkannte, dass IP-Adressen zum Engpass im schnell wachsenden Internet werden könnten, wurde die Version 6 (RFC 2460) spezifiziert; sie besitzt eine Adresslänge von 128 Bit.

IP-Netz Kommunikationsnetz, in dem die Informationsübertragung auf Basis des Internet Protocol (IP) stattfindet; IP-Netze arbeiten paketbasiert, bieten einen Best-Effort-Service (d.h. keine konstanten Übertragungszeiten) und beschränken sich nicht auf bestimmte Netztypen; das Internet ist das größte IP-Netz der Welt; private IP-Netze werden als Intranets bezeichnet.

IPSec IP Security (RFC 2401); Sicherheitsarchitektur für das Internet Protocol, die sowohl in IPv4- als auch IPv6-Umgebungen einsetzbar ist; sie umfasst (basierend auf den Protokollen „IP Authentication Header“ nach RFC 2402 und „IP Encapsulating Security Payload“ nach RFC 2406) Zugriffssteuerung, Integritätsüberwachung, Datenquellenauthentisierung und Verschlüsselung auf OSI-Layer 3; für das Schlüsselmanagement wird ein Public-Key-Verfahren eingesetzt (bevorzugt „Internet Key Exchange“ nach RFC 2409); zur Datenverschlüsselung sind symmetrische Verfahren vorgesehen (z.B. DES, Triple-DES, IDEA).

IP-Stack Softwaretreiber für die Kommunikation über IP-Netze (siehe auch „Socket“); unter dem PC-Betriebssystem MS-Windows trägt er die Bezeichnung „winsock.dll“ oder „wsock32.dll“.

IP-Telefonie Telefonie, die auf einer Echtzeitübertragung von Sprache über IP-Netze basiert; die Internet-Telefonie ist eine Untergruppe davon; da IP paketvermittelnd arbeitet (IP ist ein Best-Effort-Dienst mit Delay, Packet Loss, Jitter), werden zur Gewährleistung der erforderlichen Qualität folgende Maßnahmen eingesetzt:

- Sprachkompression,
- Pausenunterdrückung,
- Pausenrauschgenerierung,
- Echounterdrückung,
- Verzögerungsdifferenzausgleich,
- Flusssteuerung (RSVP zur dynamischen Bandbreitenreservierung; DiffServ, MPLS, TOS, IEEE 802.1p zur Priorisierung);

Die existierenden IP-Telefoniestandards stammen von der ITU-T und der IETF.

ISAPI Internet Server API; ein Application Programming Interface für Microsofts Internet Information Server; ISAPI erlaubt Programmierern die Entwicklung von Web-Applikationen, die schneller als konventionelle CGI-Programme laufen, da sie im Gegensatz zu den CGI-Programmen nach dem ersten Laden im Speicher des Web-Server für nachfolgende Aufrufe erhalten bleiben.

ISO International Standardization Organization (http://www.iso.ch/); internationaler Zusammenschluss nationaler Normungsausschüsse; die ISO hat unter anderem das OSI-Referenzmodell (Open Systems Interconnect) entwickelt; das Deutsche Institut für Normung (DIN) ist Mitglied der ISO.

ITU International Telecommunication Union (http://www.itu.int/); weltweit tätige Organisation, in der Regierungen und der private Telekommunikationssektor den Aufbau und Betrieb von Telekommunikationsnetzen und -diensten koordinieren; die ITU trägt die Verantwortung für die Regulierung, Standardisierung, Koordination und Entwicklung der internationalen Telekommunikation; der Teilbereich „ITU-T" befasst sich mit den Telekommunikationsstandards.

Java Objektorientierte Programmiersprache, die bei Sun Microsystems entwickelt wurde; sie ist plattformunabhängig, ähnelt C++ und wird vorrangig für die Entwicklung von Internet-Anwendungen benutzt.

Java Beans In Java programmierte Softwarekomponenten; sie werden vom JDK 1.1 und dessen Nachfolgereleases unterstützt.

Javascript Von Netscape entwickelte Scriptsprache, die innerhalb von HTML-Dokumenten verwendet werden kann (d.h. Javascript- und HTML-Kommandos stehen in einer Datei); man setzt sie vor allem für die lokale Verarbeitung von Eingaben in HTML-Formulare und für die Verknüpfung von Java-Applets mit HTML ein.

JDBC Java Database Connectivity; Web-Schnittstellenstandard für den Zugriff auf relationale Datenbanken; er basiert auf dem ODBC-Konzept der Kommunikation mittels SQL-Statements.

JDK Java Development Kit (Java-Entwicklungsumgebung) der Sun-Tochter Javasoft, das unter http://java.sun.com/j2se/ kostenlos zum Download zur Verfügung steht; Entwicklungsumgebung für Java-Applets und Java-Applications, die auf allen Browsern mit JVM laufen; das JDK enthält Java Compiler, Java Virtual Machine, Java Class Libraries, Java Applet Viewer, Java Debugger und Dokumentation; es ist für Solaris, Linux sowie Windows 95/98/NT/2000 erhältlich; die aktuelle Version heißt „Java 2 Software Development Kit, Version 1.3" (Java 2 SDK, v1.3)[1)].

JINI Die Java Intelligent Network Infrastructure (JINI) ist eine Java-Klassenbibliothek, mit der Ressourcen im Netz (z.B. Drucker, Harddisk, Videokamera, PDA) allgemein zugänglich und leicht nutzbar gemacht werden können; sie basiert auf dem Kommunikationsmechanismus „Remote Method Invocation" (RMI); ohne Treiberinstallation und Betriebssystemabhängigkeiten werden beim Netzanschluss von Geräten automatisch Verbindungen hergestellt; man erwartet,

---

1) anstelle der Bezeichnung „JDK 1.2" wurde von Sun 1998 die Bezeichnung „Java 2 SDK, v1.2" eingeführt

dass kleine Geräte und drahtlose Netzwerke (z.B. in Privathaushalten) die ersten Einsatzfelder von JINI sein werden, da hier einzelne Hersteller vollständige Lösungen anbieten können.

JSP Java Server Pages (siehe http://java.sun.com/products/jsp/); von Sun Microsystems entwickelte Technologie zur Erstellung von dynamischen Webseiten mittels Einbindung von serverseitigen Scriptlets, die in Java geschrieben wurden und auf dem Web-Server vor dem Download einer Webseite ausgeführt werden; JSPs sind plattformunabhängig einsetzbar.

JVM Java Virtual Machine; Laufzeitumgebung für Java-Applets und -Applications im Bytecode-Format.

Kerberos Network-Authentisierungsprotokoll (RFC 1510), das für Client/Server-Applikationen eine strenge Authentisierung unter Verwendung der Secret-Key-Kryptografie ermöglicht; eine freie Implementierung des Protokolls gibt es vom Massachusetts Institute of Technology (http://web.mit.edu/kerberos/www/).

Kommissionierung Logistikprozess der Zusammenstellung von im Lager vorhandenen Artikeln zur Auslieferung gemäß vorliegenden Aufträgen (auch „Grouping“ genannt).

Kreditor Lieferant

LAN Local Area Network; örtlich begrenztes Computernetz; die Realisierung erfolgt vorrangig als Ethernet; alternativ lässt sich beispielsweise auch der Token Ring einsetzen.

Layer Schicht; im OSI-Schichtenmodell der ISO werden Kommunikationsprotokolle in sieben Schichten bzw. Layers unterteilt; jede Schicht kommuniziert über eine definierte Schnittstelle mit der darunterliegenden Schicht; dem Schichtenmodell liegt die Idee der schichtweisen Verfeinerung komplexer Protokolle zugrunde; dies macht komplexe Kommunikationsprozesse überschaubarer und in Bezug auf die Einführung neuer und die Modifizierung vorhandener Dienste flexibler.

LDAP Ligthway Directory Access Protocol; offenes Protokoll zum Zugriff auf Informationsverzeichnisse; die Version 3 des Protokolls wurde von der IETF 1997 im RFC 2251 spezifiziert; LDAP basiert auf dem X.500-Standard der ITU, ist aber wesentlich einfacher und unterstützt TCP/IP; mit LDAP soll jeder Applikation, die sich auf einem vernetzten Computer befindet, der Zugriff auf Informationen in Directories (z.B. E-Mail-Adressen, öffentliche Keys) ermöglicht werden.

Logistik Teil der Supply Chain, der die pünktliche Bereitstellung von Waren und Services sowie dazugehöriger Informationen plant und steuert; allgemein handelt es sich um die wissenschaftliche Lehre der Planung, Steuerung und Überwachung von Material-, Personal-, Energie- und Informationsflüssen; dabei liegt der Schwerpunkt in der Regel auf eingehenden, im Unternehmen selbst anfallenden und ausgehenden Materialflüssen mit den dazugehörigen Informationsflüssen.

L2TP Layer 2 Tunneling Protocol; vom IETF im RFC 2661 spezifiziertes Tunneling-Protokoll, das den Aufbau von Tunneln über serielle Verbindungen (d.h. sichere Punkt-zu-Punkt- (PPP-) Verbindungen) erlaubt; für die Zugangskontrolle sind Passwörter, CHAP und PAP einsetzbar; um auch mobile Computer optimal in VPNs einbinden zu können, lässt sich IPSec durch das L2TP ergänzen (siehe RFC 2888).

MAC Message Authentication Code; Mechanismus zur Datenquellenauthentisierung und Datenintegritätsüberprüfung, basierend auf Hashwerten, die unter Einbeziehung eines geheimen Schlüssels gebildet werden; die am weitesten verbreitete Form heißt „HMAC“ (RFC2104); in Kombination mit MD5 (HMAC-MD5; RFC 2403) sowie SHA-1 (HMAC-SHA; RFC 2404) kommt sie beispielsweise bei IPSec zum Einsatz.

Mall Ansammlung mehrerer Online-Shops auf einer Website (z.B. http://www.shopping24.de/); in der Regel werden die Angebote nicht nur über die gemeinsame Webadresse sondern auch mittels Suchmaschine und Index verknüpft.

Marketing Marketingmaßnahmen dienen dem Erkennen, der Beeinflussung und der profitablen Befriedigung von Kundenwünschen; diese Maßnahmen umfassen:

- Marktanalysen,
- Entwicklung einer Marketingstrategie (d.h. die Festlegung der Produkt- und Servicepolitik, der Vertriebspolitik, der Preispolitik sowie der Maßnahmen zur Verkaufsförderung und Werbung),
- Umsetzung der Marketingstrategie.
- Ergebnisanalysen zur Optimierung der Marketingstrategie.

MD5 Message Digest Algorithm (RFC 1321); von Ronald Ravest 1991 entwickelter Algorithmus, der aus einer Nachricht beliebiger Länge einen 128-Bit-Hashwert (auch Fingerabdruck oder Message Digest genannt) berechnet; dies erfolgt so, dass jede Änderung der Nachricht zu einem anderen Hashwert führen würde; der Algorithmus wird im Zusammenhang mit der digitalen Signatur zur Überprüfung der Datenintegrität eingesetzt.

MIME Multipurpose Internet Mail Extensions (RFC 2045 bis 2049); Standard für die Formatierung von Dateien, die als Anlage zu E-Mails versendet werden; neben den E-Mail-Applikationen nutzen auch Web-Browser MIME, um mit Dateien umzugehen, die nicht im HTML-Format vorliegen.

NAT Network Address Translation (RFC 1631); dient dem Verbergen lokaler IP-Adressen hinter einer einzigen offiziellen IP-Adresse; diese auch „Masquerading" genannte Technik wird auf Routern, Proxy-Servern und Firewalls eingesetzt; sie schützt dahinterliegende Netze (denn was nicht bekannt ist, kann auch nicht gezielt angegriffen werden) und ermöglicht die Verwendung privater IP-Adressen.

NIST National Institute of Standards and Technologies (http://www.nist.gov/); es handelt sich um eine US-amerikanische Behörde, die gemeinsam mit der amerikanischen Industrie Technologien, Messverfahren und Standards (u.a. Federal Information Processing Standards/FIPS) entwickelt.

NSAPI Netscape Server API; Application Programming Interface von Netscapes Web-Server; dieses Interface erlaubt Programmierern die Erstellung von Web-Applikationen, die schneller laufen als Applikationen, die auf CGI-Scripts basieren.

OFX Das Open-Financial-Exchange-Transaktionsprotokoll (siehe http://www.ofx.net/) ist der international am weitesten verbreitete Standard für das Online-Banking von Privatkunden; OFX ging 1997 aus Microsofts Open Financial Exchange, Intuit's OpenExchange und CheckFree's Electronic Banking- und Zahlungsverkehrsprotokollen hervor; im Vergleich zum deutschen HBCI weist OFX 2.0 durch die Verwendung von XML eine größere Flexibilität auf; HBCI bietet dagegen beim Einsatz von Chipkarten zur digitalen Signatur gegenüber dem bei OFX üblichen PIN/TAN-Verfahren die größere Sicherheit.

Online-Banking Interaktives E-Banking über Datenkommunikationsnetze; dazu gehört sowohl das Homebanking über geschlossene Netze (z.B. Datex-J beim BTX-Service von T-Online) als auch das Internet-Banking über das Internet.

Online-Shop Technische Lösung zum Verkaufen in Intranets und im Internet, die in der Regel aus einem Web-Server, einer E-Commerce-Applikation und einer Datenbank besteht; damit werden folgende Standardleistungsmerkmale bereitgestellt: Artikelpräsentation, Volltextsuche, Warenkorb, Abrechnung mit Auswahl des Zahlungsverfahrens und der Versandart, Belegerstellung (Auftragsbestätigung, Lieferschein, Rechnung), Kundenprofilerfassung und -verwaltung, Artikelverwaltung, Erstellung von Zugriffs- und Bestellstatistiken.

OSI Open System Interconnection; Standard-Schichtenmodell der ISO für Kommunikationsprotokolle (ISO 7498); es unterteilt sie in sieben Schichten:

Schicht	Name	Funktion
7	Application Layer	Kommunikation zwischen Anwendungen mit ihren Benutzeroberflächen
6	Presentation Layer	Kodierung/Dekodierung von Informationen
5	Session Layer	Ablaufsteuerung einer Sitzung
4	Transport Layer	Auf- und Abbau von Ende-zu-Ende-Verbindungen sowie Datensicherung (z.B. TCP)
3	Network Layer	Routing von Datenpaketen (z.B. IP)
2	Data Link Layer	Blockweise Datenübertragung
1	Physical Layer	Anschluss zum Übertragungsmedium

Die unteren vier Schichten sind transportorientiert und die oberen drei Schichten anwendungsorientiert; jede Schicht nutzt über eine standardisierte Schnittstelle die Dienste der darunterliegenden Schicht; diese Struktur macht komplexe Kommunikationsprotokolle übersichtlicher und einfacher modifizierbar.

OTP Open Trading Protocol (http://www.otp.org/); OTP ist ein Vorgänger des IOTP und sollte eine komplette Umgebung für den offenen Handel mit Privatkunden über ungesicherte Netze bereitstellen; dazu gehörte die transparente Einbettung bestehender Zahlungssysteme (Kreditkarten nach SET 1.0, eCash, CyberCoins, Modex-Karte sowie die GeldKarte der deutschen Kreditwirtschaft) und die Steuerung des gesamten Zahlungsverkehrs; am Entwurf waren u.a. die Firmen Mondex, Mastercard, AT&T, HP, IBM, Verifone, CyberCash, Sun Microsystems, Wells Fargo Bank, Royal Bank of Canada, SIS, Digicash, Hitachi und Fujitsi beteiligt; er wurde vom Konsortium Ende 1998 veröffentlicht; seine Weiterentwicklung zum IOTP durch die IETF hat inzwischen zu mehreren RFCs geführt (siehe „IOTP“).

Overhead Zusatzlast; sie wird bei Datenübertragungen vor allem durch das Verhältnis zwischen Steuerinformationen und Nutzdaten bestimmt; zu den Steuerinformationen gehören die Inhalte der Paketköpfe.

Paket Pakete sind in der Kommunikationstechnik Nachrichteneinheiten, die über Netze transportiert werden; sie bestehen aus einem Paketkopf mit Steuerinformationen, einer Payload und gegebenenfalls einem Paketfuß.

PAP Password Authentication Protocol (RFC 1334); es handelt sich um ein Zweiweg-Handshake-Protokoll für die Authentisierung über PPP-Verbindungen; da die Authentisierungsinformationen (d.h. User-ID und Passwort) im Klartext übertragen werden und die Verbindung bis zum manuellen Verbindungsabbau bestehen bleibt, ist das PAP nicht sicher.

Payload Nutzlast; Datenblock, der in einem Paket über Netze transportiert wird.

PDA Personal Digital Assistant; elektronischer Organizer, wie beispielsweise der Palm-Computer (http://www.palm.com/).

PKCS Public Key Certification Standards (siehe http://www.rsasecurity.com/rsalabs/pkcs/ und RFC 2313, 2314, 2315); die Standards umfassen RSA-Verschlüsselung, Diffie-Hellman-Schlüsselvereinbarung, passwortbasierte Verschlüsselung, Extended Certification Syntax, Cryptographic Message Syntax, Private Key Information Syntax, Certification Request Syntax etc.; der erste PKCS wurde 1991 in den RSA Laboratories gemeinsam mit Vertretern von Apple, Digital, Lotus, Microsoft, MIT, Northern Telecom, Novell und Sun Microsystems entwickelt.

PKI Public Key Infrastructure (siehe u.a. RFC 2459 und RF 2510); zur Public-Key-Kryptografie wird ein öffentlicher (Public Key) und ein privater Schlüssel (Private Key) benötigt; sie stehen mathematisch so zueinander in Beziehung, dass der private Schlüssel nicht aus dem öffentlichen bestimmt werden kann; die PKI stellt die Mittel bereit, um öffentliche Schlüssel ihren Eigentümern mittels X.509-Zertifikat zuzuordnen und hilft, die öffentlichen Schlüssel in großen heterogenen Netzen zu verteilen; dazu verwaltet eine vertrauenswürdige Certification Authority (CA) Zertifikate, die den Namen des Eigentümers und seinen öffentlichen Schlüssel enthalten, und gibt sie auf Anforderung heraus; während bei digitalen Signaturen eine Prüfsumme (Hashwert) mit dem privaten Schlüssel verschlüsselt wird, ist bei verschlüsselten Datenübertragungen der öffentliche Schlüssel des Empfängers zu verwenden, um die Daten bzw. den Sitzungsschlüssel zu kodieren, mit dem die Datenverschlüsselung mit einem symmetrischen Verfahren (z.B. DES) erfolgt; 1999 haben sich führende PKI-Anbieter in einem PKI-Forum (http://www.pkiforum.org/) zusammengeschlossen; Gründungsmitglieder waren die Firmen Baltimore Technologies, Entrust Technologies, IBM, Microsoft und RSA Security; eine typische PKI-Lösung ist beispielsweise das iPlanet-Certificate-Managementsystem der Sun/Netscape-Allianz (http://www.iplanet.com/); mit ihm kann ein Unternehmen ohne großen Aufwand ein eigenes Zertifikatsystem installieren und verwalten.

Plug-Ins Softwareprogramme, die die Fähigkeiten von Web-Browsern erweitern; Macromedias Shockwave Player für das Abspielen von Videos gibt es beispielsweise als Plug-In.

Port Physikalische Schnittstelle von Computern, Switches etc. sowie logische Schnittstelle von Protokollen in der Transport Layer des OSI-Schichtenmodells; die in den TCP- und UDP-Headers enthaltenen Portnummern kennzeichnen übergeordnete Protokolle (z.B. HTTP, SMTP, FTP), die ihre Daten in den TCP- oder UDP-Segmenten ablegen; Endgeräte erkennen anhand der Portnummern, an welche übergeordnete Softwareschicht empfangene Daten zu übergeben sind; die Portnummern wurden von der IETF in drei Bereiche eingeteilt:

- „well known ports" von 0 bis 1.023,
- „registered ports" von 1.024 bis 49.151,
- „dynamic and/or private ports" von 49.152 bis 65.535;

Portnummern von 1 bis 1.023 sind im RFC 1700 der IETF bestimmten Protokollen fest zugeordnet und so in jeder TCP/IP-Protokollstack-Implementierung identisch; HTTP verwendet beispielsweise immer den Port 80 und SMTP den Port 25; der Bereich oberhalb von 1024 ist für individuell entwickelte Applikationen gedacht; zumindest bis zur Portnummer 49.151 ist eine Registrierung bei der IANA erforderlich (siehe http://www.iana.org/ und http://www.isi.edu/in-notes/iana/assignments/port-numbers).

PPP Point-to-Point Protocol (RFC 1661); Protokoll, das u.a. den Internet-Zugang über ISDN-Verbindungen oder analoge Telefonleitungen und Modem ermöglicht; es ist eine Standardmethode für den Transport von Multiprotokollpaketen über Punkt-zu-Punkt-Verbindungen; die Methode umfasst:

- ein Verfahren zum Verpacken (Encapsulation) der Multiprotokollpakete,
- ein Link Control Protocol (LCP) für den Aufbau, die Konfiguration und den Test von Datenkommunikationsverbindungen,
- eine Familie von Network Control Protocols (NCPs) für die Einrichtung und Konfiguration verschiedener Network-Layer-Protokolle;

Als Transportmedium dienen einfache Verbindungen zwischen zwei Punkten, die zur Datenübertragung geeignet sind und vollduplex arbeiten können.

PPTP Point-to-Point Tunneling Protocol (RFC 2637); es handelt sich um ein Protokoll, das von Microsoft in Zusammenarbeit mit U.S. Robotics, 3Com und Ascend Communications entwickelt wurde, um sichere Remote-Zugriffe auf Firmennetze über das Internet (mittels Tunnelung des PPP im Internet) zu ermöglichen; Windows NT 4.0, Windows 2000, Windows 95 mit Dial-Up Networking 1.2, Windows 98 und Windows Me unterstützen das PPTP.

Preis Geldwert einer Ware oder Leistung; es wird zwischen Listen-, Verkaufs- und Einstandspreisen unterschieden; Listenpreise sind von Hersteller oder Händler veröffentlichte Standardpreise; Verkaufspreise orientieren sich an der konkreten Verkaufssituation; sie sind vom Wettbewerbspreis, der strategischen Bedeutung eines Projektes, dem Kundennutzen, dem Projektvolumen[1] und den anfallenden Kosten abhängig; der Einstandspreis entspricht bei Dienstleistungen dem

1) Break-Even-Menge = Fixkosten / (Verkaufspreis pro Stück – Einstandpreis pro Stück)

Aufwand[1] der Leistungserbringung sowie bei Produkten der Summe aus Herstellungs- und Handlingkosten (Transport, Verpackung etc.).

Protokoll Protokolle dienen in der Kommunikationstechnik der Festlegung von Regeln über die Bedingungen und den Ablauf einer Kommunikation.

Proxy Vermittler zwischen Computern vor und hinter dem Proxy; er wird bevorzugt zur Lastreduzierung bei Web-Zugriffen sowie zur Weiterleitung von SIP-Steuerinformationen in der IP-Telefonie eingesetzt; dabei arbeitet der Proxy nicht nur als Server, sondern auch als Client, um Anforderungen im Auftrag anderer Clients weiterzugeben; bevor der Proxy aber die Anforderungen weitergibt, prüft er, ob er sie selbst bedienen kann; mit Hilfe eines Caches (Zwischenspeichers) verkürzt er bei HTTP- und FTP-Anforderungen die Antwortszeiten bei wiederholtem Informationsabruf; dies reduziert gleichzeitig die Netzbelastung hinter dem Proxy; mittels Berechtigungsprüfung und Filterung regelt der Proxy zusätzlich die Zugriffe auf Informationen.

QoS Quality-of-Service; Begriff, der in der Regel im Zusammenhang mit der Dienstgüte einer Netzverbindung verwendet wird; sie setzt sich beispielsweise aus folgenden Merkmalen zusammen:

- maximale Übertragungszeit für eine Informationseinheit,
- mittlere Übertragungszeit und Übertragungszeitverteilung für Informationseinheiten,
- Datendurchsatz oder Bandbreite des Übertragungssystems,
- Fehlerrate des Systems (relative Anzahl der fehlerhaft übertragenen Informationseinheiten) und
- Verlustrate des Systems (relative Anzahl der gesendeten, aber nicht empfangenen Informationseinheiten);

Die ITU unterteilt die Güte in Quality-of-Service (QoS) und Network Performance (NP); QoS ist benutzerorientiert und NP dienstleisterorientiert; unter QoS versteht die ITU laut ITU-T-Empfehlung E.800 die gesamte Auswirkung einer Dienstleistung auf den Grad der Zufriedenheit eines Nutzers; in der Praxis begrenzt man allerdings die zu prüfenden Auswirkungen auf Aspekte, die sich an der Benutzerschnittstelle zum Netz messen lassen; die Network Performance umfasst dagegen Netzparameter, die vom Netzbetreiber bei der Planung, dem Betrieb und der Wartung des Netzes benötigt werden; ihre richtige Dimensionierung ist die Voraussetzung für die Gewährleistbarkeit einer QoS; in IP-Netzen liegt der Schwerpunkt von QoS auf der Bereitstellung vorhersagbarer Service-Qualitäten in Überlastsituationen; weitere Informationen zur QoS sind unter http://www.qosforum.com/ zu finden.

---

1) ist in der Regel die Summe aus dem Zeitaufwand multipliziert mit einem per Vollkostenrechnung ermittelten Stundensatz des eingesetzten Personals, den Betriebskosten für zusätzlich benötigte Geräte und den Spesen

RADIUS Remote Authentication Dial-In User Service Protocol (RFC 2865 und 2866); Protokoll zum Transport von Authentisierungs-, Autorisierungs- und Konfigurationsinformationen[1] zwischen einem Network Access Server (RADIUS-Client), der seine Verbindungen authentisieren möchte, und einem Authentisierungsserver (RADIUS-Server); der RADIUS-Client übergibt Nutzerinformationen an den RADIUS-Server und handelt entsprechend der vom Server erhaltenen Antwort; sie beinhaltet das Authentisierungsergebnis und Konfigurationsinformationen, die nötig sind, um Services für den Nutzer bereitzustellen; RADIUS-Client und -Server authentisieren die zwischen ihnen ablaufenden Transaktionen mit einem symmetrischen Schlüssel (Shared Secret) und übertragen Benutzerpassworte stets verschlüsselt; der RADIUS-Server kann eine Vielzahl von Authentisierungsmethoden unterstützen; dazu gehören z.B. PAP, CHAP und Unix-Login; neben der Authentisierung und Autorisierung ermöglicht RADIUS auch ein Accounting (RFC 2866).

RegTP Regulierungsbehörde für Telekommunikation und Post (http://www.regtp.de/); sie ist gemäß § 3 des Signaturgesetzes die für die elektronische Signatur zuständige Behörde, die alle Zertifizierungsstellen (Trustcenter) in Deutschland kontrolliert; außerdem akkreditiert[2] sie auf Antrag diejenigen Zertifizierungsstellen, die in Übereinstimmung mit dem Signaturgesetz Signaturkarten herstellen und dazugehörige Zertifikate ausgeben; weiterhin betreibt sie die oberste nationale Zertifizierungsstelle, die sogenannte Wurzelinstanz (engl. Root oder Root CA).

RFC Request for Comments; Spezifikationen und Informationen der Internet Engineering Task Force (IETF; http://www.ietf.org/); die ersten RFCs entstanden 1969; jeder RFC hat eine eigene Nummer; veröffentlichte RFCs ändern sich niemals; Modifikationen eines RFC erhalten eine neue Nummer; weitere Informationen zu RFC sind im RFC 2026 zu finden.

Router Computer mit mindestens zwei Netzwerkkarten und IP-Adressen, der Verbindungen zwischen lokalen IP-Netzen herstellt; er arbeitet auf der Schicht 3 (Network Layer) des OSI-Referenzmodells der ISO und liest die Network-Layer-Adressen aller Pakete, um zu entscheiden, welche er zu einem anderen Netz übertragen muss; im Gegensatz zur Bridge kann ein Router vermitteln; er sucht sich aus alternativen Wegen zur Erreichung des Zielsystems den optimalen raus; mögliche Optimierungskriterien sind beispielsweise Auslastung, Durchsatz, Gebühren, Wartezeit und Ausfall.

---

1) betreffen den für einen Nutzer vorgesehenen Servicetyp (z.B. SLIP, PPP, telnet, rlogin) und dazugehörige Parameter (z.B. IP-Adresse, Subnet-Mask)
2) anstelle der ursprünglich erteilten Genehmigungen gibt es nach dem neuen Signaturgesetz freiwillige Akkreditierungen

Routing Prozess der Wegesuche in IP-Netzen, der an Netzübergängen für die zu übertragenden Pakete stattfindet; er läuft auf OSI-Layer 3 und wird von Routern ausgeführt; sie verwenden u.a. eine Routing-Tabelle, um den besten Weg zu ermitteln.

RSA Nach den Entwicklern Rivest, Shamir und Adleman benanntes, wichtigstes asymmetrisches Verschlüsselungsverfahren; RSA verwendet einen öffentlichen und einen privaten Schlüssel; ein Schlüssel dient der Verschlüsselung und der andere der Entschlüsselung; das Verfahren beruht darauf, dass es praktisch nahezu unmöglich ist, zwei große Primzahlen p und q aus der alleinigen Kenntnis des Produkts p x q zurückzugewinnen; RSA unterstützt variable Schlüssellängen und Blockgrößen, wobei der zu verschlüsselnde Textblock kleiner als die Schlüssellänge sein muss; übliche Schlüssellängen sind 512, 1024 und 2048 Bit; der RSA-Algorithmus wird heute primär für die Verschlüsselung von geheimen Sitzungsschlüsseln sowie Hashwerten (d.h. für die digitale Signatur) eingesetzt; weitere Informationen sind auch unter http://www.rsasecurity.com/ zu finden.

SCC Supply Chain Council (http://www.supply-chain.org/); der Council wurde 1996/97 als unabhängige gemeinnützige Industrievereinigung gegründet; seitdem wächst der SCC permanent und hat inzwischen weltweit mehr als 650 Mitglieder; heute umfasst der Council viele führenden Industrieunternehmen, Logistik- und Distributionsfirmen und Supply-Chain-Anwendersoftware-Firmen; auf der Website des SCC wird das Supply Chain Operations Reference Model (SCOR) präsentiert; außerdem stehen Informationen über Softwarehersteller, Unternehmensberater und Forschungseinrichtungen zur Verfügung, die das SCOR-Modell unterstützen; SCOR dient als Standardprozess-Referenzmodell, nach dem Supply-Chain-Managementverfahren in Firmen einführbar sind; SCOR liefert ein allgemeines Supply-Chain-System, eine Standardterminologie, allgemeine Kennzahlen mit dazugehörigen Benchmarks und Best Practices; es ist als allgemeines Modell für das Auswerten, die Positionierung und das Einführen von Supply-Chain-Anwendersoftware verwendbar; der SCC entwickelt SCOR weiter und verbreitet das Modell.

SCM Supply Chain Management; Versorgungskettenmanagement (siehe auch „E-SCM“).

Search Engine Website, auf der mittels Indizierung von Webpages, ein Suchservice angeboten wird; als Ergebnis einer Suchanfrage erhält der Benutzer des Service eine Liste mit den Adressen aller Webseiten, die den gesuchten Begriff enthalten.

Server Ein Computer, der Anforderungen anderer Computer bezüglich Datenübertragung, E-Mail und anderen Network-Services bedient; siehe auch „Host“.

SET Secure Electronic Transaction; Protokoll, das die Kreditkartenfirmen VISA (http://www.visa.com/) und Mastercard (http://www.mastercard.com/) gemeinsam mit den Softwarehäusern IBM, Microsoft und Netscape sowie weiteren Partnern für die sichere Abwicklung von Kreditkartenzahlungen im Internet definiert haben; es spezifiziert die Interaktionen zwischen Kunden und Händler zur Abwicklung der Geschäftstransaktion sowie die Autorisierung der Zahlung im Internet zwischen dem Händler und dem „Acquirer“, der die Abrechnung der Zahlung bei den jeweiligen Banken über den traditionellen Zahlungsverkehr veranlasst.

SETCo Die SET Secure Electronic Transaction LLC (http://www.setco.org/) wurde 1997 auf Veranlassung der Kreditkartenfirmen VISA und Mastercard gegründet, um die SET-Spezifikation zu implementieren; SETCo pflegt die SET-Spezifikation, kontrolliert Software-Compliance-Tests, betreibt die SET Root Certificate Authority und koordiniert Aktivitäten zur Verbreitung von SET als globales Zahlungsverfahren; SETCo wird von vielen Firmen unterstützt (siehe http://www.setco.org/participants.html).

Servlets Applikationen, die mit Java für das Internet entwickelt wurden und im Gegensatz zu Applets nicht im Browser, sondern im Server über ein Java-Servlet-API ausgeführt werden; im Unterschied zu CGI-Programmen bleiben Servlets auch nach ihrer Benutzung im Speicher, so dass sie bei wiederholten Aufrufen schneller reagieren.

SGML Standard Generalized Markup Language; SGML gemäß ISO-Standard 8879 ist seit 1986 für Definition, Austausch und Verwaltung sehr großer und komplexer Datenbestände im Einsatz (siehe auch http://www.oasis-open.org/cover/); HTML und XML basieren auf SGML; während HTML eine SGML-Anwendung ist, stellt XML als SGML-Profil ein SGML-Subset dar; XML wird häufig als die kleinere, praktikablere Variante von SGML bezeichnet.

SHA Secure Hash Algorithm (FIPS-180-1, http://www.itl.nist.gov/fipspubs/); vom NIST in Zusammenarbeit mit der NSA entwickelter Einweg-Hash-Algorithmus, der aus einer Eingabe mit einer Länge kleiner oder gleich 264 Bit einen 160 Bit-Hashwert berechnet; der Algorithmus wird speziell für den regierungsamtlichen Einsatz in den USA empfohlen und im DSA[1)] (Digital Signature Algorithm) verwendet.

Shareware Software, die für einen begrenzten Zeitraum kostenlos nutzbar ist; soll sie ständig verwendet werden, ist eine einmalige, verhältnismäßig geringe Lizenzgebühr an den Entwickler zu zahlen.

---

1) Konkurrenzverfahren zur weitverbreiteten RSA-Signatur

S-HTTP Secure HTTP (RFC 2660); Erweiterung von HTTP um Mechanismen zur Authentisierung und Verschlüsselung; S-HTTP wurde ursprünglich von einem Industriekonsortium entwickelt; später übernahm die Firma Terisa (http://www.terisa.com/shttp/) die Rechte; im Gegensatz zu SSL erfordert S-HTTP eine Veränderung der Applikations-Layer-Protokolle; deshalb ist SSL weiter verbreitet.

Signature Unterschrift; in der Informations- und Kommunikationstechnik wird ein eindeutig einer Person[1] zugeordneter, unverfälschbarer, digitaler Code, der einem elektronischen Dokument hinzugefügt wurde, als digitale bzw. elektronische Signatur bezeichnet; die technische Realisierung erfolgt mit Public-Key-Verfahren; beim Signieren wird mit dem privaten Schlüssel des Unterschreibenden ein Hashwert verschlüsselt, so dass nachträgliche Änderungen sowie die Identität des Unterschreibenden mit dem in einem Public-Key-Zertifikat enthaltenen öffentlichen Schlüssel feststellbar sind; in der europäischen und deutschen Gesetzgebung verwendet man anstelle des weitverbreiteten Begriffs „digitale Signatur“ den Begriff „elektronische Signatur“.

SLA Service Level Agreement; Vertrag zwischen Dienstleistern (Service Provider) und ihren Kunden, der die vom Dienstleister zu erbringende Leistung, ihre Qualität (z.B. Durchsatz, Verlustrate, Verzögerungen, Jitter) und Verfügbarkeit sowie Messmethoden, Konsequenzen bei SLA-Verstößen und Preise festlegt; Verstöße, die der Dienstleister verursacht, werden in der Regel zu Vertragsstrafen oder vorzeitiger Vertragskündigung führen; Verstöße, die der Kunde zu verantworten hat, reduzieren normalerweise die Servicequalität zu seinen Lasten.

Smartcard Plastikkarte, die einen Mikroprozessor oder Mikrocontroller sowie einen Speicher enthält.

S/MIME Secure MIME (RFC 1521, 1847, 1848, 2632, 2633, 2634) wird zum Schutz von E-Mails eingesetzt; die digitale Signatur und das Key-Enveloping basieren auf RSA; RC2, DES und Triple-DES dienen zur symmetrischen Verschlüsselung der Daten; Prüfsummen werden mit den Hash-Algorithmen SHA-1 sowie MD5 ermittelt; das Nachrichtenformat entspricht der Cryptographic Message Syntax nach PKCS #7; sowohl der Netscape Messenger als auch Microsoft Outlock unterstützen S/MIME.

SMS Short Message Service; Verfahren zur Übertragung von kurzen Textnachrichten zum und vom Mobiltelefon; die Nachrichten dürfen maximal 160 alphanumerische Zeichen enthalten; SMS entstand gemeinsam mit dem GSM-Standard; mehrere Websites im Internet (z.B. http://www.sms.de/, http://www.sms-kostenlos.de/, http://freesms.web.de/) bieten die Möglichkeit,

1) oder einem Computersystem

SMS-Nachrichten kostenlos über das Internet zu verschicken; aber nicht nur persönliche Mitteilungen, sondern auch aktuelle Nachrichten kommen per SMS; unter http://sms-infowelt.de/ lassen sich beispielsweise Nachrichtenkanäle abonnieren.

Sockets Subroutinen, die auf Computersystemen die Kommunikation über TCP/IP sowie UDP/IP ermöglichen; Portnummern identifizieren Dienste (bzw. Protokolle) und IP-Adressen kennzeichnen die Computersysteme, auf denen die Dienste zur Verfügung gestellt werden.

SSL Secure Socket Layer; ein Protokoll, das von der Firma Netscape entwickelt wurde, um sichere Datenübertragungen für die kommerzielle Nutzung des Internet zu ermöglichen; es umfasst die Authentisierung unter Verwendung von Public-Key-Verfahren, die Datenverschlüsselung und eine Überwachung der Datenintegrität für die Client-Server-Kommunikation; dazu wird eine zusätzliche Kryptoschicht zwischen Anwendungs- und Transportschicht eingefügt, die für die benachbarten Schichten weitgehend transparent ist; SSL arbeitet mit jedem Anwendungsprotokoll zusammen, das auf dem TCP-Socket aufsetzt (z.B. HTTP, FTP, IMAP4, POP3, LDAP, NNTP und Telnet) und es erfordert keine oder nur minimale Änderungen der Anwendungen; die Migration von einem unsicheren zu einem sicheren System ist somit vor allem eine Frage der Softwareinstallation; zusätzliche Hardwarekomponenten sind nicht erforderlich; Übertragungen mit SSL werden im Web-Browser durch eine mit „https://“ beginnende URL angezeigt; vor dem Austausch von Nutzdaten findet bei SSL ein Handshake zur Authentisierung[1)] mittels X.509-Zertifikaten statt; mit den in den Zertifikaten enthaltenen öffentlichen RSA-Schlüsseln werden Sitzungsschlüssel verschlüsselt, so dass sie problemlos übertragbar ist; während der Sitzung kommen symmetrische Verschlüsselungsverfahren wie DES oder RC4 zum Einsatz; SSL ist ein integraler Bestandteil von Web-Browsern, wie dem Netscape Navigator und dem Microsoft Internet Explorer; die SSL-Version 3.0 war Grundlage für die TLS-Spezifikation der IETF.

Supply Chain Versorgungskette/Lieferkette; steht häufig auch als Synonym für die Wertschöpfungskette.

TACACS Terminal Access Controller Access Control System (RFC 1492); von der BBN Communications Corporation entwickeltes Authentisierungsprotokoll, mit dem Network Access Server Login-Daten (d.h. Benutzername und Passwort) an Authentisierungsserver zur Prüfung übergeben und das Prüfungsergebnis zurück erhalten; es wurde ursprünglich von der Firma Cisco auf allen Cisco-Routern und Access-Servern implementiert; nachteilig an diesem Protokoll ist, dass es die

1) in der Regel handelt es sich um eine Server-Authentisierung, optional ist aber auch eine Client-Authentisierung möglich

Daten im Klartext überträgt; deshalb löste Cisco es 1997 durch die eigene Weiterentwicklung TACACS+ ab; TACACS+ (siehe ftp://ftpeng.cisco.com/pub/tacacs/tac-rfc.1.78.txt) verschlüsselt den gesamten Verkehr; weitere Merkmale von TACACS+ sind:

- die Unterstützung beliebiger Authentisierungsmechanismen (inkl. PAP und CHAP);
- die Möglichkeit zur separaten Nutzung von Authentisierung, Autorisierung und Accounting und
- die Verwendung von TCP/IP (im Gegensatz zu RADIUS, das auf UDP/IP basiert).

Tag Wörtlich übersetzt: „Etikett/Schildchen“; steht für Steuerbefehle in HTML und XML.

TCP Transmission Control Protocol nach RFC 793; auf IP aufbauendes Layer-4-Protokoll, das für Integrität, richtige Reihenfolge und Vollständigkeit der übertragenen Daten sorgt; TCP übernimmt als zuverlässiges, verbindungsorientiertes Transportprotokoll folgende Funktionen:

- Auf- und Abbau von Ende-zu-Ende-Verbindungen,
- Ende-zu-Ende-Flusskontrolle mit Übertragungsratenanpassung,
- Reihenfolgesicherung,
- Zeitüberwachung für Empfangsbestätigungen zur Sendungswiederholung und
- Prüfsummenbildung.

TLS Transport Layer Security (RFC 2246 sowie RFC 2487, 2595, 2712, 2817, 2818, 2830); Sicherheitsprotokoll, das auf Basis des SSL-Protokolls entwickelt wurde; es bietet Authentisierung, Integritätsprüfung und Verschlüsselung für Anwendungen, die ein zuverlässiges Transportprotokoll, wie TCP, nutzen; TLS setzt auf das Transportprotokoll (d.h. OSI-Layer 4) auf; die Unterschiede zwischen TLS 1.0 und SSL 3.0 sind nicht groß (es wurden lediglich kleine Ergänzungen, wie die Aufnahme des Diffie-Hellmann-Verfahrens und des DSS, vorgenommen), aber doch signifikant genug, dass deren Implementierungen nicht ohne weiteres zusammenarbeiten; deshalb gibt es einen Rückwärtskompatibilitätsmechanismus; er sieht vor, dass eine Hello-Message im SSL-3.0-Format unter Angabe der Versionsnummern 3 und 1 verschickt wird, um Verbindungen mit SSL 3.0 aufzubauen, falls TLS 1.0 nicht zur Verfügung steht; TLS 1.0 und SSL 3.0 verwenden die TCP-Portnummer 334 und die Protokollbezeichnung „https“.

Transaktion Eine Transaktion ist eine logisch zusammengehörige Arbeitseinheit, also z.B. eine Sequenz von Informationsaustauschen, die zur Erfüllung einer Anforderung erforderlich sind; im kommerziellen Sinne steht der Begriff für einen geschäftlichen Vorgang mit besonderer Tragweite; als Beispiel für eine typische Transaktion gilt die Aufnahme einer telefonischen Katalogbestellung in einem Computersystem; dabei ist der Lagerbestand zu prüfen, der Kunde über die Verfügbarkeit des Artikels zu informieren, die Bestellung im Computer zu erfassen und die Annahme dem Kunden unter Nennung der zu erwartenden Lieferzeit zu bestätigen; kommt irgendetwas dazwischen, so dass die Transaktion nicht komplett ausgeführt werden kann, muss sie wieder vollständig rückgängig gemacht werden.

Triple-DES Verschlüsselungsverfahren (nach ANSI X9.52-1998), bei dem DES dreimal nacheinander mit drei verschiedenen Schlüsseln zum Einsatz kommt; zuerst wird mit Schlüssel 1 verschlüsselt, dann mit Schlüssel 2 dekodiert und schließlich mit Schlüssel 3 nochmals verschlüsselt; dies entspricht einer Verdreifachung der Schlüssellänge auf 168 Bit.

Trustcenter Neutrale, vertrauenswürdige Einrichtung, die digitale Zertifikate ausgibt und damit, wie eine Art Notariat, die Gültigkeit einer digitalen Signatur[1)] bzw. die Echtheit und Zugehörigkeit des öffentlichen Schlüssels einer Person bestätigt; sie wird häufig auch als Zertifizierungsstelle bzw. Certification Authority (CA) bezeichnet; in Deutschland kontrolliert die Regulierungsbehörde für Telekommunikation und Post (http://www.regtp.de/) die Zertifizierungsstellen; außerdem betreibt sie die oberste nationale Zertifizierungsstelle, die sogenannte Wurzelinstanz (Root CA).

UMTS Universal Mobile Telecommunications System; GSM-Nachfolger, der Übertragungsraten von bis zu 2 Mbit/s ermöglichen soll; UMTS basiert auf dem Übertragungsstandard CDMA G3 (Code Division Multiple Access; siehe http://www.cdg.org/) und wird in Europa im Jahr 2002 eingeführt; die ersten technischen Spezifikationen für UMTS entstanden im ETSI; vom UMTS-Forum (http://www.umts-forum.org/) wurden Marktanforderungen eingebracht; inzwischen befasst sich das 3rd Generation Partnership Project (3GPP) mit den technischen Spezifikationen; das 3GPP (http://www.3gpp.org/) ist eine globale Kooperation von Standardisierungsorganisationen aus Japan, China, Europa, USA und Korea (ARIB, CWTS, ETSI, T1, TTA und TTC); die ITU kooperiert mit dem 3GPP, um IMT-2000 (http://www.itu.int/imt/), ein ITU-Framework für Mobilfunksysteme der dritten Generation, auszuarbeiten.

Unified Messaging Integration verschiedener Kommunikationsmedien, so dass sie über ein gemeinsames Interface genutzt werden können; aktuelle Unified-Messaging-Lösungen machen unterschiedliche Mailboxen für E-Mail, Voice-Mail und Fax überflüssig; alle Nachrichten laufen in einer Mailbox zusammen und können

1) mit jedem signierten Dokument wird zusätzlich zum Text und zur verschlüsselten Prüfsumme (Hashwert) auch ein Zertifikat oder ein Verweis auf ein Zertifikat verschickt, dessen Gültigkeit man sich vom Trustcenter bestätigen lässt

jederzeit über Telefon oder vom PC über E-Mail-Anwendungen abgerufen und bearbeitet werden; neben der einheitlichen Benutzeroberfläche gibt es ein einheitliches Teilnehmerverzeichnis und ein zentrales Administrationssystem.

URL Uniform Resource Locator; die globale Adresse eines Dokuments oder anderer Ressourcen im Web; der erste Teil der Adresse zeigt an, welches Protokoll für den Zugriff zu benutzen ist, und der zweite Teil enthält die IP-Adresse oder den Domain-Namen, unter dem die Ressource zu finden ist.

Uuencode Langjähriger Standard für die Kodierung von E-Mail-Anlagen; er wurde inzwischen vom MIME-Standard abgelöst; Uuencode konvertiert binäre Dateien zu Textdateien im ASCII-Format, damit sie als Anlage einer E-Mail-Nachricht gesendet werden können; um daraus wieder die Originaldateien herzustellen, verwendet der E-Mail-Empfänger Uudecode.

VBScript Visual Basic Script; Kurzbezeichnung für „Microsoft Visual Basic Scripting Edition Language“; steht für eine vereinfachte Version von Visual Basic, die eine Scriptumgebung für HTML-Webseiten bietet, um sie mit aktiven Komponenten zu versehen; VBScript wurde von Microsoft für den Einsatz im MS-Internet-Explorer (ab Version 3.0) und im MS-Internet-Information-Server geschaffen; serverseitig dient VBScript der Erstellung von Active Server Pages (ASP).

Virtuelles Unternehmen Zeitlich befristete Kooperationen von rechtlich selbständigen Unternehmen und/oder Institutionen, die aufgrund der Nutzung modernster Informations- und Kommunikationstechnologie (z.B. Extranet) bei der Leistungserbringung gegenüber Dritten wie ein einheitliches Unternehmen erscheinen; jeder Kooperationspartner bringt in das virtuelle Unternehmen vorrangig seine Kernkompetenz ein; mögliche Einsatzgebiete virtueller Unternehmen sind z.B.:

- Projektakquisition und -abwicklung,
- Beschaffungs- und Vertriebsgemeinschaften,
- Komponentenproduktion und -zulieferung.

VPN Virtual Private Network; ein privates Netz, das über die Verbindungswege eines öffentlichen Netzes aufgebaut wurde; VPNs arbeiten im Internet mit sogenannten Tunneling-Verfahren; sie stellen mittels Verschlüsselung ganzer Pakete sicher, dass Kommunikationsverbindungen nicht abhörbar sind; Endpunkte der Tunnel können Hosts, Firewalls und Router sein; zur Realisierung gibt es verschiedene Verfahren; während die von der IETF spezifizierten Verfahren „IP Security“ (IPSec) und „Layer 2 Tunneling Protocol“ (L2TP) plattform-unabhängig sind, beschränken sich alle konkurrierenden Verfahren auf bestimmte Plattformen; Microsoft hat beispielsweise das „Point-to-Point-Tunneling

Protocol“ (PPTP) und Cisco das „Layer 2 Forwarding“ (L2F) entwickelt; weitere Informationen zu VPN sind auf der Website des Virtual Private Network Consortium (http://www.vpnc.org/) zu finden.

WAN Wide Area Network; Weitverkehrsnetze überbrücken große Entfernungen; übliche WAN-Technologien sind X.25, Frame Relay, ISDN und ATM; das weltweit größte WAN für Datenkommunikationen ist das Internet; mit der Verknüpfung der lokalen Netze (LANs) eines Unternehmens über WANs entsteht ein Corporate Network (Unternehmensnetz).

WAP Wireless Application Protocol; mit Hilfe dieses Protokolls kann per Mobiltelefon auf das Internet zugegriffen werden; WAP wurde von den Mobiltelefonherstellern Nokia, Ericsson, Motorola sowie dem Softwareunternehmen Unwired Planet (inzwischen Openwave Systems) initiiert und im WAP-Forum (http://www.wapforum.org/) spezifiziert; im März 2001 umfasste das WAP-Forum mehr als 600 Mitgliedsfirmen; WAP ist ein offener Standard und sowohl zum US-Standard CDMA als auch zum europäischen GSM kompatibel; einige Analysten sind allerdings der Ansicht, dass WAP erst mit Einführung des schnellen UMTS einen echten Durchbruch erreichen kann; bisher konnte es sich vor allem aufgrund von zu langen Übertragungszeiten bei GSM und hohen Kosten bei zeitabhängiger Gebührenberechnung nicht durchsetzen; WAP-Anwendungen beruhen auf WML (Wireless Markup Language), einer eng mit HTML verwandten Sprache und WMLScript, einer an JavaScript angelehnten Scriptsprache; beide wurden für den Einsatz in der drahtlosen Datenkommunikation optimiert; die Übertragung erfolgt mit WTP (Wireless Transaction Protocol); WML „übersetzt“ die Webseiten ins Mobiltelefonformat; die Sprache arbeitet dabei nicht seitenorientiert (wie HTML), sondern zerlegt Dokumente in Decks und Cards, so dass sie sich flexibler darstellen lassen; WML unterstützt neben Text auch einfache Grafiken; der Zugang zu den Internetseiten, die für WAP verfügbar gemacht werden, ist nicht direkt möglich; es ist ein WAP-Gateway erforderlich; er nimmt die Signale des Mobiltelefons auf (also z.B. den Wunsch, einem Link zu folgen), setzt sie in WML um und sorgt so für den Aufruf der Seite; die dann empfangenen Daten der Webseite werden komprimiert und auf das Mobiltelefon übertragen; es gibt allerdings auch spezielle WAP-Server, auf denen die WAP-Seiten schon fertig aufbereitet sind; viele Serviceanbieter wollen mit WAP Mobiltelefonierern alle Arten von Informationsdiensten zugänglich machen; WAP ist aber auch für die schnelle Informationsübertragung zu Laptops und Palmtops geeignet; weitere Informationen gibt es u.a. unter http://www.wapweb.de/, http://www.forum.nokia.com/, http://www.ericsson.se/WAP/, http://www.webcab.de/, http://www.jamba.de/ .

Web Service zur Hypertextsuche in IP-Netzen; dies umfasst Intranets und das Internet.

Web-Browser Client-Software für den Zugriff auf Web-Server mit ihren Websites; Web-Browser können HTML-Dokumente anzeigen, Hyperlinks für den Aufruf von Webpages nutzen und über das Internet mit HTTP kommunizieren; am weitesten verbreitet sind der Microsoft Internet Explorer und der Netscape Navigator; aktuelle Versionen lassen sich über folgende WWW-Adressen beziehen: http://www.netscape.com/, http://www.microsoft.de/ .

Webpage Dokument, das mit HTML formatiert wurde und sich auf einem Web-Server befindet; es kann mit Web-Browsern gelesen werden; neben Texten sind in Webpages Hyperlinks zu Dokumenten und anderen Ressourcen auf beliebigen Websites ebenso möglich wie eingebundene Grafiken, Sounds, Videos und kleine Programme (z.B. in JavaScript, als Java Applets oder ActiveX Control); jede Webpage hat einen eindeutigen URL (Universal Resource Locator).

Webseite Siehe „Webpage“.

Web-Shop Siehe „Online-Shop“.

Website Platz im Web, der Webpages enthält; Websites betritt man gewöhnlich über die Homepage, da diese zu allen weiteren Informationen auf der Website führt; ein einzelner Web-Server kann mehrere Websites unterstützen; jede Site gehört einer Einzelperson, einem Unternehmen oder einer Organisation.

WWW World Wide Web; Internet-Service zur Hypertextsuche; er basiert auf einem offenen System von Internet-Web-Servern mit miteinander über Hyperlinks verknüpften Webpages; der Zugriff auf die Webpages erfolgt mit Web-Browsern.

W3C World Wide Web Consortium (http://www.w3.org/); im Oktober 1994 von Tim Berners-Lee, dem Erfinder des Web, gegründetes Gremium, das Spezifikationen für das WWW ausarbeitet und als Empfehlungen veröffentlicht; es umfasst mehr als 500 Mitgliedsorganisationen; die technischen Aktivitäten werden vom W3C-Team geleitet, dessen 67 Mitglieder größtenteils an den Standorten der drei Gastgeberinstitutionen, dem MIT in den USA, dem INRIA in Frankreich sowie der Keio Universität in Japan arbeiten.

xDSL Verweist auf alle Typen von Digital Subscriber Lines; dazu gehören unter anderem:

- ADSL (Asymmetric DSL) mit maximalen Übertragungsraten von 8 Mbit/s downstream und 640 Kbit/s upstream bei höchstens 3 km Entfernung und
- SDSL (Symmetric DSL) mit Raten bis zu 768 Kbit/s vollduplex bei nicht mehr als 3,3 km Entfernung;

Für xDSL werden hochentwickelte Modulationstechniken (DMT: Discrete MultiTone, CAP: Carrierless Amplitude/Phase Modulation, 4 Level PAM: Pulse Amplitude Modulation etc.) verwendet, um die Daten mit so hoher Übertragungsrate über herkömmliches Kupfertelefonkabel zu übertragen; da xDSL nur für Verbindungen vom Endabnehmer zum letzten Verteilerknoten beziehungsweise Schaltkasten im Ortsnetzbereich verfügbar ist, spricht man auch von einer Last-Mile-Technik.

XHTML Extended HTML; im Jahr 2000 vom W3C eingeführte HTML-Version, die die Vorzüge des einfachen HTML mit der Flexibilität von XML verbindet; XHTML 1.0 ist eine Neuformulierung von HTML 4.01 in XML (siehe http://www.w3.org/MarkUp/).

XML eXtended Markup Language; universelle Datenbeschreibungssprache, die Mitte 1996 von einer Arbeitsgruppe des World Wide Web Consortium entwickelt und 1998 in Standardform verabschiedet wurde; sie ermöglicht den Datenaustausch zwischen heterogenen Systemen und unterstützt eigene Sprachdefinitionen; im Gegensatz zu HTML (einer SGML-Anwendung) erlaubt XML (ein SGML-Profil), Daten nicht nur nach formalen Kriterien wie Überschrift oder Textkörper zu strukturieren, sondern auch nach inhaltlichen Gesichtspunkten, wobei die inhaltlichen Strukturmerkmale für Benutzergruppen selbst definierbar sind; Meteorologen können sich beispielsweise eigene Tags wie „Temperatur", „Luftdruck" und „Windstärke" festlegen und deren Definitionen in entsprechenden Templates ablegen; XML-fähige Anwendungen wären dann in der Lage, Wetterdaten automatisch per Web auszuwerten; mit dem Einsatz von XML für EDI beschäftigt sich eine eigene Industrieorganisation (http://www.xmledi-group.org/); weitere Informationen zu XML gibt es u.a. unter http://www.w3.org/XML/, http://www.oasis-open.org/cover/, http://msdn.microsoft.com/xml/ und ttp://members.aol.com/xmldoku/ .

XSL Extensible Stylesheet Language (http://www.w3.org/Style/XSL/) ist eine Sprache für die Formulierung von Stylesheets, die aus zwei Teilen besteht:

- XSLT[1] (XSL Transformation): Sprache zur automatischen Umwandlung von XML-Dokumenten,
- XML-Vokabular zur Spezifikation von Formaten (XSL Formatting Objects);

XSL-Stylesheets beschreiben die Darstellung von XML-Dokumenten.

1) XSLT ist u.a. auch zur Erzeugung von Dokumenten in den Formaten von HTML, WML, Open eBook und EDIFACT geeignet

Zertifikat Elektronisches Dokument, das einer Person oder einem Computersystem einen öffentlichen Schlüssel zuordnet und deren bzw. dessen Identität bestätigt; diese sogenannten Public-Key-Zertifikate werden von Zertifizierungsstellen ausgegeben und sind digital signiert; ein Standardformat für Public-Key-Zertifikate hat die ITU in der Empfehlung X.509 (siehe auch ISO/IEC/ITU 9594-8, RFC 2459, RFC 3039) festgelegt; qualifizierte Zertifikate nach dem deutschen Signaturgesetz beinhalten im Einzelnen:

- Name oder Pseudonym des Zertifikatsinhabers,
- Wohnortangaben (auf Wunsch des Inhabers),
- Angaben zur Zertifizierungsstelle, die das Zertifikat ausgestellt hat,
- Seriennummer des Zertifikats,
- Angaben zum Gültigkeitszeitraum des Zertifikats,
- Bezeichnungen der Algorithmen, mit denen die öffentlichen Schlüssel des Zertifikatsinhabers und des Trustcenters zu benutzen sind,
- Angaben darüber, ob die Nutzung des Signaturschlüssels beschränkt ist (d.h. Attribute),
- öffentlicher Schlüssel des Zertifikatsinhabers,
- digitale Signatur der Zertifizierungsstelle.

Mit dem öffentlichen Schlüssel des Zertifikatsinhabers ist es jedermann möglich, dessen digitale Signaturen zu prüfen; ein Zertifikat ist somit mit einem digitalen Ausweis des Zertifikatsinhabers vergleichbar.

Weitere Begriffserläuterungen sind im RFC 1983 der IETF sowie unter folgenden Webadressen zu finden:

http://www.learnthenet.com/
http://www.whatis.com/
http://www.webopedia.com/
http://www.glossar.de/
http://navigators.com/
http://www.cs.tut.fi/tlt/stuff/misc/babel.html
http://www.kraycabling.com/technical_info/glossary.htm
http://www.student.informatik.tu-darmstadt.de/~mjk/nepa/tech/glossary.html
http://www.iec.org/tutorials/
http://www.cnuce.pi.cnr.it/Butterfly/
http://docs.rinet.ru/NeHi/
http://www.freesoft.org/CIE/
http://www.optimized.com/COMPENDI/

Literaturverzeichnis

[BRA 95] Bradley, J.: The SSLP Reference Implementation Project.
http://www.cs.bris.ac.uk/~bradley/publish/SSLP/,
Department of Computer Science, University of Bristol, 1995.

[CAM 98] Campione, M; Walrath, K.: The Java Tutorial Second Edition:
Object-Oriented Programming for the Internet (Java Series).
ISBN 0-201-31007-4, Addison-Wesley, New York, 1998.
(siehe auch http://java.sun.com/docs/books/tutorial/)

[FOT 97] Foth, E.: Softwaretools im Vertrieb.
Praxis der Informationsverarbeitung und Kommunikation 20(1997)1, S. 26 – 36.

[FOT 00.1] Foth, E.: Business Reengineering in der Telekommunikationsbranche.
Praxis der Informationsverarbeitung und Kommunikation 23(2000)2, S. 104 – 106.

[FOT 00.2] Foth, E.: Internet/Intranet-Handbuch.
ISBN 3-931959-31-7, Fossil-Verlag GmbH, Köln, 2000.

[FOT 01] Foth, E.: IP-Telefonie-Handbuch.
ISBN 3-931959-33-3, Fossil-Verlag GmbH, Köln, 2001.

[GEN 99] Gens, F.: Success Strategies for the New Internet Economy.
Bulletin #W20529, http://www.idc.com/, Oktober 1999.

[ITU 97] ITU: Challenges to the Network – Telecommunications and the Internet.
http://www.itu.int/ti/publications/INET_97/, September 1997.

[ITU 99] ITU: Challenges to the Network – Internet for Development.
http://www.itu.int/ti/publications/INET_99/, Oktober 1999.

[LEE 00] Lee, W.M.: An Introduction to XSLT and XPath.
http://www.wirelessdevnet.com/channels/wap/training/xslt.html, 2000.

[POR 85] Porter, M.: Competitive Advantage: Creating and Sustaining Superior Performance.
ISBN 0-02-925090-0, The Free Press, New York, 1985.
(siehe auch http://www.theantidote.co.uk/read/articles/wd8103.html)

[SCH 96] Schneier, B.: Applied Cryptography.
ISBN 0-471-59756-2, John Wiley & Sons, New York, 1996.

[SCH 00] Schulze, C.; Baumgartner, J.: Don't Panic Do E-commerce.
A Beginner's Guide to European Law Affecting E-commerce.
http://europa.eu.int/ISPO/ecommerce/legalguide.html, Oktober 2000.

[TIM 99] Timmers, P.: Electronic Commerce: Strategies and Models for
Business to Business Trading.
ISBN 0-471720-29-1, John Wiley & Sons, New York, 1999.
(siehe auch http://www.commerce.net/research/reports/1998/98_21_n.html und
http://www.electronicmarkets.org/netacademy/publications.nsf/all_pk/949)

Index

Symbole

A

B

C

D

E

F

G

H

I

J

K

L

M

N

O

P

Q

R

S

T

U

V

W

X

Z